未成年人
刑事证据问题研究

WEICHENGNIANREN
XINGSHI ZHENGJU WENTI YANJIU

高　欣◎著

 中国政法大学出版社

2018・北京

图书在版编目（CIP）数据

未成年人刑事证据问题研究/高欣著.—北京：中国政法大学出版社，2018.10
ISBN 978-7-5620-8622-2

Ⅰ.①未…　Ⅱ.①高…　Ⅲ.①青少年犯罪－刑事诉讼－证据－研究－中国　Ⅳ.①D925.213.4

中国版本图书馆CIP数据核字(2018)第249226号

出版者　中国政法大学出版社
地　址　北京市海淀区西土城路25号
邮　箱　fadapress@163.com
网　址　http://www.cuplpress.com (网络实名：中国政法大学出版社)
电　话　010-58908435(第一编辑部)　58908334(邮购部)
承　印　固安华明印业有限公司
开　本　650mm×960mm　1/16
印　张　13.75
字　数　232千字
版　次　2018年10月第1版
印　次　2018年10月第1次印刷
定　价　39.00元

前 言

随着未成年人刑事司法制度的发展，“教育、改造、挽救”原则已成为未成年人刑事司法的首要任务。相较成年人，未成年人具有生理和心理发展的特殊性，为了更好地保护未成年人的诉讼权益，在办理未成年人刑事案件时，应当采取更为人性化的诉讼程序，通过非羁押化、轻刑化、非刑罚化等宽缓处置措施，帮助涉罪未成年人早日回归社会。在证据法视野下，主要关注与包括定罪、量刑、帮教、矫治等刑事诉讼各个环节相关的证据问题，讨论特别适用于未成年人的证据种类、证据制度与证据规则，分析这些制度和规则在实践中所体现出的功能性与合理性。对未成年人案件刑事证据的认定与运用问题，不仅应当受到格外的重视和关注，更应当制定出系统、完善的规则来确保证据在诉讼实践中可操作的尺度。

本书尝试以探讨未成年人在刑事诉讼中的证据问题为主要切入点，将未成年犯罪嫌疑人、被告人以及未成年证人作为研究主体，在各自范围内按照不同的证据种类，分析证据的属性、证据在案件中的采纳和采信以及应用于司法实践的规则等问题，解决理论界与实务界对未成年人刑事证据法律属性的争议，并得出最终的结论。

根据这一思路，本书将用五章的内容对未成年人刑事证据问题进行分析和探讨，具体内容如下：

第一章导论部分将对未成年人的界定作为首要切入点，分别从生物学、心理学、法学这三门不同学科各自折射出的理论视角剖析未成年人在这一特定时期的身心特征。第二部分归纳未成年人刑事证据司法体制的概况、立法及司法实践现状，使读者对当前该问题的研究现状产生清晰的认识。第三部分重点介绍未成年人刑事诉讼程序中的证据问题（证据的种类、证明力评价等）及证明问题（证明责任、证明标准），同时也体现本书的整体研究思路。第四部分则阐明了全书的结构、主要内容及研究方法。

第二章将研究视角定位于未成年被告人领域，内容围绕与未成年被告人相关的主要证据问题，梳理之后通过小节的形式呈现。第一节首先探讨未成年人年龄的证明问题。由于刑法的特殊规定，在未成年人刑事案件中，未成年被告人的年龄与最终的定罪量刑息息相关，对被告人年龄的审查认定是决定是否启动未成年人司法程序的首要问题。可以说，年龄证据成为十分重要的证据之一。第一节将探讨未成年人年龄问题的困境作为首要切入点，归纳实践中因年龄所引发的弊端，在揭示出年龄问题为司法实践所带来的不良影响的同时，总结并归纳对年龄证据进行审查判断的一般经验，试图为实践中刑事案件的审理工作提供一定的依据。值得注意的是，在审查涉罪未成年人刑事责任年龄的过程中，若对年龄证据确实存在疑问且无法查明真实年龄的情况，应当推定涉罪未成年人没有达到法定的刑事责任年龄，可以从轻或减轻量刑。第二节和第三节围绕未成年犯罪嫌疑人、被告人的供述问题进行探讨。了解未成年人在其特定时期的心理变化是判断和检验供述证据真实性的重要途径，由于未成年人身心发展的特殊性，对这一群体心理特征的了解是非常有必要的，心理学基础也是判断未成年人供述的可靠性与可采性的依据。经过分析，可以发现导致涉罪未成年人供述缺乏可靠性的原因，在此基础上判断未成年人供述证据的可采性，并找到正确的方向来建立适当的应对措施。第四节探讨涉罪未成年人供述证据的补强。当口供证据本身存在特殊问题时，该证据并不能直接作为定案的依据，必须通过其他证据对供述内容进行补强。

第三章为未成年人品性证据问题研究。通过探讨品性证据的基本问题，分析其相关性及可采性规则，明确其理论基础与立法现状，试图完善未成年人品性证据的收集和运用程序，总结现行做法中的经验与不足；立足我国国情，对品性证据的采纳规则细化到审查起诉阶段、定罪阶段、量刑阶段这三个重要的阶段进行探讨，发现适用于我国未成年人司法体制的品性证据适用规则，为更好地应用涉罪未成年人的品性证据提供依据和标准。第三章特别提到的一个问题是：在性侵害案件中，如果受害人为未满 18 周岁的女性未成年人，则允许法院采纳关于被告曾经实施过其他任何儿童性侵害行为的证据。另外，特殊类型的品性证据也在第三章有所体现。针对未成年人制定的附条件不起诉决定书以及先前定罪判决，在审判中通常允许作为品性证据使用。因此，分析附条件不起诉决定书作为前科证据时的证据能力、被封存之犯罪前科的证据能力以及先前定罪判决的既判力是有必要的。此外，2012 年修正、2013

年 1 月 1 日起施行的《中华人民共和国刑事诉讼法》(以下简称《刑事诉讼法》)第 268 条有关未成年人社会调查的规定，对于维护未成年人的合法权利具有重大意义。但是由于法律规定的概括性，学界和实务界对于未成年人社会调查的许多问题还存在认识上的分歧。第四节将目光对准这些争议问题，在明确报告的证据属性的同时，发现对社会调查报告进行审查认定的方法，分析社会调查报告的证据能力和证明力。在此基础上，总结出社会调查报告在刑事审判中的应用。

第四章为未成年证人及证言的相关规则。质证为法庭审判程序中十分重要的环节，基于未成年人群体身心发展的特殊性，在质证环节，除了对未成年证人证言本身作出判断，还应当从未成年人本身的作证能力入手，梳理并总结适用于未成年证人证言的质证方法，得到完善质证环节的灵感。对未成年证人证言的采纳与采信是裁判者以及事实认定者必须承担的职责，也是法庭在查明案件事实过程中至关重要的环节。事实上，未成年证人的感知、表述、记忆等能力直接影响了对其证言的采纳与采信，也是影响未成年人言词证据真实性的主要因素，并成为未成年人言词证据最可能存在的缺陷。此外，通过分析未成年证人的作证资格以及证言的合法性，揭示出采纳未成年证人证言的几种因素。第四节指出，在未成年证人证言的补强规则方面，对未成年证人证言的审查应当更加谨慎，证据之间的印证程度应当更高。

第五章为本书最终章，以保护未成年证人为主要写作意图。一方面介绍未成年证人以子女身份作证的特免权制度；另一方面试图为保护未成年证人的人身安全及心理健康提出不成熟的建议。

未成年人这一群体的特殊性，一方面深刻地诠释了刑事证据制度的基本内涵，另一方面也不可避免地在一定程度上冲击了现行刑事证据规则。本书围绕未成年人刑事证据若干问题进行专题研究，虽已形成若干成果，但仍有诸多不足之处，望通过笔者的这块引玉之砖，使得未成年人刑事证据问题得到更加广泛的关注。

高 欣

2018 年 9 月于北京

目 录

CONTENTS

第一章　导　论

第一节　未成年人概念的界定

一、未成年人概念的生理和心理学界定

提到“未成年人”一词，人们首先想到的是，“未成年人”与“成年人”是相对而言的。从人类的自然属性来看，成年人可以被定义为“发育到已经成熟的年龄的人”，[1] 由此可以将未成年人相对应地理解为“尚处于发育阶段的年龄的人”。以生物学的视角来看，发育是生命体从出生到成熟的发展过程，是生物体内部进行自我构建的阶段。在生物学领域中，随着年龄的不断增长，身体各部分器官、神经系统的发育以及骨骼肌肉的生长都发生了明显变化，并依据这些变化将人的一生划分为婴儿期、儿童期、少年期、青少年期、成年期和老年期等不同阶段。未成年时期通常指的是青少年及其之前的阶段，同时也代表着人类在生命延续的过程中必然经历的特定时期。在这一时期，首先，人类的骨骼系统开始迅速发育，加上未成年人活泼好动的个性间接促使肌肉组织变得更加发达，运动协调能力也随之逐渐提高；其次，人体内激素的分泌量也在这一时期发生了变化，尤其是对于正处在青春期的未成年人而言，其自身的生长激素与刺激激素开始加速分泌，不仅促进了身体的增长，还提高了人体内新陈代谢的水平；最后，处在该时期内的人群的神经系统也开始进入发育阶段，大脑的生长也日益成熟。可见，身体结构的变化及神经系统的迅速发育已成为未成年人在生物学上的标志。

在未成年人由幼稚向成熟转变的过程中，我们不仅应当关注由于生物因素所引起的未成年人生理构造的变化，还应当重视在这一时期个体的心理发展是否也已经迈向成熟。心理是大脑对客观现实的忠实反映，

---

〔1〕 详见《现代汉语词典》，商务印书馆1983年版，第136页。

包括对自然现象与社会现象的感官与认知、对主观情绪和想法的控制、与纷繁复杂的外界事物的主观融合度与接受程度等。简单来说，心理学界所认为的“未成年”属于由单独的个体进入成人社会的过渡阶段，人类在该阶段经历了“从简到繁”的发展过程。“从简到繁”是说，随着个体的生长发育，其视觉、听觉等感知能力不断提高，各种新的生理及心理机能随之出现并不断完善。未成年人的心理变化也相应地经历了“由外及内”的过程，在这一阶段，未成年人的心理过程越来越向内部倾斜，自己的存在得到他人认同的同时，未成年人也在极力地发现自我存在的价值，并且重新审视“自我”，寻求对其即将扮演的社会角色的“自我确认”。〔1〕

综上所述，笔者将该过程归纳为以下几个方面：

1. 在未成年时期，人类的认知能力由儿童时期的非理性认知提升到具备独立、具有较强逻辑性的理性化自我认知。从简单的知觉行动思维转化为复杂的抽象逻辑思维，从自我中心主义向形式运思阶段发展。

2. 在未成年时期，由于未成年人本身在心理上属于逐渐趋于成熟的个体，再加上他们对自我和其他事物的认知、生活环境、社会地位以及思想观念等相继发生变化，其内在情绪和意志也在不断地发生转变。就情绪而言，随着自我意识的增强，未成年人内心的情绪世界变得更加多样化，由儿童时期的喜怒哀乐等单一情绪逐渐延伸至骄傲、内疚、自豪、羞耻、自大、自卑等道德层面的情绪。与此同时，随着年龄的增长，未成年人对他人的情绪变化也逐渐体现出较高的洞察力。

另外，在未成年时期，人类对自身意志活动的控制也会发生变化，这也是衡量其心理发展的重要表现形式。未成年人对其自身行为的控制可通过意志力表现出来。意志活动在未成年人阶段也是不断变化的。与儿童相比，已经接受学校教育的学生更擅长为自己的行为制订计划，并更好地付诸服务于较为长远的目标。随着年龄的增长，未成年人行为中的盲目性也相应地减少，果断性品质逐步形成，自我控制能力不断增强。但其中也显示出个别差异，例如，当一个人在成长时期已经形成盲目、轻率的个性，那么，消极的性格极可能一直伴随其度过未来的生活。

根据前文所呈现出的特点，心理学领域一般将未成年界定为个体进

〔1〕 方富熹、方格：《儿童发展心理学》，人民教育出版社2006年版，第559页。

入18周岁之前的这段时期，并根据心理机能的变化将十一二岁至十七八岁这一年龄段的个体称为青少年，将儿童界定为处于2岁左右到青少年时期的个体。在这一时期内，未成年人的思想内部逐渐开始浮现出“成人”意识，并且显露出渴望不被人约束的“独立自治”心态。

未成年人既可以代表某一群体，又可以代表人类生存的某一个阶段。当未成年人指代前者时，可以认为他们是心理及生理发育尚未健全的群体。另外，与成年人相比，未成年人正处于生理和心理上的发育期及转折期，在此期间需要不断从事“自我改变”这项工作。在生理上，他们需要摄入大量的营养，以便在身体上得到良好的发育；在思想上，他们需要不断地学习，获取更多的知识，充实并丰富自己的精神世界，促进人生观与价值观的形成。可以说，未成年人所经历的时期是人类从纯粹的自然人转变为多样化的社会人的必经时期。这就是本书所提到的代表人生中的某一个阶段。综合起来，当我们以生理学及心理学为研究视角时，可以将未成年人看作生理及心理发育都尚未达到成熟标准的、正在由幼稚转向成熟的特定群体。

综上所述，无论在生理构造还是心理活动方面，未成年人均处于不断从外界接受和内在自我养成的阶段，处于该时期的群体遇事往往不够沉稳，个性较为冲动，情感较为细腻，情绪上也较为敏感，很容易因为周围环境的改变或受到人为因素的影响而不自觉地涉入违法犯罪活动之中。在当前世界范围内，青少年犯罪率仍然显示出逐年增加的趋势，因此，有必要在法律层面对“未成年人”进行界定。

二、未成年人概念的法律界定

法律意义上的“未成年人”一词主要用于对特定人群的确定和划分，具有规定性、明确性、法定性的特点。与生物学中的同一性界定方式不同，由于受到时代的发展、自然环境的改变、社会文化的差异以及地域的不同等因素的影响，立法对未成年人年龄及刑事责任能力的确定具有一定的差异性。

不同国家和地区对未成年人年龄的界定有所不同，对“未成年人”称谓的规定也不尽统一。联合国《儿童权利公约》中对未成年人采用“儿童”这一称谓，并将年龄界定为18周岁以下。[1]《联合国保护被剥

〔1〕 联合国《儿童权利公约》第1条规定：“为本公约之目的，儿童系指18岁以下的任何人，……”

夺自由少年规则》中使用的称谓则是“少年”，同样将年龄界定为18周岁以下[1]。英国将14周岁至16周岁的群体称为“少年”，将17周岁至21周岁的群体称为“未成年人”[2]，但1969年《家事法改革法案》（Family Law Reform Act 1969）将未成年人的年龄由21周岁降至18周岁。《英国青少年法》也将“青少年”指代为不满18周岁的人。[3]此外，英国还将未成年人的刑事责任年龄划分为不满10周岁、10周岁以上14周岁以下及14周岁以上三个阶段，并分别作出适用不同惩罚的规定。[4]在美国，通常将未满18周岁的群体称为“少年”，[5]与其他国家不同的是，美国各州之间对未成年人刑事责任年龄的规定各有不同，大部分州将未成年人纳入7周岁至17周岁的青少年范围之内，并且这些州的法庭同样对这些青少年之外的人拥有司法管辖权。一些州并没有限制最低年龄的规定，因为这些州认为每一个案件都有其自身价值，与未成年人的年龄无关。在2006年以前，美国有16个州设定了在少年法院管辖范围之内的最低刑事责任年龄。大多数州都遵照普通法的规定将最低刑事责任年龄设定在7周岁至14周岁之间，将最高年龄设为18周岁；其中，11个州将最高刑事责任年龄设定在17周岁；2个州将最高刑事责任年龄定在16周岁；还有一些州对某些特殊案件的最高刑事责任年龄设定在20周岁。[6]日本将未成年人称为“少年”，并将其年龄界定为20周岁以下[7]。我国台湾地区将18周岁作为划分未成年人与成年人的年龄界限，并细化为“儿童”与“少年”两个阶段，将年龄在12周岁至18周岁之间的未成年人称为“少年”，将未满12周岁的未成年人统称为“儿童”[8]。此外，加拿大、瑞士、新加坡等国家

---

〔1〕《联合国保护被剥夺自由少年规则》第11条（a）款规定：“少年系指未满18岁者。……”

〔2〕卢志谦：《当代中国未成年人违法犯罪问题研究》，中国人民公安大学出版社2005年版，第4页。

〔3〕《英国青少年法》第1条规定：“本法所称的青少年是指那些违法犯罪时不满18周岁的人。”转引自黄烨：“国内外未成年人犯罪概念的比较研究”，载《韶关学院学报·社会科学》2008年第2期。

〔4〕杨飞雪：《未成年人司法制度探索研究》，法律出版社2014年版，第2页。

〔5〕美国《青少年犯教养法》规定：“少年是指未满18周岁的人。”

〔6〕张文娟：《中美少年司法制度探索比较研究》，法律出版社2010年版，第25页。

〔7〕日本《少年法》第2条规定：“少年是指未满20周岁的人。”

〔8〕详见我国台湾地区“少年事件处理法”第2条：“本法所称少年者，谓12岁以上18岁未满之人。”

将未成年人的年龄界定为16周岁以下；俄罗斯、法国、希腊、匈牙利、埃及等国家将未成年人年龄界定为18周岁以下；意大利则将未成年人年龄界定为21周岁以下。[1]

以我国为例，在历史上，由于时代的差异赋予了未成年人不同的法律概念。战国时期的立法将15岁作为刑事责任年龄，其成文刑法《法经》中规定，年龄在15岁以下的犯人，罪行严重者减三级刑罚，罪行较轻者减一级刑罚。[2] 秦朝的法律将身高作为未成年人的界定标志，规定身高约低于六尺五寸即为未成年人，并可在刑事案件中不负或适当减轻其刑事责任。[3] 唐代立法将15岁作为未成年人与成年人年龄的划分标准，并分别将7岁、10岁、15岁作为未成年人刑事责任年龄的划分阶段，同时根据不同的阶段分别给予不同程度的刑罚减免。《唐律》中规定，年龄在15岁以上的行为人需承担完全刑事责任，10岁至15岁之间的行为人可减轻处罚，年龄在7岁以下的行为人可以不负刑事责任。[4]

在当代中国，多部法律均对未成年人的概念作出明确规定。《中华人民共和国未成年人保护法》（以下简称《未成年人保护法》）第2条指出："本法所称未成年人是指未满18周岁的公民。"《中华人民共和国刑法》（以下简称《刑法》）对未成年人的刑事责任年龄进行了划分，并列出需进入未成年人刑事司法程序的具体违法犯罪行为。《刑法》将14周岁、16周岁作为刑事责任年龄的划分点，规定：对于不满14周岁的未成年人来说，其对犯下的任何罪行均不负刑事责任；犯故意杀人、故意伤害致人重伤或者死亡、强奸、抢劫、贩卖毒品、防火、爆炸、投放危险物质罪的已满14周岁不满16周岁的未成年犯罪人，应当负刑事责任；已满14周岁不满18周岁的未成年人犯罪应当对其进行从轻或者减轻处罚；已满16周岁的未成年人，无论其犯任何罪，都应当负刑事

---

[1] 卢志谦：《当代中国未成年人违法犯罪问题研究》，中国人民公安大学出版社2005年版，第4页。

[2] 《法经》中的《减律》篇记载："罪人年十五岁以下，罪高三减，罪卑一减"。

[3] 《仓律》中记载："隶臣、城旦高不盈五尺六寸，隶妾高不盈六尺二寸，皆为小"。

[4] 《唐律》中记载："老幼、废疾可以减刑，凡年在七十岁以上十五岁以下以及废疾，流罪以下，可以赎罪。八十岁以上十岁以下以及笃疾，犯'反逆''杀人'等死罪可以上请减免，一般盗或伤人也可以赎罪。九十岁以上七岁以下虽有死罪不加刑。"转引自刘斌："浅议唐律中的刑事责任年龄"，载《湖北师范学院学报（哲学社会科学版）》2004年第1期。

责任。[1]

第二节 未成年人刑事司法制度现状

一、未成年人刑事案件的特殊性

分析未成年人刑事案件的特殊性，首先应当以未成年人生理和心理发育的特殊性为主要考虑因素，结合《刑事诉讼法》中对未成年人刑事诉讼程序的规定以及其他关于办理未成年人刑事案件的法律规定，列举出专属于未成年人的刑事诉讼特别程序。在此基础上，本节分析了未成年人犯罪有别于成年人犯罪的原因，提取出未成年人群体中发生率较高、较为典型的案件，判断并审查涉罪未成年人的人身危险性和社会危害性。

（一）我国未成年人犯罪的刑事政策

2008 年 12 月，中央政法委员会《关于深化司法体制和工作机制改革若干问题的意见》中明确了我国在建立未成年人犯罪的司法制度时，应当严格遵守"教育为主、惩罚为辅"的原则。[2] 我国一系列法律和司法解释也对此问题作出相应的规定。我国《未成年人保护法》第 54 条第 1 款规定："对违法犯罪的未成年人，实行教育、感化、挽救的方针，坚持教育为主、惩罚为辅的原则。"《中华人民共和国预防未成年人犯罪法》（以下简称《预防未成年人犯罪法》）第 44 条第 1 款和第 2 款规定："对犯罪的未成年人追究刑事责任，实行教育、感化、挽救方针，坚持教育为主、惩罚为辅的原则。司法机关办理未成年人犯罪案件，应当保障未成年人行使其诉讼权利，保障未成年人得到法律帮助，并根据未成年人的生理、心理特点和犯罪的情况，有针对性地进行法制教育。"除此之外，2012 年《刑事诉讼法》[3]《人民检察院办理未成年

---

〔1〕《中华人民共和国刑法》第 17 条第 1 款、第 2 款和第 3 款规定："已满 16 周岁的人犯罪，应当负刑事责任。已满 14 周岁不满 16 周岁的人，犯故意杀人、故意伤害致人重伤或者死亡、强奸、抢劫、贩卖毒品、放火、爆炸、投毒罪的，应当负刑事责任。已满 14 周岁不满 18 周岁的人犯罪，应当从轻或者减轻处罚。"

〔2〕谢安平、郭华：《未成年人刑事诉讼程序探究》，中国政法大学出版社 2015 年版，第 26 页。

〔3〕2012 年《刑事诉讼法》第 266 条第 1 款规定："对犯罪的未成年人实行教育、感化、挽救的方针，坚持教育为主、惩罚为辅的原则。"

人刑事案件的规定》[1]《公安机关办理未成年人违法犯罪案件的规定》[2]《最高人民法院关于审理未成年人刑事案件的若干规定》[3]等也相应对该原则的实施予以确认。在上述规定的指导下，可以发现，对涉罪未成年人实行“教育、感化、挽救”的方针，同时坚持“教育为主、惩罚为辅”的原则已成为我国未成年人犯罪的刑事政策。

就目前来看，无论是理论界还是实务界，都基本认同将“教育、感化、挽救”作为实行方针，并将“教育为主、惩罚为辅”原则作为未成年人刑事诉讼程序的特有原则。[4]尽管有少数观点认为，该方针易诱导裁判者产生先入为主的错误观念，不排除法庭在对被告人作出有罪判决之前就已经启动该原则的可能性，间接上导致了有罪推定行为的产生，因此并不适宜作为未成年人刑事诉讼的基本政策和原则。[5]但这一观点随即受到了主流观点的反驳，认为若前者论述的结论成立，那么在无罪推定原则这面大旗的指引下，未成年人案件将会再次被纳入普通程序范畴之内，若果真如此，未成年人司法将几乎不存在改革的空间。[6]笔者也认为，刑事司法虽然以惩罚犯罪为目的，但在追诉中保护公民各项权利、最大限度地让公民免于遭受不必要的损失是我国建立及运行司法制度时考虑的首要前提。对于人生观、价值观尚未完全形成且前途与未来尚属未知数的未成年人来说，帮助并教育他们走向正确的人生道路显然要比一味地采用惩罚的方式更能起到挽救作用。可以说，将“教育为主、惩罚为辅”原则作为我国未成年人犯罪的形势政策已经具备了一定的共识性。

普通法中的“国家亲权”思想认为：在诉讼中，比起被控告，未

---

〔1〕《人民检察院办理未成年人刑事案件的规定》第2条规定：“人民检察院办理未成年人刑事案件，实行教育、感化、挽救的方针，坚持教育为主、惩罚为辅的原则。”

〔2〕《公安机关办理未成年人违法犯罪案件的规定》第2条规定：“办理未成年人违法案件，必须以事实为根据，以法律为准绳，贯彻教育、感化、挽救的方针，应当照顾未成年人的身心特点，尊重其人格尊严，保障其合法权益。”

〔3〕《最高人民法院关于审理未成年人刑事案件的若干规定》第3条规定：“审判未成年人刑事案件，必须以事实为依据，以法律为准绳，坚持教育为主、惩罚为辅的原则，执行教育、感化、挽救的方针，积极参与社会治安综合治理。”

〔4〕对于“如何确立我国未成年人刑事诉讼的基本原则”这一问题，学界普遍存在着许多不同意见，常见的争论有“一原则说”“三原则说”“四原则说”“五原则说”等。但这些原则中都存在着有关“教育、感化、挽救”方针，及“教育为主、惩罚为辅”原则的表述，也就是说，学界对这一结论的确立普遍持有肯定态度。

〔5〕王敏远：“论未成年人刑事诉讼程序”，载《中国法学》2011年第6期。

〔6〕庄乾龙：“未成年人犯罪特别程序之定位”，载《青少年犯罪问题》2014年第3期。

成年人更应该得到帮助，国家在对待未成年人犯罪的问题时更应当试图提供人性化的对待，而不是冰冷的惩罚[1]。一方面，国家作为特殊的监护人，有责任对未成年人的生活和行为进行照顾与监管，当未成年人做出错误行为时，国家首先应当采取依职权拯救和矫治未成年人的方式来代替惩罚；另一方面，未成年人犯罪时的心理、生理发育尚未成熟，个性普遍较为单纯，与成年人存在较大差异，因此，司法机关在办理未成年人刑事案件时，不能等同于一般刑事案件的审理规则。实践中不应一味地执着于追究涉罪未成年人的刑事责任、惩罚过错行为，更应关注在对涉罪未成年人的教育、矫治直至其康复，充分贯彻教育为主、惩罚为辅的原则，使未成年犯罪人从根本上认清错误并彻底改正错误，从而更好地回归社会。

“教育、感化、挽救”方针及“教育为主、惩罚为辅”原则充分地体现于未成年人刑事诉讼全过程之中。在案件进入审判环节之前，无论是侦查人员还是检察人员，应当全面了解涉罪未成年人的成长经历、生活环境、家庭背景、性格特点等情况，经过充分评估之后，在调查环节选择适当的讯问方法和教育方式。在审判阶段，法官应当充分了解未成年被告人心理、生理特征，本着“教育、感化、挽救”的方针政策，耐心、积极地帮助未成年被告人认识错误、厘清犯罪原因并引导其走向正确的道路，于说服教育期间向未成年人输送积极向上的正面能量。在矫正阶段，司法机关应当协助执行机关对帮教问题制定措施并提出建议，帮助未成年人改过自新，早日回归社会。

另外，在涉罪未成年人的教育、矫治过程中，不仅仅由公检法等司法机关担任教育主体，涉罪未成年人所在的家庭、学校、社区也应当肩负起教育的责任。办案人员应当具备熟悉未成年人心理特点的技能、专业的理论知识以及丰富的办案经验。教育的责任主体应当主动营造轻松、和谐的氛围，尤其是身处于讯问环境更加严肃、正式的司法机关内部时，更应当在讯问过程中采取更加缓和的问话方式。例如，对涉罪未成年人应尽量少用强制措施，[2]办案人员采用圆桌讯问模式、弱化控辩

---

〔1〕 Herbert A. Bloch and Frank T. Flynn, *Delinquency*, *The Juvenile Offender in America Today*, *Random House*, 1956, p. 305～337.

〔2〕 陈光中、汪海燕：“《刑事诉讼法》再修改与未成年人诉讼权利的保障”，载《中国司法》2007年第1期。

双方的对抗模式淡化紧张气氛等。[1] 在教育内容上，一方面，司法机关应当在敦促未成年人如实作出陈述的基础上，帮助其认识到犯罪的原因及后果，并加强说服教育工作；另一方面，承担教育工作的社会团体应当积极帮助未成年人改过自新并树立其回归社会的信心。

从另一个角度来说，我国未成年人犯罪的刑事政策还体现了在恢复性司法的模式下贯彻“保护与责任相结合”的理念。在“宽缓”这一大前提的感召下，我国未成年人司法制度逐渐形成了保护未成年人与保护社会相结合的“双向保护”原则，该原则也是目前我国未成年人司法的主导理念。“教育”是保护未成年人、使其改过自新的最佳方式，“惩罚”是减少涉罪未成年人对社会的危害性、保护社会安定秩序的直接体现。对待未成年人的犯罪问题，国家不仅应当履行对未成年人的保护、教导之义务，还具有勒令其承担惩罚之责任。

《联合国少年司法最低限度标准规则》（以下简称《北京规则》）第1条便首先明确了少年司法的重要地位，[2] 该规则凸显了保护未成年人及保护社会的重要性，表达出对待未成年犯罪人应当采取保护与责任相结合的诉讼模式。尽管司法实践中的主流观点是“对未成年人的保护和对社会利益的保护应当保持平衡状态”，[3] 但笔者认为，在当前我国未成年人形势政策的引导下，应当更加强调对未成年人的保护。由于未成年人成长阶段的特殊性直接决定了他们不可能达到匹及成年人的心智、约束力及判断力，犯罪行为的产生通常在很大程度上都是受到其生长环境及生活氛围的影响，那么，未成年人日常产生的弊病也是由不良社会秩序造成的。这就更加需要国家履行监护人的职能，对涉罪未成年人进行帮助和教育，而惩罚措施仅仅是为了保护社会安全、约束涉罪未成年人的人身危险性而建立的替代性手段，在实践中更是不应当将惩罚权进行扩大。综上所述，该观点进一步验证了在“‘教育、感化、挽救’的方针指导下，坚持‘教育为主、惩罚为辅’原则”这一政策的可行性。

---

〔1〕 宋英辉、甄贞主编：《未成年人犯罪诉讼程序研究》，北京师范大学出版社2011年版，第49页。

〔2〕《北京规则》第1条第4款规定：“少年司法应是在对所有少年实行社会正义的全面范围内的各国发展进程的一个组成部分，同时还应视为有助于保护青少年和维护社会的安宁秩序。”

〔3〕 该结论的得出主要来源于对社会公众、侦查人员、检察人员、法官及劳教人员进行的调查。具体内容详见赵国玲：《未成年人司法制度改革研究》，北京大学出版社2011年版，第40～45页。

（二）未成年人犯罪原因的特殊性

未成年人的家庭情况、生活环境及家长的教育方式是导致他们实施犯罪行为的主要因素之一。其中，未成年人是否出生在单亲家庭、是否为独生子女、家庭的经济状况如何等问题都成为决定未成年人是否走向犯罪道路的影响因素。北京市人民检察院某分院的调查显示，涉罪未成年人为非独生子女的人数和家庭生活较为贫困的人数分别超过了涉罪未成年人总人数的50%，出身于单亲家庭的涉罪未成年人也不在少数。[1] 调查结果使我们有理由相信，家庭因素对未成年人的成长的确起到了一定影响。虽然生长在良好家庭的未成年人并非不存在犯罪的可能性，但相对于家庭环境较好的未成年人，在生活条件相对较差、背景较为复杂、父母对其关注度较低的家庭中成长的未成年人犯罪的可能性的确较大。此外，监护人对未成年人采取的教育、管理的方式也是决定未成年人成长的重要部分。在调查中，未受到正确的教育和生活引导的未成年犯罪人占涉罪未成年人总人数的53%。[2] 由于未成年人正处于人生中最重要的生长发育阶段，其人生观、价值观等重要的思想观念亟待形成，辨别是非的能力尚未成熟，自我约束能力也相对较弱，此时，正确的家庭教育显得尤为重要。在这一阶段，需要家长能够科学、合理地为未成年人树立正确的思想观念，对未成年人不正确的行为及时地做出纠正。

在日常生活中，与家人之间缺乏沟通也是导致未成年人涉及犯罪的原因之一。在一次以32名涉罪未成年人为研究对象的调查中显示，生活中能够做到与家人保持良好沟通习惯的仅有1人，其余31人均在不

---

〔1〕 对未成年人犯罪原因进行调查的具体数据来源于北京市人民检察院第二分院对2010年至2013年4月所受理的20起未成年人案件所作出的统计和分析。统计显示，在这些案件当中，未成年犯罪人来自单亲家庭的人数为5人，占总人数的15%；未成年人不是独生子女的人数为18人，占总人数的56%；家庭贫困的人数为18人，占总人数的56%。受家庭教育管理影响的人数为17人，占总人数的53%。在32名未成年犯罪人中，只有1人能做到和父母进行沟通，只占了总人数的3%，其余97%的人不能做到与父母沟通。在上述参与调查的人群当中，只有1人的学校开设过法律讲座。仅有1人清楚自己的行为所能带来的后果，另外31名未成年人中普遍存在侥幸心理。详见高景惠、孙威、王巍：《未成年人犯罪专业化公诉样本》，中国检察出版社2014年版，第6页。

〔2〕 高景惠、孙威、王巍：《未成年人犯罪专业化公诉样本》，中国检察出版社2014年版，第6页。

同程度上与其父母或其他监护人产生隔阂。[1] 由于日常沟通的欠缺中断了家长与子女之间进行交流及表达情感的桥梁，使得父母亲及其他监护人丧失了解到孩子们内心真实想法的途径，对孩子们日常为人处世的态度及行为举止也自然一无所知，导致尚未形成正确、牢固的思想观念的未成年人得不到正确的教导和指引，很可能会被社会上的不良风气所影响，或遭到别有用心人士的利用，最终走进犯罪的泥潭。

存在不良的行为习惯及不良的社会交往也直接导致了未成年人犯罪行为的发生。由于未成年人个性较为冲动，自我控制能力较差，辨别是非的能力相对较弱，加上他们的思想普遍较为单纯，容易受到外界环境的影响，在控制自身的情绪方面往往处理不当，容易成为不良行为的导火索，增加了未成年人因一时冲动而犯下罪行的可能性。另外，如果对未成年人在生活中抽烟喝酒、打架、旷课、夜不归宿等细小不良行为不加以制止，这些细小不良行为很可能会演变成危害社会、触犯法律的严重行为。不良的行为习惯与不良的社会交往之间存在相互联系的因果关系，一方面，成年人较为单一的生活环境使得长期存在不良行为习惯的未成年人聚集在一起，促进不良社会交往的形成；另一方面，未成年人结交了具有不良习惯的群体后，逐渐受到影响，自身的思想和行为在潜移默化之下朝着不好的方向改变，很有可能走上犯罪的道路。

另外，涉罪未成年人法律意识的欠缺及对犯罪后果的忽略也是导致犯罪行为发生的原因。通过对32名涉罪未成年人进行调查，发现其中78%的未成年人日常生活中并没有受到法律知识的普及，[2] 绝大多数的未成年犯罪人缺乏法律常识，对法律的规定完全没有了解，感受不到法律的震慑力。由于不清楚其错误行为应当承担何种法律责任，大部分未成年人在实施犯罪行为时普遍存在侥幸心理，从不考虑错误行为为社会带来的潜在危害，直到被采取强制措施时才意识到自己行为的严重性。

（三）未成年人刑事诉讼程序的特殊性

2012年修改的《刑事诉讼法》在第五编“特殊程序”中对“未成年人刑事案件诉讼程序”作出了专门规定，将呈现出分散状态的与未成

---

〔1〕 高景惠、孙威、王巍：《未成年人犯罪专业化公诉样本》，中国检察出版社2014年版，第6页。

〔2〕 高景惠、孙威、王巍：《未成年人犯罪专业化公诉样本》，中国检察出版社2014年版，第6页。

年人相关的法律法规进行系统的归纳，为未成年人的合法权益提供更加全面的程序性保护。基于未成年人身份的特殊性，未成年人刑事案件诉讼程序以未成年人与成年人之间的差异为基本出发点，更侧重于对未成年人的教育、感化和挽救，在惩罚犯罪与保障人权之间更偏向于对未成年人权益的保障，将对未成年人的特别保护作为首要目的，使未成年人的诉讼权益免于受到非法侵害，帮助他们早日回归社会。

在《刑事诉讼法》以及其他与未成年人相关的法律法规的指引下，逐渐形成了特别适用于未成年人的诉讼制度。《刑事诉讼法》第 270 条第 1 款[1]赋予了合适成年人的法律地位，表明合适成年人制度已经被正式纳入我国立法之中。规定特别强调了司法机关“应当”通知未成年法定代理人到场，“可以”一词被替代，体现出通知合适成年人到场是对司法机关提出的职责要求，而不仅仅是未成年犯罪人所拥有的一项权利。合适成年人到场制度不仅起到帮助未成年人早日认识到自身错误、协助司法机关做好教育及挽救涉罪未成年人工作的作用，也达到了借助该方式舒缓未成年人紧张的心情、减少其内心承受的巨大压力的目的，并依法监督办案人员是否存在法律禁止的行为，保证案件审理过程的公正性。

2012 年《刑事诉讼法》还专门规定了未成年人指定辩护制度。[2]该法第 267 条将对未成年人进行指定辩护的时间贯穿于整个刑事诉讼的各个阶段。相比之下，1996 年《刑事诉讼法》仅将未成年人指定辩护的权利限定在审判阶段。[3] 也就是说，1996 年《刑事诉讼法》在起诉阶段并不允许未成年人行使指定辩护的权利。自 2012 年《刑事诉讼法》实施以来，未成年人指定辩护的范围扩大至起诉阶段，有利于未成年人在诉讼活动中更加及时地获得法律帮助，有效地防止在审讯中受到刑讯逼供等违反程序性规定行为的发生，有助于增强讯问程序的规范化和透

---

〔1〕 我国《刑事诉讼法》第 270 条第 1 款规定：“对于未成年人刑事案件，在讯问和审判的时候，应当通知未成年犯罪嫌疑人、被告人的法定代理人到场。无法通知、法定代理人不能到场或者法定代理人是共犯的，也可以通知未成年犯罪嫌疑人、被告人的其他成年亲属，所在学校、单位、居住地基层组织或者未成年人保护组织的代表到场，并将有关情况记录在案。到场的法定代理人可以代为行使未成年犯罪嫌疑人、被告人的诉讼权利。”

〔2〕 我国《刑事诉讼法》第 267 条规定：“未成年犯罪嫌疑人、被告人没有委托辩护人的，人民法院、人民检察院、公安机关应当通知法律援助机构指派律师为其提供辩护。”

〔3〕 1996 年《刑事诉讼法》第 34 条第 2 款规定：“被告人是盲、聋、哑或者未成年人没有委托辩护人的，人民法院应当指定承担法律援助义务的律师为其提供辩护。”

明度，对维护讯问程序的正当性和权威性也能起到积极的作用，[1] 更好地维护未成年人的合法权益。因此，这不得不说是一次卓有成效的改革。

我国《刑事诉讼法》还特别从保护未成年人的角度出发，针对未成年人制定了不公开审理的制度。[2] 不公开审理制度在一定程度上保护了未成年人的隐私，避免未成年人受到因庭审而带来的不必要的影响，为他们今后能够顺利回归社会创造良好的条件。

附条件不起诉制度是针对未成年犯罪嫌疑人而设立的特别制度。《刑事诉讼法》第 271 ~273 条对附条件不起诉制度作出了明确规定。立法除了对附条件不起诉的适用对象作出了范围限制，还对适用条件、适用程序、制约机制等方面的内容作出了细致划分。首先，在适用条件上应当满足涉罪未成年人所犯的罪名为《刑法》第四章“侵犯公民人身权利、民主权利罪”、第五章“侵犯财产罪”、第六章“妨碍社会管理秩序罪”所规定的范围，对所犯上述罪名以外的其他罪名均不得适用附条件不起诉。并且只有当涉罪未成年人可能被判处一年以下有期徒刑以下的刑罚时，才可以适用附条件不起诉。其次，附条件不起诉还应当满足被指控未成年人的犯罪事实已经查清，证据确实充分，符合起诉条件，且涉罪未成年人能够意识到错误，认罪态度良好，具有悔罪表现的条件。再次，在适用程序上，人民检察院应当在作出附条件不起诉决定前充分听取公安机关、被害人的意见，还应当听取犯罪嫌疑人的法定代理人、辩护人以及被害人的法定代理人、诉讼代理人的意见。最后，被害人若对检察机关作出的附条件不起诉决定持有异议，应被赋予向作出决定的人民检察院或该检察院的上级人民检察院提起申诉的权利，公安机关也可以要求作出决定的人民检察院复议、提请上级人民检察院复核。[3]

未成年人刑事案件调查制度是未成年人刑事诉讼程序中的一项十分重要的制度。我国《刑事诉讼法》同样对这一制度作出了明确规定。[4]

---

〔1〕 王敏远：“论未成年人刑事诉讼程序”，载《中国法学》2011 年第 6 期。

〔2〕 我国《刑事诉讼法》第 274 条规定：“审判的时候被告人不满 18 周岁的案件，不公开审理。但是，经未成年被告人及其法定代理人同意，未成年被告人所在学校和未成年人保护组织可以派代表到场。”

〔3〕 谢安平、郭华：《未成年人刑事诉讼程序探究》，中国政法大学出版社 2015 年版，第 168 页。

〔4〕 我国《刑事诉讼法》第 268 条规定：“公安机关、人民检察院、人民法院办理未成年人刑事案件，根据情况可以对未成年犯罪嫌疑人、被告人的成长经历、犯罪原因、监护教育等情况进行调查。”

除此之外,《关于进一步建立和完善办理未成年人刑事案件配套工作体系的若干意见》《公安机关办理刑事案件程序规定》《人民检察院刑事诉讼规则(试行)》等也对此制度作出了相应规定,进一步确立了未成年人社会调查制度的法律地位。建立未成年人社会调查制度的根本目的是保护未成年人的合法利益不受到侵害。调查的内容围绕未成年犯罪嫌疑人、被告人的性格特点、家庭背景、生活环境、社会交往情况、犯罪原因、有无前科劣迹等方面展开,通过对上述内容的综合评估,试图找到其犯罪行为的实施原因,准确地评定其人身危险性以及社会危害性,并根据调查中收集到的信息为未成年人选择最合适其成长的矫正方式,帮助他们从根本上认识到所犯的错误,准确地引导他们回归社会。特别是在量刑阶段,社会调查已成为法官不可或缺的重要量刑依据。

未成年人犯罪记录封存制度的设立也是我国在秉承了宽严相济的刑事政策的基础之上,对未成年人专门设立的一项特别制度。将未成年人今后的生活和发展纳入考量范围,符合未成年人司法体制的未来走向,目的在于防止曾经犯过错的未成年人在重新走入社会时受到不良犯罪记录的影响,避免涉罪未成年人永久被贴上犯罪的标签。我国立法将犯罪记录被封存主体限定为未满18周岁并且被判处5年以下有期徒刑的未成年人,明确规定了犯罪记录的封存对象、封存内容、封存要求以及例外情形等。[1]《人民检察院刑事诉讼规则(试行)》第503条进一步解释了犯罪记录被封存主体的资格要求。[2]也就是说,犯罪记录被封存对象还应当满足"法院对其犯罪行为已经生成了生效判决"这一条件,单纯的"被判处"而未产生生效判决的情况不能适用犯罪记录封存制度。由于未成年人的社会阅历尚浅,思想较为单纯,容易被外界环境所影响,因此,未成年人犯罪通常是由于情绪较为激动并一时难以控制,多以激情犯罪为主,没有真正意识到自己行为的后果和严重性。也正是基于上述原因,在办理未成年人案件时应当采取有别于成年人犯罪案件的办理方式。此外,实践中还应当本着"教育、感化、挽救"未成年人的方针,给予未成年人重新回归社会的机会。

---

〔1〕《刑事诉讼法》第275条规定;"犯罪的时候不满18周岁,被判处五年有期徒刑以下刑罚的,应当对相关犯罪记录予以封存。犯罪记录被封存的,不得向任何单位和个人提供,但司法机关为办案需要或者有关单位根据国家规定进行查询的除外。依法进行查询的单位,应当对被封存的犯罪记录的情况予以保密。"

〔2〕《人民检察院刑事诉讼规则》第503条规定:"犯罪的时候不满18周岁,被判处五年有期徒刑以下刑罚的,人民检察院应当收到人民法院生效判决后,对犯罪记录予以封存。"

（四）未成年人人身危险性审查的特殊性

在办理未成年人刑事案件时，应当从以下几个方面对涉罪未成年人进行审查，并以此作为对其人身危险性进行评估的依据。

第一，人身危险性并非未成年人群体存在的共性问题的集合，而是根据未成年人各自所犯错误的程度及个人情况所反映出来的个别问题。有学者认为，在办理未成年人刑事案件时，应对其年龄、社会环境、家庭环境、受教育或职业情况及文化程度、是否就业、个人和家庭的经济状况等[1]情况作出全面的了解，根据未成年人体现出的人格品性来综合评估其人身危险性。例如，年龄越小，通常人的性格相对更加单纯，思想观念和意识形态被定型的成分就越少，裁判者也就更有理由相信其人身危险性相对更小。未成年人的生长及生活环境越和睦，受教育程度越高，在生活中很好地融入社会的可能性相对越高。通常情况下，在和睦、轻松的环境中长大的孩子更容易养成平和、谦逊的性格，反之，整天生活在争吵环境中的孩子更易怒，容易与人发生争执，长期生活下来，容易形成暴躁、易怒、冲动的性格，比起性格平和之人，脾气较为暴躁的人在无形之中增大了内在人身危险性。此外，未成年人所处环境经济状况的好坏、生活条件的优劣直接影响了整个家庭的生活品质，经济上的窘迫极有可能成为抢劫或盗取金钱等财产类案件的导火索，形成反社会人格的可能性较大。

第二，未成年人犯罪前、犯罪行为发生以及犯罪后的表现也应当作为人身危险性审查的对象。对未成年人犯罪前一贯表现的考察应当从以下几个方面着手：未成年人在日常生活中的行为举止以及表现出来的行为习惯、心理素质，平时在家中、学校以及社区中的表现等。通过了解涉罪未成年人的日常表现，判断出该未成年人一贯的性格特点及心理状态。在分析未成年人的行为是否构成犯罪时，可以将刑法中要求的四个要件作为评判依据，分别调查涉罪未成年人犯罪的主观方面、犯罪的客观方面以及犯罪客体等问题，[2]通过分析未成年人犯罪行为的严重性、犯罪目的与动机、是否为主观故意和直接故意等因素衡量其人身危险性以及对社会造成的危害程度。对未成年人犯罪后人身危险性的判断主要

---

〔1〕盛长富、郝银钟："论我国未成年人刑事司法社会调查制度"，载《社会科学家》2012年第2期。

〔2〕陈忠林、徐文转："犯罪客观要件中'行为'的实质及认定"，载《现代法学》2013年第5期。

关注心理感受和行为表现两个方面：一方面是未成年人在犯罪以后对其行为的悔过态度；另一方面是其犯罪后的行为表现。悔过态度主要表现在是否能够在司法人员的引导下主动坦白并承认错误、态度是否良好、是否有立功表现等方面，而行为表现主要体现在未成年人是否存在拒不认罪、态度蛮横、畏罪潜逃、制造伪证、隐藏证据等问题。[1] 经审查，如果涉罪未成年人能够真心悔改，认罪态度良好，积极配合办案人员工作，那么，可以认为该未成年人的社会危险性较小，反之则存在较大的社会危险性。

（五）未成年人刑事案件种类的特殊性

如果说成年人肩负着改造世界的重责，那么，未成年人则尚处于认识世界、逐步形成自我感知的阶段。由于社会的不断发展进步，负面网络信息、暴力、色情文化不可避免地随之而来。[2] 这些负能量的广泛传播势必会为是非观尚未完全定型的未成年人带来极大的不良影响。再加上未成年人的生理、心理发育尚未成熟，法律知识极为淡薄，好奇心较重，这些因素必然影响着未成年人的犯罪动机、目的、手段及后果等方面。[3] 所以说，相较于普通刑事案件，未成年人刑事诉讼中的高发案件存在其独有的特殊性。其中比较具有代表性的一类案件为性侵害案件，并且在数量上呈现出了逐年递增的趋势。笔者认为，这也是由未成年人在其成长阶段特有的生理和心理特征所导致。

综合来看，导致性侵害案件在未成年人犯罪中频繁发生的主要原因有：①未成年人所处的生活环境及受教育程度成为导致他们走上犯罪道路的前提。试想，如果未成年人从小生活在不健康的环境当中，而未成年阶段又正是处于拥有极强的模仿能力与强烈好奇心的时期，加之缺乏足够的文化知识作为对抗外界诱惑的武器，这就从根本上对青春懵懂的未成年人做出错误的引导，铸成了不应当犯下的错误。②与成年人相比，未成年人的法律意识较为淡薄，没有形成用法律约束自我行为的思想，分不清其所作所为是否已经触犯了法律规则。③部分未成年人的监护人并未尽到监护责任。在未成年人即将或正在形成正确人生观、价值

---

〔1〕刘晓山、崔同彦："未成年人刑事司法应注重人格审查制度"，载《检察日报》2010年11月24日，第3版。

〔2〕李奋飞、邱江华："宽容的底线：中国未成年人刑事司法的理性反思"，载《预防青少年犯罪研究》2013年第4期。

〔3〕李奋飞、邱江华："宽容的底线：中国未成年人刑事司法的理性反思"，载《预防青少年犯罪研究》2013年第4期。

观的重要阶段，家长及老师的正确引导和教诲是必不可少的，家长良好行为的潜移默化以及书本中蕴含的知识能够培养未成年人认知事物的能力，树立正确的思想观念，防止未成年人受到社会不良风气的影响以及色情信息等不良因素的吸引，避免他们走上犯罪的道路。④未成年人的自我防范意识较差。在性侵害案件中，绝大多数被害人均为未成年人。这种情形与未成年人特有的成长特征有着密切联系。由于未成年被害人的个性普遍较为单纯，比较轻易相信他人，自我防范意识较差，自身辨别是非的能力较弱。再加上女性未成年人的体力明显弱于男子，对其实施侵害行为的可能性及成功的可能性较大。[1]

二、未成年人刑事立法及实施情况

（一）我国未成年人刑事司法制度的特点

1. 在法律制度层面，自经历几十年的探索时期后，我国在未成年人犯罪诉讼程序建设方面取得了较多成果，制定出许多关于未成年人司法的法律、法规、文件和政策，未成年人刑事立法体系逐渐形成。[2]

我国立法为未成年人刑事案件的办理提供了大量的规则和依据，涵盖刑事诉讼各个阶段。首先，被作为未成年人刑事诉讼程序的一般规定、为审理未成年人刑事案件提供权威性指导原则的法律法规主要有：《刑事诉讼法》《未成年人保护法》《预防未成年人犯罪法》《全国人民代表大会常务委员会关于批准〈儿童权利公约〉的决定》《国务院办公厅转发国家教育委员会、公安部、共青团中央关于办好工读学校的几点意见的通知》《公安机关办理未成年人违法犯罪案件的规定》《最高人民检察院、公安部关于印发〈最高人民检察院、公安部关于审查批准逮捕阶段讯问犯罪嫌疑人的规定〉的通知》《最高人民检察院关于认真开展未成年人犯罪案件检查工作的通知》《最高人民检察院关于依法快速办理轻微刑事案件的意见》《最高人民法院关于审理未成年人刑事案件的若干规定》《最高人民法院关于贯彻宽严相济刑事政策的若干规定》，《最高人民法院研究室关于已满 14 周岁不满 16 周岁的未成年人过失杀人是否应负刑事责任问题的复函》等。

---

〔1〕 高景惠、孙威、王巍：《未成年人犯罪专业化公诉样本》，中国检察出版社 2014 年版，第 9 页。

〔2〕 姚建龙：《长大成人：少年司法制度的构建》，中国人民公安大学出版社 2003 年版，第 60 页。

为立案工作提供法律依据的相关规定主要有:《公安机关办理未成年人违法犯罪案件的规定》《公安部关于打击拐卖妇女儿童犯罪适用法律和政策有关问题的意见》《最高人民法院关于审理未成年人刑事案件的若干规定》《最高人民法院研究室关于未成年人死缓罪犯在执行期间又犯新罪的管辖及处理问题的电话答复》等。

可以作为侦查阶段指导原则的主要法律法规有:《刑事诉讼法》《未成年人保护法》《公安机关办理未成年人违法犯罪案件的规定》《公安机关办理刑事案件程序规定》《公安机关适用继续盘问规定》《公安机关办理伤害案件规定》《人民检察院办理未成年人刑事案件的规定》《人民检察院刑事诉讼规则》《最高人民检察院关于"骨龄鉴定"能否作为确定刑事责任年龄证据使用的批复》等。

与审查起诉阶段相关的规定主要有:《最高人民法院、最高人民检察院、公安部、司法部关于进一步严格依法办案确保办理死刑案件质量的意见》《人民检察院刑事诉讼规则》《最高人民法院关于在检察工作中贯彻宽严相济刑事司法政策的若干意见》等。

与审判程序相关的规定主要有:《刑事诉讼法》《未成年人犯罪法》《人民检察院刑事诉讼规则》《人民检察院办理未成年人刑事案件的规定》《最高人民法院关于执行〈中华人民共和国刑事诉讼法〉若干问题的解释》《最高人民法院关于审理未成年人刑事案件具体应用法律若干问题的解释》《最高人民法院关于严格执行公开审判制度的若干规定》《最高人民法院关于审理未成年人刑事案件的若干规定》《人民法院量刑指导意见(试行)》《最高人民法院、最高人民检察院、公安部关于部分地区就加强和规范刑事诉讼法律援助工作进行试点的通知》《最高人民法院研究室关于共同犯罪上诉案件中发现原审法院对部分被告人量刑畸重对未成年被告人的审理严重违反诉讼程序应当如何适用法律程序问题的电话答复》《最高人民法院研究室关于第二审人民法院是否应当为不满18周岁的未成年被告人指定辩护律师问题的答复》《最高人民检察院关于印发〈最高人民检察院关于刑事抗诉工作的若干意见〉》《最高人民检察院关于在检察工作中贯彻宽严相济刑事司法政策的若干意见》等。

执行阶段所依据的相关规定主要有:《公安部关于对不满14周岁的少年犯罪人员收容教养问题的通知》《最高人民法院、最高人民检察院、公安部、司法部关于开展社区矫正试点工作的通知》《最高人民法院关于未成年的劳教人员解除劳动教养后3年内犯罪是否适用〈全国人民代表大会常务委员会关于处理逃跑或者重新犯罪的劳改和劳教人员的决定〉的批复》等。

以上法律和司法解释对未成年人犯罪的基本方针和原则以及侦查、起诉、审判、执行程序等作出了较为详尽的规定，虽然尚未达到完善的程度，但已经在我国形成了一套处理未成年人案件相对独立的诉讼程序。

2. 司法实践中，对未成年人刑事案件的处理秉持着宽缓化的刑事处理原则。

2012年修订的《刑事诉讼法》专门设置了“未成年人刑事案件诉讼程序”章节，采用与成年人犯罪的适用规则相分离的方式，将部分未成年人犯罪的适用规则单独作出规定。这种分别规定的方式也从一定程度上体现出对未成年人犯罪持有宽缓态度的形势政策，从而进一步加强对未成年人进行保护的力度。

我国《刑法》规定，对涉罪未成年人应当进行从轻或减轻处罚。《刑事诉讼法》中也明确作出了应当宽缓对待未成年人的规定。也就是说，对未成年人宽缓化的处理方式已经在立法中得以确立。在司法层面，司法机关对未成年人刑事案件的处理也逐渐形成了“非诉化、轻刑化、非刑罚化”的趋势。检察机关对未成年人不起诉、不批捕的条件逐步进行扩大，法院充分考虑对未成年人适用缓刑的各方面条件，逐渐扩大缓刑的适用范围，并加大减轻处罚的力度。可以说，即使在某一案件中同时含有未成年被告人和成年被告人，那么，法官最终对未成年人的量刑明显要轻于对成年人的量刑。2005～2009年间，我国适用轻刑的未成年人占全部生效判决的80.75%，其中判处非监禁刑的适用率达到30%左右，高出同期全部犯罪中非监禁刑适用率4.45个百分点。[1] 2006～2012年度《全国法律年鉴》[2] 中的数据显示，2008年以前，不满18周岁的涉罪未成年人的犯罪率呈现逐年递增的趋势。但是，自2008年以来，我国未成年人的犯罪率已开始逐年下降，未成年人犯罪的案件占全部案件的百分比由2008年的40.7%下降到2011年的26.9%。这其中的原因很大一部分来自于对青少年法制教育力度的加强

---

〔1〕 佟季、马剑：“（2005～2009年）未成年人犯罪非监禁刑适用情况分析”，载《法制资讯》2010年第11期。

〔2〕 数据来源于《全国法律年鉴（2006～2012）》，转引自高景惠、孙威、王巍：《未成年人犯罪专业化公诉样本》，中国检察出版社2014年版，第15页。

以及对校园等主要生活环境秩序进行系统整治的成效。除此之外，对未成年人的处理秉持着“教育为主、惩罚为辅”的宽缓化的原则，将一部分涉罪未成年人进行非罪化处理的做法也是降低未成年人犯罪率的原因之一。

表1－1：全国法院2005～2011年审理案件年龄结构统计表（单位：人）

年度	生效判决人数	14～18岁	法定未成年犯占少年犯比例	18～25岁	25岁以下	25岁以下比例
2005	844 717	82 692	9.8%	203 109	285 801	33.8%
2006	890 755	83 697	9.4%	219 934	303 631	34.1%
2007	933 156	87 506	9.4%	228 872	316 378	33.9%
2008	1 008 677	88 891	8.8%	322 061	410 952	40.7%
2009	997 872	77 604	7.8%	224 419	302 023	30.3%
2010	1 008 677	68 193	6.8%	219 785	287 978	28.6%
2011	1 051 000	67 280	6.4%	215 149	282 429	26.9%

3. 在司法实践中，对未成年人刑事案件的审理工作开始广泛走进司法机关的关注视野，未成年人刑事司法体系愈加完善。

1984年我国第一个专门负责审判未成年人刑事案件的少年法庭于上海长宁区建立，标志着我国办理未成年人犯罪案件的专门机构正式形成。随后，公安机关、检察机关以及司法行政机关为了积极贯彻落实《关于办理少年刑事案件建立互相配套工作体系的通知》的精神，均采取了相应的改革措施，并分别设立了办理未成年人案件的专门机构。目前已经在全国范围内建立了数千个少年法庭，办理未成年人案件的专业人员已经达到上千人，努力做到将未成年人刑事案件全部交由少年法庭审理。以2009年为例，全国范围内的法院系统已经建立了2219个少年法庭，培养了7018名专门从事少年审判工作的法官。[1]少年法庭的建

---

〔1〕 陈永辉：“功德无量——少年法庭工作25年回眸”，载《人民法院报》2009年6月1日，第1版。

立不仅为未成年人刑事案件的侦办工作提供了专门化的机构和专业化的人员保证，还标志着未成年人刑事案件的审理工作已经逐渐走向全面化、成熟化的轨道。

另外，在司法实践中，司法机关从未成年人的实际情况出发，制定并推行了一系列针对教育和感化涉罪未成年人的特别程序。例如，检察机关对符合条件的涉罪未成年人实行“附条件不起诉”；对未成年犯罪嫌疑人、被告人的家庭、生活环境及个人基本情况等方面进行全面调查，并主要用来作为量刑的依据；对未成年人犯罪案件适用“刑事和解”；等等。

(二) 我国未成年人司法制度存在的问题

近年来，我国未成年人司法体制建设取得了较大成绩，司法机关对未成年人刑事案件的审理工作也开展得较为顺利。但是，由于我国对未成年人司法制度的建立起步较晚，在改革的道路上仍处于探索状态，无论是立法还是实践领域均暴露出一定的缺陷，甚至到目前为止，一些特别适用于未成年人的专门规则仍处于空白状态，审理案件时只能沿用一般刑事案件的处理规则，不仅为未成年人今后的发展带来一定的影响，同时，这也不是查明案件事实的最佳方式。因此，我们在向未成年人司法制度建立得较为完善的国家学习并借鉴其先进经验的同时，还有必要从当前的发展现状出发，结合本国国情，进一步加强我国的未成年人司法制度的建设。

第一，我国尚未制定出一部致力于解决未成年人刑事问题的专门法律，[1] 直接导致了实践中办理未成年人案件时缺乏全面、可依据的指导原则，操作规程较为混乱的情形也时有发生。虽然我国现行《刑事诉讼法》以特别章节的形式将未成年人刑事诉讼程序设为专门问题并独立于其他程序之外，但由于与未成年人刑事司法制度相关的法律渊源较多，除了法律、法规中有所提及之外，司法机关出台的一系列司法解释及规定中仍可以搜索到对未成年人的相关规定。这就不难看出，现行立法所涵盖的未成年人刑事诉讼规则实际上并没有对实践中出现的各类问题作出系统的解答。除此之外，由于地域环境的不同，全国范围内各省市区县基本上都制定了不同的案件操作规程，也就是说，立法的缺失使得不同地区的办案人员审理案件时根据不同的操作规程，对同一问题作

---

〔1〕 宋英辉、甄贞主编:《未成年人犯罪诉讼程序研究》，北京师范大学出版社 2011 年版，第 20 页。

出不同的处理结果，从而形成了不同地区遵守不同规则的怪现象。这严重违反了法制统一的原则，有损司法的公正性，也违背了法律面前人人平等这一原则的指导内涵。

第二，未成年人刑事司法正当程序建设仍较为滞后，[1] 不利于对未成年人权益的保障。正如前文所言，未成年人正处于生长发育及认识社会的关键阶段，特殊的生理及心理特征决定了他们较成年人来说更为脆弱的心理承受能力。因此，当未成年人进入刑事诉讼程序时，司法机关应当首先考虑未成年人身份的特殊性，保障未成年人的诉讼权益，让诉讼带来的伤害程度降至最低。例如，在讯问时依法保障未成年人沉默权、不被提出诱导性问题、不被刑讯逼供、讯问时有合适成年人在场等权利。就上述关于正当程序的规定而言，除合适成年人在场以外，《刑事诉讼法》在未成年人章节中并未对其他问题作出具体的规定。鉴于立法的空白，在办案人员实际操作时，只能依照对待成年人的标准执行。另外，未成年犯罪嫌疑人、被告人的审前羁押问题和与证人对质权问题等在立法层面上仍然没有得到明确的规定，导致实践操作中缺乏明确可以依据的规则。

第三节　未成年人刑事证据制度现状

一、未成年人证据问题相关立法情况

（一）实体法上关于未成年人刑事案件的特殊规定

在对未成年犯罪人的定罪问题上，我国《刑法》第 17 条规定：“已满 16 周岁的人犯罪，应当负刑事责任。已满 14 周岁不满 16 周岁的人，犯故意杀人、故意伤害致人重伤或者死亡、强奸、抢劫、贩卖毒品、放火、爆炸、投毒罪的，应当从负刑事责任。已满 14 周岁不满 18 周岁的人犯罪，应当从轻或者减轻处罚。因不满 16 周岁不予刑事处罚的，责令他的家长或者监护人加以管教；在必要的时候也可以由政府收容教养。”首先，立法通过设定三个不同的年龄段分别对未成年人的犯罪行为作出不同程度的处罚，明确未成年犯罪人的刑事责任：只要未成年人年满 16 周岁，无论其实施了何种违反法律规定的行为，就必须承

---

〔1〕 宋英辉、甄贞主编：《未成年人犯罪诉讼程序研究》，北京师范大学出版社 2011 年版，第 20 页。

担相应的刑事责任。同时，由于未成年人成长发育的特殊性，《刑法》还规定了承担刑事责任的年龄段，即年龄在14周岁至16周岁之间的未成年人，在特定的危害较大的案件中应当承担刑事责任。也就是说，在此年龄段之内的未成年犯罪人只有当犯下上述8种对社会的危害性较大、社会秩序受到严重破坏的重大犯罪时才应当负刑事责任。

在适用刑罚的问题上，《刑法》第49条第1款规定："犯罪的时候不满18周岁的人和审判的时候怀孕的妇女，不适用死刑。"也就是说，对未成年人进行定罪时，不能对其适用死刑，包括不能对其判处死刑立即执行，也不能判处死刑缓期两年执行。另外，《最高人民法院关于审理未成年人刑事案件具体应用法律若干问题的解释》第13条还规定："只有在未成年人犯下极其严重的罪行时，才可以对其适用无期徒刑。……"[1] 由于立法作出了对未成年犯罪人应当从轻处罚以及不适用死刑等较为宽缓的规定，这就使得未成年人刑事案件的量刑问题十分重要，与量刑有关的各种证据成为法官进行量刑的重要依据。

（二）刑事诉讼法关于未成年人证据问题的规定

2012年《刑事诉讼法》将未成年人刑事诉讼程序作为独立的章节呈现于第五编"特别程序"第一章之中，共设有11个条文，进一步对未成年人刑事司法制度进行完善，使未成年人刑事程序在立法体例上相对独立，充分地反映出我国对未成年人合法权益的保护。

《刑事诉讼法》对未成年人刑事诉讼程序的有关规定体现在第266~276条，首先，明确了对未成年犯罪人应当实行的宽缓化、人性化方针。其次，提出对未成年犯罪嫌疑人、被告人应当实行强制辩护的要求；司法机关应当设立专门的机构或专业人员负责办理未成年人案件；对未成年犯罪嫌疑人、被告人适用社会调查制度，并将其作为量刑以及社区矫正的重要参考依据。另外，合适成年人在场制度、对未成年犯罪人的逮捕措施、设立未成年人附条件不起诉制度以及犯罪记录封存制度等内容，也明确地体现在特别程序当中。

从上述规定不难看出，我国《刑事诉讼法》对未成年人诉讼程序问题的关注远远多于证据问题。就具体证据的种类而言，仅仅第270条中涉及对未成年犯罪嫌疑人、被告人口供的提取，即对讯问程序的限制问题，而对证据相关性及可采性的审查规则一直处于空白状态。例如，

---

〔1〕《最高人民法院关于审理未成年人刑事案件具体应用法律若干问题的解释》第13条规定："未成年人犯罪只有罪行极其严重的，才可以适用无期徒刑。……"

《刑事诉讼法》第268条仅规定了司法机关在办理案件时应当对未成年犯罪嫌疑人、被告人进行全面的社会调查，但并没有统一社会调查的取证主体、调查程序、社会调查报告的制作规则。同时，由于立法对社会调查报告的证据定位较为模糊，导致报告的证据属性及证明力问题至今仍是理论界争论的焦点。当模糊的立法作用于司法实践时，不同地区对于类似案件的处理结果也不尽相同，导致实务界对证据的审查规则难以达到统一。另外，立法也同样没有涉及未成年人证据的证明问题，只能适用与成年人犯罪案件相同的证明程序和标准。

二、未成年人刑事证据规则实施情况

就证据的种类来看，未成年人刑事案件中可能出现的证据类型不仅限于未成年犯罪嫌疑人、被告人的供述，还应当包括未成年人以证人身份参与诉讼时所作出的证言，以及未成年人作为受害人时作出的陈述。除此之外还有与案件相关的书证、物证等。本书所指的“未成年人刑事案件”的研究范围较为宽泛，不仅将主要研究视角局限于未成年犯罪嫌疑人、被告人，还囊括了未成年人以证人、被害人等身份参与到刑事案件中的情况。那么，这里所涉及的证据问题自然也相对比较宽泛。由于未成年人刑事证据的种类繁多，在此并不能对每一项证据的应用现状都一一进行详述，笔者将司法人员在实践当中适用证据时所产生的共性问题进行总结和归纳，以宏观的视角来阐述未成年人证据为刑事诉讼带来的影响。

（一）我国立法适当放宽了未成年人证据种类和适用范围

为了使涉罪未成年人能够更好地回归社会，我国立法放宽了未成年人案件中证据的种类，允许并建议在未成年人刑事案件中使用证明涉罪未成年人品性的证据；[1] 在适用范围上，品性证据不仅在定罪阶段有一定的参考价值，还成为量刑阶段重要的参考依据。我国《刑事诉讼法》[2] 间接地赋予了社会调查报告等用来证明品性的证据在未成年人刑事案件中的法律地位。在审判中，未成年人的成长经历、家庭背景、

---

〔1〕 参见我国《刑事诉讼法》第268条。该条是对未成年犯罪嫌疑人、被告人进行社会调查的规定，标志着我国立法已经允许品性证据在未成年人刑事案件使用。

〔2〕 我国《刑事诉讼法》第268条规定：“公安机关、人民检察院、人民法院办理未成年人刑事案件，根据情况可以对未成年犯罪嫌疑人、被告人的成长经历、犯罪原因、监护教育等情况进行调查。”

生活环境、有无犯罪记录等反映其品性的证据都可以作为法庭重要的参考资料。这些证据不仅在定罪阶段起到了一定的参考作用，更是为未成年被告人的量刑提供了极大的帮助，在量刑程序中体现出极大的参考价值，同时也为全面审查未成年被告人提供了重要依据。[1]

（二）未成年人刑事证据的收集要求更加严格

与成年人相比，无论是在生理、心理上的发育程度，还是对社会的了解及接受程度方面，未成年群体均处于弱势地位。尤其是当未成年人以诉讼参与人的身份进入刑事程序时，为了避免和减少诉讼为其带来的不良影响，应当向未成年人施以更全面的保护。这种保护在未成年人刑事证据的收集方式上也应当体现出来，即对供述证据的收集作出附加限制。以《刑事诉讼法》第 270 条[2]为例，该条为 2012 年《刑事诉讼法》以保护未成年人为的目而实施的新增规定，在讯问未成年人时，应当通知其父母亲或代理人在场。在此之前，1996 年《刑事诉讼法》第 14 条、第 98 条和第 100 条分别对涉罪未成年人接受讯问，以及未成年证人、未成年被害人接受询问时的在场人员作出规定，要求上述人员在接受讯问及询问时，可以通知其法定代理人到场。我国现行《刑事诉讼法》在此规定的基础上作出了修改，将法条中的“可以”改为“应当”，体现出立法对未成年人证据收集环节采取更为严格的要求。该条是立法对涉罪未成年人供述证据的收集作出的条件性限制，即只有在涉罪未成年人的父母亲或代理人在场的情况下才能进行讯问，保证涉罪未成年人在不受他人诱导、胁迫的情形下自愿作出陈述，以及口供的真实性和准确性不受到非正当程序的影响。此时取得的供述才具备证据资格。

还应当注意的是，如果对涉罪未成年人的讯问过程自始至终并无合适成年人在场，则说明供述的获得与正当程序的要求相悖，该未成年人供述在诉讼中不能被采纳。这种相较于成年人来说较为严格的证据提取要求，一方面有利于减轻未成年人在接受询问或讯问时的心理压力；另一方面也起到了对办案人员进行有效监督的作用。此外，到场的合适成

---

〔1〕 冀祥德：《最新刑事诉讼法述评》，中国政法大学出版社 2012 年版，第 245 页。

〔2〕 我国《刑事诉讼法》第 270 条第 1 款和第 2 款规定：“对于未成年人刑事案件，在讯问和审判的时候，应当通知未成年犯罪嫌疑人、被告人的法定代理人到场。……到场的法定代理人或者其他人员认为办案人员在讯问、审判中侵犯未成年人合法权益的，可以提出意见。……”

年人也能够依法行使对办案人员提出意见并对讯问笔录进行审核的权利，以达到依法保障未成年人权益的目的。

（三）未成年人刑事证据的收集范围更加宽泛

未成年人有着不同于成年人的生理构造及心理活动，这一群体的特殊性决定了诉讼中需要审查的内容往往比普通案件审查的内容更为细致，对未成年人刑事证据的收集范围自然更为宽泛。在实践中，由于未成年人的生理及心理发育尚不如成年人成熟，为了进一步厘清案件的真实情况，裁判者往往需要对与案件相关的未成年人的身心发育程度、感知、记忆及表达能力等内容作出更为详细的审查确认。

例如，当未成年人以证人身份置于诉讼当中，是否具备作证资格首先成为办案人员审查的问题。这是由未成年人处于特定生长发育阶段的特殊性决定的，他们的主观思维与成年人相比必然存在一定的偏差，特别是对于年幼的儿童来说，其所在年龄段具有极强的生理及心理发育的不成熟性，但这并非后天因素所导致，而是人类生长的自然规律，不可避免地形成了感知、记忆、表达等先天能力较弱的态势。因此，办案人员应当全面审查每一名未成年证人的内在能力与外在能力。内在能力包括其感知、记忆和表达能力，对事物的理解能力等；外在能力包括与外界进行沟通的能力、抵抗诱导或暗示性语言的能力、适应特殊讯问环境的能力等。无论是 1996 年《刑事诉讼法》，还是在我国现行《刑事诉讼法》[1] 中，均能够发现立法对证人作证资格的规定。法律法规没有否定未成年人的作证资格，但指出了不具备作证资格的条件：必须同时满足年幼且不能明辨是非、不能正确表达这三个条件。这说明在未成年人刑事案件中，办案人员除了收集与案件事实相关的证据之外，还应当扩大证据的收集范围，寻找能够证明未成年证人是否具备作证资格的证据。另一方面，还能够根据未成年证人的智力、身心发育等情况，进一步判断未成年证人的诚实性、证言的真实性及合法性等问题。

当未成年人以犯罪嫌疑人、被告人的身份陷入刑事诉讼中时，还可能涉及对与案件相关的未成年人年龄的审查、供述内容的充分性及真实性的影响因素、对涉罪未成年人自身诚实性的判断、讯问程序的合法性等问题。笔者认为，与一般案件相比，在未成年人案件中，对上述问题起到证明作用的证据的收集范围较宽，收集的侧重点也有所差异。以年

[1] 我国《刑事诉讼法》第 60 条第 2 款规定："生理上、精神上有缺陷或者年幼，不能辨别是非、不能正确表达的人，不能作证人。"

龄证据为例，对未成年人年龄的审查是判断是否启动未成年人刑事诉讼程序的前提。在实际操作中，通常司法人员欲解决的首要问题便是对犯罪嫌疑人、被告人的年龄作出准确判断，年龄证据成为不可忽视的收集对象，相互矛盾或指向性不一致的证据须加倍注意。但是，对于这类证据的收集在一般程序中显然是不需要的，因为在成年人犯罪的普通案件中并不需要对年龄加以确认。

（四）未成年人刑事案件的证明责任和证明标准与普通刑事案件相同

同一般刑事案件的证明问题相同，未成年人刑事案件的证明问题也包括证明责任和证明标准两方面。目前我国并未制定专属于未成年人的证明责任与证明标准，因此，在解决未成年人刑事案件的证明问题时，应当参照办理一般案件时所依据的准则。

在证明责任方面，依然遵循着无罪推定、不得强迫自证其罪以及利益衡量的原则，[1] 在未成年人公诉案件中，一般由公诉方承担证明责任；在自诉案件中，证明责任则归为自诉人承担。无论未成年人处于何种身份，案件中的犯罪嫌疑人、被告人通常不承担证明责任。其中也不乏例外的情形，例如，犯罪嫌疑人、被告人提出正当防卫、紧急避险或不可抗力等阻却违法性事由；被告方认为裁判中出现程序错误；某些事实只有被告人知晓等情形。[2] 另外，在未成年人刑事案件中，当控辩双方对年龄问题提出疑问，且现有证据存疑时，被告方可主动提出证明真实年龄的证据来促进被告人的积极抗辩。但此处应当注意的是，刚刚提到的证明责任仅局限于定罪程序，量刑程序所遵循的证明责任则与定罪程序有所差别。量刑程序一般遵循民事诉讼“谁主张、谁举证”的原则，因为量刑程序所关注的不再是被告人罪与非罪的问题，而是明确在有罪的前提下作出何种处罚的问题，这便与定罪程序中的无罪推定的指导原则无关，此时的控辩双方便不再受到该原则的约束，可以对自己所主张的量刑建议提出证据。[3] 未成年人量刑程序也是如此。综合未成年人在其特定时期生长发育的特殊性，笔者认为，未成年人刑事案件证明责任的承担问题主要体现在办案人员是否对未成年犯罪嫌疑人、被告人采用刑讯逼供等非法手段取得供述，或是以暴力、胁迫等非法手段

---

〔1〕 张保生：《证据法学》，中国政法大学出版社2009年版，第318～319页。

〔2〕 张保生：《证据法学》，中国政法大学出版社2009年版，第318～319页。

〔3〕 王进喜：《刑事证据法的新发展》，法律出版社2013年版，第167页。

取得证人证言以及被害人陈述。当涉及非法证据排除问题时，初步责任应当较轻，检控方应当承担证明证据合法性的责任。

在证明标准方面，应当遵照我国现行的刑事证明标准，即"犯罪事实清楚，证据确实充分，能够排除合理怀疑"。[1] 2012年《刑事诉讼法》修订前，立法并未对"证据确实、充分"成立的条件作出细致的说明，修正后的《刑事诉讼法》将以往抽象的规定进行了细化，即无论是定罪事实还是量刑事实，都应当有充分的证据证明，并且每一个用于定案的证据都应当与事实之间不存在矛盾；收集到的证据还应当符合法定程序并具备真实性；证据与证据之间能够做到相互印证，真正做到"定罪更严格，量刑更谨慎"。

三、未成年人刑事证据制度存在的问题

（一）立法与实践中缺乏统一的证据适用标准

从我国未成年人刑事证据的立法现状可以看出，虽然目前已有法律和司法解释对部分证据问题作出了相应的规定，也有一些地区的司法机关积极推行未成年人司法体制改革，但由于不同种类的证据规则散见于各项法律法规之中，范围规定得较为狭窄，内容也制定得较为笼统，没有统一的审查标准和依据。因此，产生问题的根本原因在于缺乏一套相对独立、完整、具有指导性意义的证据规则，以致侦查机关、检察机关在办案过程中无据可依，对证据进行审查判断的标准各异，在处理证据的采纳、排除等细节问题上以及取证、举证、质证、认证等司法证明环节上容易出现分歧，从而影响证据的认定和采信。以社会调查报告为例，不同地区的司法机关对该报告的证据资格及证明力问题分别作出不同的评价，有些地区赋予社会调查报告较高的证据地位，不仅被用作重要的量刑依据，也为未成年犯罪人的定罪发挥出一定的证明作用；有些地区仅仅将社会调查报告作为量刑证据，不承认报告在定罪阶段的相关性，认为报告中的内容与定罪无关，剥夺了报告用于帮助定罪的证据资格；还有一些地区从根本上否认了社会调查报告的证据属性，认为不能将其作为证据使用，只可作为司法机关办理未成年人刑事案件时所依据的参考资料。又如，就涉罪未成年人言词证据的取证立法而言，相关规则制定得较为笼统，并没有建立统一的审查标准。但不可否认的是，近

---

[1] 本句是对我国《刑事诉讼法》第53条规定的归纳。

年来，为了确保言词证据的真实性及可靠性，未成年人言词证据的收集程序得到了明确规范。例如，将取证程序的适用对象由原有的未成年犯罪嫌疑人、被告人扩大到未成年被害人和未成年证人，将保障的权益覆盖至整个涉案未成年群体当中。与此同时，增加了合适成年人在场的规定，明确了成年人在场的权利，从一定程度上保证了言词证据的真实性。笔者认为，当前我国立法仍需要进一步完善的方面有：关于未成年人证据的规定基本上都是原则性、概括性的指导意见，缺乏可操作性，[1] 使用标准并不明确；对取证人员的工作要求和取证方法等问题得不到解决，对取证程序中违反规定的参与人员的惩罚措施也处于空白状态。

另外，由于证据使用标准的失衡，刑事案件证据始终缺乏统一的采信标准，而采信标准的不统一恰恰导致了案件被认定为事实不清、证据不足进而被发回重审或改判等情形的发生。造成未成年人刑事案件证据的采信标准较为混乱的原因主要有以下几个方面：其一，由于我国尚未制定有关未成年人刑事证据法，对未成年人刑事证据的规定不仅分散在各项立法及司法解释当中，一些需要特殊重视的问题也没有特别规定，甚至出现空白的状态，缺乏可供遵照的操作标准，只能参照一般刑事案件的审理方式；其二，由于缺乏可供遵照的采信标准，在不同地区、不同层级、不同部门的司法机关之间的执法风格各异，司法人员的水平参差不齐，办理相同的案件时，存在证据采信标准不统一的问题。其三，在司法审判队伍中，仍有部分法官在审查证据时将焦点关注在证据的证明对象上，对证据的获取途径及程序等问题往往一带而过。例如，在采信相关人证及物证时仍然凭借主观经验，对科学证据的采信往往过于依赖专家的意见。[2]

（二）实践中容易出现“重定罪证据、轻量刑证据”的问题

当案件进入到审判程序时，定罪与量刑便成为审判活动中最主要的两个阶段。但事实上，实践中无论是在侦查、检察机关负责的收集证据环节，还是审判机关对证据的审查判断环节，往往更加关注如何证明某一行为的实施主体、该行为是否构成犯罪、构成何种犯罪等与定罪相关

---

〔1〕 郭欣阳：“论未成年人言词证据取证机制的创新”，载《公安学刊（浙江公安高等专科学校学报）》2006 年第 5 期。

〔2〕 陈邦达：“美国科学证据采信规则的嬗变及启示”，载《比较法研究》2014 年第 3 期。

的问题。也就是说，为了尽快查明案件事实，办案人员更加倾向于能够证明犯罪嫌疑人、被告人犯罪的基本事实、犯罪性质以及犯罪经过的证据，过多地注重法律的惩罚功能而忽略了对人身权益的保护功能。司法实践对能够体现出犯罪嫌疑人、被告人的基本情况、犯罪时间、地点、对于社会的危害程度以及对他人人身构成的危险性等问题的量刑证据没那么关心。换句话说，实践中普遍存在对定罪证据较为重视，却十分容易忽视甚至无视收集量刑证据的问题。[1]

对于未成年人来说，量刑证据不仅决定着是否要承受从重、从轻、减轻或是免除刑事处罚，还决定着某种行为是否属于犯罪构成要件的量刑事实。例如，对未成年人年龄大小的审查判断不仅直接决定了涉罪未成年人的行为是否直接构成了犯罪，还从一定程度上体现了涉罪未成年人人身危险性的程度。因此，在未成年人刑事诉讼当中，对量刑证据收集与审查更应当引起司法人员的重视。综上所述，法官对量刑证据收集工作的忽视主要表现在：①对证明未成年人身份、年龄的证据审查得不够仔细，对矛盾或存疑的证据往往采取有利于犯罪嫌疑人、被告人的方式；②不重视收集诸如累犯、再犯、犯罪数额等方面的证据；③对涉罪未成年人在侦查或者审查起诉阶段检举他人犯罪的情况不做查证，将上述工作一并交由法院解决等。

（三）对未成年人证据问题的专门研究不足

从21世纪初开始，我国有许多专家、学者致力于未成年人司法制度的研究。时至今日，仅与该问题相关的书籍就达十余部，硕博学位论文、期刊论文更是数不胜数。但其中大多为与实体法及诉讼程序问题相关的著作，几乎没有专门针对证据问题进行专门分析和研究的文章。

关于刑事诉讼中未成年人案件的证据问题，我国立法在其中某些方面还存在许多空白，司法实践也缺乏足够的经验。笔者通过CNKI中国知网对论文标题关键词进行了检索，其中与未成年人刑事诉讼程序问题相关的期刊与硕士论文比比皆是，但很少有将上述内容作为博士论文选题的情形。经过笔者的搜索，并没有发现以“未成年人；证据”“未成年人；犯罪记录”“未成年人；前科消灭”以及“未成年人；品性证据”为题的博士论文。以“未成年人；社会调查”为题的博士论文数

---

〔1〕对该问题的发现始于2013年10月笔者赴湖北省武汉市中级人民法院进行为期4天的调研期间。在调研过程中，笔者在充分听取了各位优秀法官对我国现行证据制度提出的宝贵意见之后，总结出未成年人刑事证据领域内存在的问题。

为2篇;[1] 以“未成年人;附条件不起诉”为题的博士论文有2篇。[2] 但是，这些文章几乎都围绕着实体法或刑事诉讼程序进行论述，仅对原则、制度、程序进行了许多研究并形成了大量成果，对证据问题的论述仅仅一带而过甚至丝毫没有提及。经搜索发现，真正涉及未成年人证据问题的文章更是少之又少。可见，在我国，与未成年人刑事证据问题相关的研究成果并不是很多，即使涉及其中的某些问题，也只是泛泛而谈、一带而过，并没有将论述上升至理论的高度，缺乏深入细致的讨论。将未成年人证据问题进行系统的汇总与分析的论文或专著更是鲜见。

另外，就研究思路而言，总体来看，我国学者现有的研究主要是从两个方面展开的：一是介绍外国立法及司法状况，或者是比较中外证据规则的异同；二是对其中的某些具体问题进行探讨，并提出具有针对性的建议。[3] 基于研究方法、知识结构、认识手段、分析工具等因素的限制，无论是基于程序法角度还是证据法视野，现阶段对未成年人刑事证据问题的研究往往停留在定性的层面，缺乏对某一个具体问题进行细致的论述。因此，对证据问题进行深入挖掘显得十分必要。现有的研究情况也昭示了以开阔的学术视野进行制度构建，建立完善的未成年人证据制度必定成为今后研究发展的趋势。

第四节 篇章结构和研究方法

一、篇章结构

导言部分是对未成年人刑事证据司法体制的宏观论述。首先使读者明确未成年人这一特殊群体在生物学、心理学及法学这三门不同学科之中分别呈现出的特征；其次，将未成年人的特殊性融入刑事证据司法体制当中，归纳出未成年人刑事证据司法体制的概况、立法及司法现状，形成区别于一般刑事证据司法体制的特殊体系；最后，对未成年人刑事诉讼程序中的证据问题（证据的种类、证明力评价等）以及证明问题

---

〔1〕 这两篇论文分别为：①李国莉：“未成年人刑事案件社会调查制度研究”，吉林大学2015年刑法学博士学位论文；②王广聪：“少年刑事司法社会调查程序研究”，湘潭大学2013年诉讼法学博士学位论文。

〔2〕 这两篇论文分别为：①马健：“附条件不起诉制度研究”，吉林大学2013年刑法学博士论文；②杨志：“附条件不起诉制度研究”，西南政法大学2014年诉讼法学博士论文。

〔3〕 赵国玲：《未成年人司法制度改革研究》，北京大学出版社2011年版，第2页。

（证明责任、证明标准）进行总结，并梳理本书的主要研究脉络。

本书的第二章至第五章分别围绕未成年人刑事证据若干问题进行探讨。为了让这个看似庞大且繁琐的问题能够较为清晰地呈现于读者面前，笔者将研究视角分别定位于未成年犯罪嫌疑人及被告人、未成年被害人、未成年证人这三大主体，并从这三大主体各自的角度出发，在不同的领域内试图分析并解决其在各自的诉讼环境中所面临的证据问题。

第二章和第三章将研究视角集中在未成年犯罪嫌疑人、被告人领域。围绕未成年人的年龄及供述问题展开讨论。除此之外，对涉罪未成年人品性证据的采纳也应当受到一定程度的关注。第三章后半部分还特别提到，在未成年人性侵害案件中，当被害人和被告人均为未成年人时，品性证据的适用规则。

第四章与第五章将未成年证人作为研究主体，从未成年人自身的作证能力入手，梳理并总结适用于未成年证人证言的质证方法，并通过分析未成年证人的作证资格及证言的合法性，表明采纳未成年证人证言的影响因素。最后，对未成年证人的保护不仅包括以子女身份作证的豁免，还应当留意未成年证人的人身安全及心理健康。

二、研究方法

本研究主要采用历史研究法、比较研究法以及调查研究法等研究方法。

历史研究能够探寻理论的基础，有助于获得更加科学和牢固的结论。通过采用历史研究的方法，呈现出未成年人刑事证据制度在历史中的雏形、未成年人刑事证据制度在相关国家的产生与发展脉络以及我国刑事证据制度的发展历程，进而总结出相关制度存在与发展的原因与背景，对我国刑事诉讼中未成年人证据制度发展起到借鉴的作用。

本书还采用了比较研究的方法，将域外未成年人刑事证据的相关规定与我国的相关规定进行比较分析，通过借鉴其他国家的有益做法，取其精华去其糟粕，于比较中揭示出我国相关制度的缺陷与不足，并探究出最符合本国特点的相关规则。

调查研究也是本书采用的一种方法。由于本书涉及的某些问题（如社会调查报告在全国各城市的开展程度及情况等）需要司法实践中各种数据的支撑，因此，调查研究成为本书必不可少的研究方法。通过调查研究的方式可以更加直观、更相对准确地说明问题，从而得出更为可靠、更具说服力的结论，为文章增色。

第二章　未成年被告人证据问题

第一节　未成年人年龄证明

一、未成年人年龄证明之困境

（一）司法实践中对年龄认定所引发的问题

对未成年人年龄的审查认定是未成年人刑事司法程序启动时应当解决的首要问题。涉罪未成年人犯罪时的年龄直接决定着法庭最终的定罪，准确认定未成年人的年龄在刑事审判中极为重要。但是，由于户籍制度落后、流动人口较多等客观因素的存在，以及蓄意冒充未成年人等主观因素的影响，实践中根据已有证据对未成年人的年龄作出认定并非易事。这些问题均在不同程度上阻碍了司法机关对年龄问题的认定工作，导致年龄证据的收集和采纳面临新的挑战。就目前而言，我国司法机关在办理未成年人刑事案件时产生的年龄问题大致有以下几个方面：

1. 户籍制度管理不规范，易产生年龄证据相互矛盾的问题，使年龄的真实性受到考验，同时加大了证据的采信难度。

"户籍"一词，意为用来登记居民户口的簿册。[1] 户籍制度是伴随着国家的产生而形成的一项基本行政制度，是政府职能部门对所管辖居民之出生、死亡、社会身份、婚姻、居住等基本状况进行登记和管理的行为。户籍制度不仅能够提供人口统计的基本信息资料，还包括与公民的身份、执业、迁徙等权利相关的一系列社会管理制度，[2] 旨在对社会人口进行全面、系统的管理。

在我国历史上，最早将户籍制度上升到法律层面的时期可以追溯至商朝。商朝建立户籍管理制度的目的是满足当时征战征兵以及治理水患的需要，可以算作我国户籍制度的萌芽时期。到了西周时期，主要采用

---

〔1〕 参见《辞源》（第2册），商务印书馆1980年版，第1198页。

〔2〕 范忠信：《中国法律传统的基本精神》，山东人民出版社2001年版，第62～63页。

将“籍田”等土地分配方式作为计算民数的方法，标志着户籍法律制度的雏形基本诞生。[1] 真正将户籍制度统一起来的时期为秦朝，确立于商鞅变法之后，首次建立了户口登记制度，[2] 并实施对流动、暂住人口的管理。到鼎盛时期的唐代，户籍制度延伸到了法律制度，政府更加倾向于运用法律手段管理和调整户籍问题，并进一步扩大和完善户籍登记的内容，将户籍分为正文和附注两个部分。其中不仅记载了居民人口及分配田地的情况，还细化了居民的出生、死亡、迁徙、逃亡、年龄、相貌等基本个人信息，登记于附注之中。[3] 唐代的户籍内容比起前几个朝代更加细致，体现出唐代户籍管理制度的相对成熟。到了清代时期，户籍调查与编审制度较于唐代则更加完善，从初期开始就依照“民六十以上开除，十六以上添注”的规则，实行定期对户籍进行整理的政策。[4] 清末年间，随着西方文化逐渐向我国传播，清政府仿照西方国家建立了专门的警察机构，由警察机关负责管理户籍业务。公元1911年（即宣统三年），清政府制定了《户籍法》，虽然该法由于当时环境的特殊性未能得以颁布实施，但也从一定程度上促进了户籍管理制度的进步与发展。综上所述，户籍管理制度自我国古代起就已经逐渐开始成为一项基本的管理制度。但由于户籍管理的基本目的是便于征收赋税及履行兵役，从一定程度上限制了人口流动的自由，对居民户籍的管理仍较为片面。再加上封建世袭制度的影响，导致了社会层级的明显划分。从这几方面来看，我国古代的户籍制度还需要进一步完善。

中华人民共和国成立后，随着社会公共秩序的重新建立，国民经济的不断复苏，对各行各业的社会主义改造工作的逐步进行，户籍制度作为我国的一项基本制度，也在按照先城市后农村的顺序开始建立起来。从新中国成立至今，我国的户籍制度大致可以分为三个阶段。第一个阶段存在于1949～1957年的这段时期，由于该时期同时为中华人民共和国成立初期，当时社会的主要任务仍然是防止外敌入侵，因此，绝大部

[1] 有学者指出：“西周的户籍制度是与土地制度结合在一起的、非独立的管理制度。”参见邢铁：《户等制度史纲》，云南大学出版社2002年版，第163页。

[2] 《商君书·境内篇》记载：“四境之内，丈夫、女子皆有名于上，生者添，死者削。”

[3] 宋家钰：《唐朝户籍法与均田制研究》，中州古籍出版社1988年版，第113页。[日] 池田温：《中国古代籍帐研究》，龚泽铣译，中华书局1984年版，第187～189页。转引自王峰：《户籍制度的发展与改革》，中国政法大学出版社2013年版，第35页。

[4] 王峰：《户籍制度的发展与改革》，中国政法大学出版社2013年版，第37页。

分制度尚处于空白或混乱状态。虽然当时我国也颁布了许多关于户籍制度的规范性文件，但部分文件与宪法相矛盾，例如，1953 年 4 月政务院作出的《关于劝止农民盲目流入城市的指示》的个别条款便与 1949 年《中国人民政治协商会议共同纲领》的规定相抵触。[1] 可见，一些政策并不能得到落实，仍然起不到有效的规范效果。可以说，当时我国的户籍制度管理处于较为混乱的状态，居民的年龄等基本信息得不到系统的统计和落实。

1958 ~ 1979 年为户籍制度发展的第二个阶段。这一阶段主要以 1958 年颁布的《中华人民共和国户口登记条例》为划分界线。虽然条例中明确规定应当对出生、死亡、婚姻等基本问题进行登记，但实际上，在该时间段内，由于我国先后经历了"大跃进""三年大饥荒""文化大革命"等时期，我国的经济发展停滞不前甚至一度濒临崩溃的边缘。经济发展极度落后，间接导致了城市管理水平的大幅下降，户籍管理机关遭到严重的破坏，越来越多的农村居民逐渐开始向城市迁移，使得社会上的流动人口呈不断上升趋势。由于户籍管理制度存在极大的疏漏，对年龄进行错误登记或虚假登记的现象在我国频繁发生，尤其在经济发展及各项管理制度较为落后的地区更为常见。

1980 年至今是户籍制度发展的第三阶段。本阶段为户籍制度改革幅度较大的时期。我国自 1979 年起全面推进改革开放政策，建立了社会主义市场经济体制，户籍制度也随之进行一系列的改革，全民普及居民身份证及户籍登记制度，建立统一的"中华人民共和国居民户口"，进一步规范户籍与迁徙两项登记工作。同时创建以户口本、身份证、出生证明等证件组成的户籍管理系统，并依靠计算机技术实现对户籍制度的登记和审查。但是，历史遗留下来的许多问题仍然没有得到彻底的解决，例如，是否对我国目前仍旧施行的城市与农村户口分开管理的二元户籍制度进行改革也是学界一直争论不休的问题，直接影响到了城市人口与农村人口的流动性。以本书的研究对象——未成年人为例，由于户籍制度管理的落后，目前我国仍然不乏携带虚假年龄信息的未成年人，

---

〔1〕 1949 年《中国人民政治协商会议共同纲领》第 5 条将自由迁徙列为我国公民的 11 项自由之一。1951 年《城市户口管理暂行条例》第 1 条也规定："为维护社会治安，保障人民安全及居住、迁徙自由，特制定本条例。"也就是说，我国在新中国成立初期就已经赋予了公民迁徙自由的权利。但 1953 年《关于劝止农民盲目流入城市的指示》却限制了农民迁往城市的权利。详见王峰：《户籍制度的发展与改革》，中国政法大学出版社 2013 年版，第 65 页。

当这些未成年人涉入刑事司法程序时，其年龄的真实性问题则成为刑事诉讼中应当解决的首要疑难问题。

另外，医学证明也是用来证明年龄的重要证据之一。自《中华人民共和国母婴保健法》于1995年出台以后，我国才开始建立统一的人口出生医学证明制度。[1] 可以说，在此规则正式实施之前，全国各地缺乏规范、统一的出生登记制度。尤其在经济条件较为落后、居民的文化程度普遍较低的偏远贫穷地区，由于制度不健全、管理有缺陷、居民自身登记意识较弱、逃避超生罚款等因素的影响，不登记户口、不办理出生证明的现象较为常见，久而久之便出现了居民户籍资料缺失或基本信息不完整的情况。据UNICEF提供的数据显示，我国约有26%~60%的5岁以下儿童并未进行过出生登记。[2] 西安交通大学人口与发展研究所针对出生登记问题对陕西省某县中的5个村进行了调查，结果显示，这5个村的儿童初期总登记率仅为48.4%。[3] 不仅是农村地区，经济发展较为发达的地区也存在上述问题。以广州市为例，该市2009年出生医学证明的发证率为84.14%，2010年的发证率为85.92%。可见，虽然领取出生医学证明的总体情况呈上升趋势，但还是存在出生证明领取尚未完全普及的问题。[4]

鉴于我国户籍管理制度尚未完善、出生证明的普及性还有待加强，在实践中，经常会出现用于证明年龄的证据出现相互矛盾的情形。许多案件中的年龄证据并不唯一，结果导致部分证据显示被调查人为某一年龄，而另一部分证据显示的则是另外一个年龄的情形。例如，在一项刑事案件中，被告人张某因实施盗窃行为被检察院提起公诉。[5] 在审查其年龄时收集到的主要证据有：本人的户籍材料、当地派出所对其身份

---

〔1〕 1995年颁布的《中华人民共和国母婴保健法》第23条规定："医疗保健机构和从事家庭接生的人员按照国务院卫生行政部门的规定，出具统一制发的新生儿出生医学证明；……"

〔2〕 Deen, T. Rights, 50 *Million Children Unregistered at Birth*, Says UNICEF, Global Information Network, New York, 2002, P. 4. 转引自李树茁、刘晓兵、张烨霞："中国儿童的出生登记：现状、影响因素、促进政策和实践"，载《公共管理高层论坛》2007年第1期。

〔3〕 李树茁、刘晓兵、张烨霞："中国儿童的出生登记：现状、影响因素、促进政策和实践"，载《公共管理高层论坛》2007年第1期。

〔4〕 王平、曾芳玲、莫伟健："2009~2010年广州市《出生医学证明》签发状况分析"，载《中国妇幼保健》2010年第25卷。

〔5〕 四川省成都市武侯区、河南省巩义市人民检察院课题组："刑事案件审查中未成年人年龄证据采信问题"，载《中国检察官》2013年第3期。

及年龄的确认、张某本人对其年龄的供述、张某父母的证言以及其邻居的证言、张某父母当年的超生罚款记录等。在这些证据中，张某本人的户籍材料、当地派出所的确认以及张某本人的供述都指向张某在作案时已年满16周岁，但张某母亲提供的证言、其邻居的证言以及超生罚款记录却显示当年张某的母亲为了少支付超生罚款而故意将张某年龄改大一岁，事实上张某的真实年龄并不满16周岁。这就属于不同的年龄证据指向存在矛盾的情况，司法人员应当对相关证据进行进一步的核实。可以说，证据所指向的内容不同，为司法人员的认定工作带来了难度，也增加了证据的采信难度。

2. 由于审前调查受到忽视，再加上年龄证据缺乏统一的认定标准，造成实践中故意冒充未成年人的情形时有发生，为辨别证据带来困难。

当案件进入司法程序时，司法机关必然首先对被害人、犯罪嫌疑人等相关人员的基本信息进行核查，对身份、年龄等问题的核实更是必不可少的环节。尤其是对于未成年人，年龄的判断直接决定着案件的审理方向，也构成了法庭最终进行定罪及量刑的影响因素之一，理应受到更加仔细、严格的核查。但是，在实践中，不乏侦查人员及公诉人员对案件中的利害关系人（尤其是犯罪嫌疑人）年龄的审查较为粗糙、态度较为消极的情况发生。个别工作人员对年龄证据的收集与判断过程不够重视，甚至对证据反映出的问题选择故意忽视，对于相互矛盾的证据置之不理，随便作出定论。因此，对年龄问题进行核实应当首先在思想上引起司法机关的足够重视，并进一步履行其主动核查年龄的责任，加强审查年龄的意识和主动性，以免错过核实证据的最佳时机，避免为案件的审判工作带来一定风险。

另外，由于当前我国尚未制定出明确、统一的年龄证据认定标准，不仅在不同地区出现评判标准不一致的问题，在公、检、法各部门之间，甚至在上、下级司法机关之间对年龄证据的把握标准也较为混乱。于是，在允许适用多个评判标准的司法制度下，审判结果的公正性及准确性受到极大的考验。例如，有些被告人为了逃避法律的制裁，以户籍登记管理不规范为由，有意识地钻法律的漏洞，滥用疑点有利于被告人原则，对司法机关认定的真实年龄提出异议，冒充未成年人，形成存在疑问的年龄证据。在此种情况下，司法人员不得不对证据进行再一次的收集与核实。随之而来的后果是既拖延了诉讼进程，又为审判工作带来了麻烦，无形之中增添了审判压力。

对案件相关人员年龄的审查是办理未成年人刑事案件的必要及首要

任务，也是未成年人司法程序启动的门槛。相较被害人和证人，对涉罪人员的年龄进行认定是完成该任务的重中之重，这是因为，对于犯罪嫌疑人、被告人来说，年龄是决定其是否承担刑事责任的首要前提条件，认定其是否年满14周岁、16周岁、18周岁这个关键阶段尤为重要，直接决定着被告人的罪与非罪、罪轻与罪重问题。因此，许多被告人为了逃脱法律的制裁，选择冒充未成年人的方式欺骗法庭。[1] 这样的情况在司法实践中层出不穷。

通过实践的积累可以得知，较为常见的故意冒充未成年人的方式有两种：一是通过使用虚假证据冒充未成年人；二是通过冒用他人信息冒充未成年人。下面将通过不同的案例分别诠释这两个类型：

案例一：被告人王某于2012年6月10日晚实施入室盗窃行为，并盗得人民币5000元以上的电脑一台。根据王某本人的供述及身份证件得知其出生日期为1995年5月5日，也就是说，案发当时王某的年龄并不满18周岁。除此之外，再没有任何可以证明其年龄的证据。为了进一步明确王某的真实年龄，办案人员亲自奔赴王某的老家，在走访了当地派出所及王某所在社区后，终于查明王某的真实出生日期为1989年5月5日，并非其所称的1995年，并查明其身份证件系伪造，供述内容也为虚假，其真实年龄已经超过18周岁，应当依法追究其刑事责任。

案例二：被告人赵某因实施盗窃行为依法被公安机关逮捕。在审讯中，赵某交代了自己的姓名、年龄、住址等个人信息，公安机关凭借上述信息查到了赵某的户籍材料，将材料进行认定核实后，认为其提供的信息与户籍资料上记载的信息相符，故认为其年龄未满18周岁，尚属未成年人，故对其作出了从轻处罚的决定。但时隔不久，另一位未成年人向法院反映赵某在该案中盗用了其身份，真正的赵某并不是该案中的被告人，而是他本人。经过司法机关对案件中的被告人身份重新进行核实以后，证实本案中的被告人确实盗用了赵某的身份，被告人已经成年。

3. 作案时间具有不确定性。对未成年人年龄的认定需要具备两个

---

〔1〕 耿艳萍、樊俊："未成年人犯罪年龄证明困境及实践"，载《经济研究导刊》2010年第5期。

重要的时间要素：一是未成年人准确的出生日期；二是案件发生的准确时间。缺少这两项要素中的任意一项都无法认定被调查人是否为未成年人，因为对未成年人年龄判断的截止时间为案件发生之时的准确时间。实践中的大多数案件都是针对前者进行调查，但也有个别案件在审查年龄环节出现困难的原因是由于对案件发生时间查证的模糊。查清案件发生的准确时间十分重要，对于案发时间的调查应当更加细心谨慎。因为对于被告人来说，案发时间很可能与被告人14周岁、16周岁或18周岁的生日相重合，直接关系到对被告人量刑的轻重。

4. 对证据多次审查的结果不同，极易导致错案的发生。实践中还会出现这样的情况，即同一被告人先后两次实施了不同的犯罪行为，在第一次的调查中，由于各种因素的影响导致其年龄证据的指向性较为模糊，无法判断其作案时的真实年龄。[1] 对于这种年龄存疑的情形，法院只能作出有利于被告人的决定。因此，当被告人一口咬定其尚属未成年人时，法庭只能将其视为未成年人作出判决。但该名被告人在此后又实施了另一项犯罪行为，在该案中通过进一步查证该名被告人的身份后得知其真实年龄早已经超过18周岁，并不属于未成年人，也就间接地证明了第一起案件中的判决存在失误，形成错案。

（二）年龄证据问题给司法公正带来影响

年龄问题产生的负面影响是多方面的，首先，为司法机关的案件侦办和审理工作起到一定的阻碍效果，其中不仅包括代表国家形式追诉权的公诉机关，也给处于中立地位、需要作出最终判决的法院带来影响。因为年龄的存疑使得办法人员不得不对所有与年龄问题相关的证据重新进行收集和排查，确保获得真实可靠的信息，直接影响到了诉讼的全部进程，导致审理期限不得不被延长。尤其是某些距案发当时已持续较长时间的案件，某些具有时效性的证据的证明力可能会受到影响，对年龄证据进行再一次补充调查的难度也会随之增大，法定期限内结案的可能性大大降低，直接导致司法效率受到损害，也在一定程度上浪费了司法资源。其次，站在被告方的角度来讲，由于司法人员需要对年龄问题进行反复补正，导致了启动审判程序日期的拖延，也就间接造成了被告人被羁押的期限过长，导致被告人的诉讼权益受到侵害。我们可以通过一个真实的案例加深了解：

---

〔1〕 四川省成都市武侯区、河南省巩义市人民检察院课题组："刑事案件审查中未成年人年龄证据采信问题解析"，载《中国检察官》2013年第3期。

案例三：被告人陈某于2009年1月2日抢劫被害人李某人民币15 007.68元，并于同年1月5日被抓获。司法人员在办理案件时发现被告人陈某供述的年龄与其户籍信息上显示的年龄不符。由于该案用于证明年龄的证据存在矛盾，办案人员需要对年龄证据进行补充侦查。经过多次补充证据，该案正式移交至法院审理的日期距被告人陈某首次被羁押的日期已经间隔一年两个月。最终，法院发现年龄证据仍然存在瑕疵，故建议公诉机关继续对该案的年龄证据进行补充侦查。随后，最终认定被告人陈某在作案时系未成年。法院最终判处被告人陈某有期徒刑一年四个月。事实上，由于该案中的被告人被羁押的期限过长，将其羁押的时间与服刑的时间相加可以得知，其量刑与未成年人犯下相同罪行的量刑差别不大，本应因具有未成年人身份而受到从轻处罚，该案却由于羁押时间过长未将从轻处罚体现出来。这未尝不是对未成年人的一种伤害。

这事实上已经背离了我国立法所要求的对未成年人“从轻、从宽处罚”的原则。由于年龄问题所造成的对未成年人的超期羁押很可能间接给未成年人带来更重的处罚以及心理上的伤害。

另外，司法机关在面对年龄证据缺失或现有的年龄证据相互矛盾的情况时，往往会首先向与未成年人相熟识的群体进行查证。但是，在实践中，从此类群体处获得真实可靠的证据往往存在一定的难度。因为这些群体往往是由未成年人的家人或亲友组成，当他们得知被告人的处境时，不排除会作出有利于被告人的供述的可能性，从而故意提供虚假的年龄证据。接下来的案例可以对该观点进行佐证：〔1〕

案例四：在对案件进行审查的过程中，一件奇怪的事情被调查出来：曾有两名叫李杰的男子被同时关押。但其中的一名男子目前已被判处缓刑，另一名男子目前正在看守所被羁押并等待接受法庭的审判。调查中发现，这两名男子不仅同名同姓，而且使用的是同一个户籍，其身份证号码也一模一样，甚至连家庭住址、父母亲以及亲属的姓名也相同。为了解开这个难题，办案人员将被羁押并等候审判的犯罪嫌疑人身

---

〔1〕 四川省成都市武侯区、河南省巩义市人民检察院课题组：“刑事案件审查中未成年人年龄证据采信问题”一文，载《中国检察官》2013年第3期。

份及年龄相关的证据重新进行核实，发现其户籍资料属于空缺状态，证明其年龄及身份的证据为该男子所在家乡的村支书出具的辨认笔录以及犯罪嫌疑人父母亲还有舅舅的证言。三份笔录上均清楚地证明了该名犯罪嫌疑人系当前所查明的身份，三名证人的证言均无矛盾之处。但随着案件调查工作的进一步深入，办案人员了解到，原来已经被判处缓刑的男子与目前被羁押男子为亲兄弟的关系，被羁押男子的真实身份实际上是李杰的哥哥李涛，并非李杰本人，李涛这样做的目的是减小自己的年龄，期望逃避法律的制裁。事后，李涛的父母及舅舅也分别承认他们为了隐瞒真相而故意作出伪证。

上述案例中的当事人为了能够减轻处罚，不惜使自己的父母及亲属作伪证，这种做法不仅增加了工作人员的办案难度，扰乱了案件的正常审理秩序，还为法官最终的审判工作带来了风险。若法官对于上述存疑的年龄证据作出有利于被告人的认定，也就无形之中使得被告人有机可乘，这无疑是对司法公信力的一大挑战。

二、未成年人年龄证据的审查判断

（一）常见的年龄证据种类

综合对以往相关案例的总结，可以归纳出以下几种与未成年人年龄具有相关性的证据种类：身份证件及户籍证明等可由公安机关出示的书证物证；可证明年龄的证人证言，如被告人的父母及其他近亲属、被告人的邻居、计划生育委员会的相关工作人员等；以骨龄鉴定意见为主的司法鉴定意见；犯罪嫌疑人、被告人供述等。

1. 书证物证。主要包括：①被调查人的户口本、身份证、暂住证、社会保障卡、公安机关出具的人口普查资料等用于体现其户籍信息的资料。②由医疗机构出具的医学出生证明、接生记录；由计划生育部门提供的相关统计资料；相关单位人事部门出具的准生证等出生证明材料。

2. 证人证言。主要包括：①未成年犯罪嫌疑人、被告人的父母、其他监护人及近亲属提供的证言。②犯罪嫌疑人、被告人的朋友；其所在学校及工作地的老师、同学及同事等提供的证言。③犯罪嫌疑人、被告人的同案人员、人口普查人员、社区居委会工作人员等知情人士提供的证言。

3. 犯罪嫌疑人、被告人供述。主要包括含有犯罪嫌疑人、被告人对其出生日期作出明确表达及解释的讯问笔录。

4. 司法鉴定意见。主要包括由具有专业鉴定资质的专家出具的对未成年人年龄的鉴定意见以及对与未成年人年龄相关的文书、证件所出具的鉴定意见等。

（二）未成年人年龄证据适用的一般要求

1. 明确年龄证据证明力的评判尺度。为了更好地解决年龄证据相互冲突的问题，可以根据各类年龄证据的特点，在实践的检验中逐渐形成各证据类型的权重选择范围和加权平均规则，从而得出不同类型证据的可信性指数，并制定出具有参考意义的证明力排序规则。

（1）在通常情况下，户籍证明、出生证明及身份证等能够体现户籍信息的材料在证明力大小的判断中占据着第一顺位，其证明力排列在证人证言、犯罪嫌疑人及被告人的供述和司法鉴定意见之前。但是，这种排序仅仅建立在户籍材料所体现出的年龄信息具有真实性和可信性的基础之上。[1] 一旦关于年龄的信息为虚假事实，那么该户籍材料就不能够作为证据使用，应当予以排除。

（2）计生证明、工作证明及学籍证明等其他用于证明年龄的书证物证的证明力排在第二位，即排在户籍材料之后。其证明力占据第二顺位的前提与户籍资料相同，也就是说，上述物证书证中关于年龄信息的描述也应当具有真实性及可信性。只有满足这一前提，证明年龄的书证物证才具有谈及证明力大小的资格。但本类证据不能单独作为认定年龄的证据，还需要提出其他辅助证据共同证明。特别指出的一点是，以时间计算，如果相关书证形成于案件发生之前，则该书证的证明力普遍高于形成于案发之后的书证，并且于案发之后形成的书证也不能单独作为最终的认定依据，需要经过其他证据的相互印证才可以得出结论。

由于证人证言、被害人陈述以及犯罪嫌疑人或被告人供述等言词证据本身受到个人主观因素的影响，导致其提供的证据具有准确性较低、易变性较强的特点，可以认为言词证据的证明力较低，仅有言词证据存在时并不能单独作为定案的依据。也就是说，如果没有其他证明力较高的证据相佐证且无法形成完全吻合的证据链条，那么单凭言词证据并不能对年龄作出认定。

另外，据法医学调查显示，人类骨龄的生长发育并不具有共性，其生长发育的快慢程度与个人的种族、性别、所在地区、环境、饮食、营

---

[1] 于浩："审查起诉中未成年人年龄证据的审查判断"，载《贵州警官职业学院学报》2009 年第 21 期。

养等因素有关，因此骨龄测试并没有办法检验出一个人准确的年龄，[1]只能测出大概的年龄范围。尤其是对未成年人 14 周岁、16 周岁、18 周岁这三个与定罪量刑有关的重要年龄段的检测呈现一定的困难性。骨龄测试的方法存在一定的差错率，大约 60% 的骨龄检验结果为准确，30% 的结果大于实际年龄，10% 的结果小于实际年龄。[2] 可以说，骨龄鉴定等用于检测年龄的司法鉴定技术仍存在一定的误差，因此，只有在不存在任何年龄证据时才可以作为适当的参考。

（3）如果用于证明年龄的证据所指向的内容不一致或相互矛盾，经进一步调查仍然无法证明时，应当根据具体的案情作出有利于被告人的决定。

2. 在审前阶段建立年龄问题的预先警告规则。事实上，对未成年人年龄问题的审查工作应当在审前阶段完成。之所以有些案件（如案例二）在进入审判程序后仍然需要对年龄问题进行补正，笔者认为，原因之一在于审前阶段对年龄证据审查筛选机制的缺失。在综合并借鉴了一些学者的观点之后，认为建立审前告知及询问/讯问机制[3]能够从一定程度上提升司法机关办案人员对年龄证据的警觉性以及敏感度。该规则的具体实施方式为：规定侦查机关及检察机关工作人员在对未成年人及其父母以及其他知晓该名被调查未成年人的年龄信息的相关人士针对年龄问题进行询问时，应当首先对年龄问题的重要性进行告知，告知过后可以开始进行询问或讯问。

在侦查阶段，侦查机关必须向双方当事人、诉讼参与人以及法定代理人告知我国立法对年龄问题作出的相关规定。只有告知程序结束之后，侦查人员才可以对相关人员进行询问/讯问。对嫌疑人的警告至少

---

〔1〕冯仁强、毛建中："审查起诉中犯罪主体年龄查证之探讨"，载《中国检察官》2006 年第 9 期。

〔2〕李小荣："从一起个案评析骨龄鉴定结论的证据效力"，载《中国司法鉴定》2000 年第 1 期；应培礼："运用骨龄鉴定结果认定未成年人年龄之省思"，载《少年司法》2009 年第 3 期；钱立、王国红等："司法鉴定中 303 例骨龄小于'年龄'分析"，载《法医学杂志》2008 年第 2 期；万雷、应允亮等："X 线记测法推断骨龄的研究进展"，载《法医学杂志》2009 年第 5 期；钱立、王国红等："CHN 骨龄在司法鉴定中的应用价值"，载《中国法医学杂志》2008 年第 2 期。转引自国家法官学院：《全国专家型法官司法意见精粹（未成年人犯罪卷）》，中国法制出版社 2015 年版，第 126 页。

〔3〕该观点出自于李静、吴扬传："以'年龄警告'为基础的年龄认定规则之构建"，载国家法官学院：《全国专家型法官司法意见精粹（未成年案件卷）》，中国法制出版社 2015 年版，第 128 页。

应当包括下列内容：

(1) 你必须明确知道你现在可能已经涉嫌实施某项犯罪，依照我国法律规定，犯罪时年满＊＊周岁的人已经构成该项罪名，但是，在作案时未满18周岁的未成年人应当依法从轻或减轻处罚。

(2) 请明确地告诉我你的出生日期是什么时候。

(3) 你对已经查证的年龄和作案时间是否有异议？[1]

另外，除了被调查人之外，其他因知晓被调查人的年龄而成为证人的相关人士同时也需要被告知如下内容：

(1) 你必须明确知道被调查人的准确年龄。

(2) 你必须明确你所讲的每一句话都会被我们记录下来，并作为法官用来定案的依据。

(3) 你必须明确了解到伪造年龄证据的后果及所应承担的刑事责任。

另外，当案件进入审查起诉阶段后，检察机关不仅应当对被讯问/询问的相关人员事先进行告知（告知的内容与侦查阶段的告知内容相同），还应当履行监督职责，负责了解侦查机关是否在询问/讯问前履行了事先告知义务。

3. 年龄证据的证明责任与证明标准。我国《刑事诉讼法》对刑事案件证明责任的分配作出了明确的规定，即公诉案件中证明被告人有罪的责任应当由人民检察院负责承担。该规定体现出无罪推定原则在我国的适用，但是，在某些情况下，证明责任会由公诉方转移到被告方身上，[2] 也就遵循了民事诉讼当中的“谁主张谁举证”原则。笔者认为，年龄证据的证明责任应当遵循后者，即由提出证据的一方履行证明责任。

我国《刑法》将未成年人刑事责任年龄划分为三个重要的年龄等

---

〔1〕 该观点出自于李静、吴扬传：“以‘年龄警告’为基础的年龄认定规则之构建”，载国家法官学院：《全国专家型法官司法意见精粹（未成年案件卷）》，中国法制出版社2015年版，第128页。

〔2〕 何家弘：“刑事诉讼中举证责任分配之我见”，载《政治与法律》2002年第1期。

级，14 周岁、16 周岁、18 周岁也就成为最为关键的时间点。若将年龄证据划分为定罪证据与量刑证据两部分，那么，用来证明定罪的年龄证据所指向的内容必然是证明被调查人的年龄是否已满 14 周岁或 16 周岁；用于证明量刑的年龄证据涉及被调查人犯罪是否年满 18 周岁，是否应当依法对其进行从轻、减轻、从重、加重的处罚。对于涉及定罪的年龄证据，一般来说，仅仅靠被告方单方面地提供证据是远远不够的，还需要司法机关承担起收集证据的任务，由公诉方承担证明责任。若案件已经进行到审判阶段，则必要时也可由法庭依职权自行承担补充收集证据的工作。相较定罪证据而言，对仅仅涉及量刑的证据的举证责任要求较为宽松。在审前阶段，年龄证据的证明责任一般由侦查机关与检察机关承担；当进入到审判阶段时，法官可以"查明案件事实的需要"为由，要求被告方对其提出的年龄证据承担一定的证明责任。但是，如果年龄证据的指向性模糊是由于侦查机关或检察机关的失职而造成的，则被告方可不必承担证明责任，年龄证据的证明责任应当由侦查机关或检察机关承担。

就年龄证据的证明标准而言，一般情况下，用于定罪的证据的证明标准较为严格。这是因为对被告人刑事责任年龄的认定直接关系着罪与非罪的问题，直接影响着被告人今后的人生方向。只有当证据之间形成完整的、能够相互印证的证据链条时才可以作出定论。前文已经提到，与定罪有关的年龄证据涉及证明被告人是否年满 14 周岁与 16 周岁的问题，因此，检察机关在审查这两个年龄时应当执行最严格的证明标准。当案件进入到量刑环节时，年龄证据的作用在于判断被告人是否具有从轻、减轻、从重、加重等情节。由于本环节并不涉及是否构成犯罪的问题，其证明标准可以适度放宽，允许低于定罪证据的证明标准。这种做法也与我国未成年人刑事司法制度所提倡的"宽缓"原则相呼应。

三、涉罪未成年人刑事责任年龄审查

（一）审查被告人刑事责任年龄的理由

本书第一章已经提到过，未成年人是与成年人相对而言的，指的是未达到成年状态的，因未发育到成熟的年龄而在生理、心理等方面未臻健全的人。[1] 由于人们并不认为未成年人具有像成年人一样的对自己

[1] 宋英辉、甄贞主编：《未成年人犯罪诉讼程序研究》，北京师范大学出版社 2011 年版，第 1 页。

的行为负责的能力，针对这一点，世界各国的立法都对未成年人犯罪所应承担的刑事责任作出了有别于成年人的规定。这也就决定了在司法层面上，年龄是对涉罪未成年人进行量刑时应考虑的重要因素之一。由于我国《刑法》[1]及相关司法解释[2]明确规定了未成年人需要承担刑事责任的年龄，在许多未成年人刑事案件中，争议的焦点都集中在涉罪未成年人在实施某项犯罪时是否已经达到法定刑事责任年龄。因此，在办理未成年人刑事案件时，首先应当对涉罪未成年人的年龄进行审查核实。

我们可以通过2007年发生的一个真实案件来形象地阐释这一问题，该案的基本案情为：

被告人吴某伙同他人，分别于2006年5月2日凌晨和5月14日晚在不同的地点实施盗窃行为，并累计盗得价值为人民币10 000元左右和港币20元的物品。法院对案件进行审理后，判决吴某的行为已构成抢劫罪，故判处有期徒刑10年，剥夺政治权利2年，并处罚金20 000元人民币；其行为同样构成盗窃罪，法院判处其有期徒刑6个月，罚金人民币1000元；最终决定执行有期徒刑10年，剥夺政治权利2年，并处罚金人民币21 000元。[3]

该案产生争议的部分为被告人吴某的出生日期，其户籍上登记的出生日期为1988年5月8日，但吴某一直在其供述中称其实际的出生日期为1988年的农历五月初八，也就是同年的公历6月21日。若真如吴某所说，其在参与抢劫的时候尚未满18岁。因此，吴某向法院提起上诉，认为一审判决对其量刑过重。由于吴某户籍所在地派出所对其户籍的登记较为模糊，二审法院在调查中并没有办法查明吴某的具体出生日

---

〔1〕 我国《刑法》第17条规定："已满16周岁的人犯罪，应当负刑事责任。已满14周岁不满16周岁的人，犯故意杀人、故意伤害致人重伤或者死亡、强奸、抢劫、贩卖毒品、放火、爆炸、投毒罪的，应当负刑事责任。已满14周岁不满18周岁的人犯罪，应当从轻或减轻处罚。因不满16周岁不予刑事处罚的，责令他的家长或者监护人加以管教；在必要的时候，也可以由政府收容教养。"

〔2〕《最高人民法院关于审理未成年人刑事案件具体应用法律若干问题的解释》第3条规定："审理未成年人刑事案件，应当查明被告人实施被指控的犯罪时的年龄。裁判文书中应当写明被告人出生的年、月、日。"

〔3〕 对本案经过具体的介绍详见朱江主编：《北京市第二中级人民法院经典案例分析精解：未成年人案件卷》，法制出版社2011年版，第13～14页。

期，故依法推定吴某实施抢劫犯罪时尚未成年，应对其所犯之抢劫罪作出减轻处罚的决定。该案例为典型的涉罪未成年人年龄争议问题，形象地反映出审查未成年人年龄对法院进行量刑的重要性。

（二）被告人刑事责任年龄审查

1. 被告人刑事责任年龄证据的证明标准。当未成年人刑事案件进入到审查起诉阶段，由于年龄证据直接决定着检察机关批准逮捕以及提起公诉等工作的走向，检察人员应当首先对侦查人员收集到的年龄证据的真实性与充分性作出审查判断。最终的判断结果则是由年龄证据的证明标准所决定的。也就是说，现有的年龄证据需要证明到何种程度才能被检察人员认定为确实充分。这一问题也就是接下来所要探讨的内容。

（1）问题涉及刑事责任能力的证明标准。在实践中，司法机关应当完成对未成年犯罪嫌疑人、被告人是否具有完全刑事责任能力的判断，因为这不仅决定了与未成年犯罪嫌疑人、被告人息息相关的罪与非罪、罪轻与罪重等问题，还关系到双方当事人在诉讼中的合法权益。这也就意味着在审查年龄证据时，应当重点把握被告人是否年满 14 周岁、16 周岁与 18 周岁这三个重要的年龄标志，并于审查时执行相当严格的证明标准。凡是证明犯罪嫌疑人、被告人刑事责任能力的证据，彼此之间应当形成完整的、相互印证的证据链条，证据间一旦出现相互矛盾的情形，则应当由侦查机关继续进行补充侦查，使矛盾的问题得以解决，[1] 不能仅凭借办案人员的主观臆断就作出决定。侦查机关在提交此类证据时，由于户籍材料、出生证明相对来说具有较高的证明力，故应当首先提交用于证明犯罪嫌疑人、被告人刑事责任年龄的户籍材料以及出生证明等物证书证，并作为最具有说服力的证据。其次，犯罪嫌疑人、被告人的父母及近亲属的证言以及嫌疑人本身对其年龄的供述也是十分重要的认定依据。上述证据应当确保其所证明内容的指向性一致并且不存在矛盾。另外，仅有单一证据而没有其他证据作为辅助的，不应当作为判断其刑事责任能力的最终依据。

（2）问题涉及量刑情节的证明标准。在量刑阶段，由于年龄证据仅起到证明被告人是否具有从轻、减轻处罚情节的作用，与构成何种犯罪无关，通常在这种情况下，用于证明量刑情节的证据的证明标准应当低于证明刑事责任能力的证明标准。首先，司法机关依然需要将犯罪嫌

---

[1] 冯仁强、毛建中："审查起诉中犯罪主体年龄查证之探讨"，载《中国检察官》2006 年第 9 期。

疑人、被告人的户籍材料、出生证明作为判断其年龄的首要依据，除此之外，需要提供的证据还有犯罪嫌疑人、被告人作出的年龄供述。若犯罪嫌疑人、被告人本身对户籍材料或出生证明等证据提出异议，则应当由犯罪嫌疑人、被告人承担证明其真正年龄的证明责任。其次，检察机关应当督促侦查机关对新证据进行核实。也就是说，无论是证明量刑情节还是证明刑事责任年龄，单一的年龄证据或多个无法得到相互印证的证据均不得作为年龄的判断依据，必须通过在获得了证明力相对较强的物证书证的基础之上，配合相关证人证言或司法鉴定意见的方式，使证据之间形成没有矛盾的、完整的证据链条，才能对犯罪嫌疑人、被告人的年龄作出准确的判断。

2. 对被告人刑事责任年龄的审查方式。我国立法已经对未成年人年龄计算的方法作出了明确规定。〔1〕但由于我国《刑法》并没有规定认定被告人出生日期的具体方法，目前也没有相关的司法解释，因此，在司法实践中，一般参照民事法律的相关规定对年龄进行认定。〔2〕我们可以参照最高人民法院《关于贯彻执行〈中华人民共和国民法通则〉若干问题的意见（试行）》第 1 条所规定的“出生的时间以户籍为准；没有户籍证明的，以医院出具的出生证明为准，没有医院证明的，参照其他有关证明认定”的顺序来进行审查。也就是说，被告人的合法户籍证明为认定其年龄的第一顺序，并认为具有最高的证明力。医院出具的出生证明为认定的第二次序，并具有较高的证明力。但该规定并没有明确其他可以证明年龄的材料的具体形式，也没有对其他证明材料的效力进行认定。

（1）对身份证件与户籍证明的审查采信。法定身份证件与户籍证明是确认未成年人年龄的首要途径。通过公安机关出具的户籍证明与本人提供的身份证明相互印证，来证明未成年人年龄的真实性。但是，实践中不可避免地会存在信息偏差的情况，例如，由于某些地区的经济条件较为落后、地域环境较差，存在户籍信息更新不及时或上报有误的纰漏，导致一些人不具有户籍材料、材料信息不完整或是户籍材料有误。上述情形增加了认定未成年人的年龄的困难，也加大了司法机关办案的

---

〔1〕《最高人民法院关于审理未成年人刑事案件具体应用法律若干问题的解释》第 2 条规定：“刑法第 17 条规定的周岁，按照公历的年、月、日计算，从周岁生日的第二天起算。”

〔2〕朱江主编：《北京市第二中级人民法院经典案例分析精解：未成年人案件卷》，法制出版社 2011 年版，第 15 页。

难度。

在审查与年龄相关的信息时，通常需要注意以下两个方面：一是户籍证明信息不实；二是户籍证明、身份证明与言辞证据不符。针对户籍证明信息不实这一问题，如果该信息已不存在或是有充分的证据能够证明记载被调查者年龄的户籍资料上的信息确实有误，此时应当将查明的实际年龄视为未成年人的真实年龄。若出现经反复调查但确实无法查明的情形，则应当秉持着从宽的原则进行判定。另外，在审查证据时，审查人员首先应当默认一份户籍证明是有效且准确的，但是，如果被调查者对该证据提出异议，认为该户籍信息有误，应当要求犯罪嫌疑人、被告人提出支持其观点的证据。

（2）对书证的审查采信。根据《最高人民法院关于适用〈刑事诉讼法〉的解释》的规定，这里所指的书证为除户籍证明之外的，如出生证明文件、学籍卡、人口普查登记、无利害关系人的证明等材料。若上述书证有所欠缺，那么，应当收集其中证明力较强的证据。

（3）对证人证言的审查采信。对证人证言所要讨论的问题是，当证人作出的陈述与犯罪嫌疑人、被告人的供述不一致时的审查依据，并且在没有任何法定身份证件、户籍证明以及相关书证，仅有言词证据的情况下对未成年人刑事责任年龄证据的审查与判断。[1] 这里的证人证言主要以犯罪嫌疑人、被告人的监护人、父母、近亲属等熟知其年龄的人为主。当证人与犯罪嫌疑人、被告人对年龄问题作出不一致的陈述时，可以认为证人提供的年龄证据的证明力高于犯罪嫌疑人、被告人所作出的供述。但在实践中不排除犯罪嫌疑人、被告人的父母为了让其子女逃脱法律的制裁而捏造不实的年龄证据，进而提供虚假的证言。若是出现这种情形，就需要审查人员综合其他证据作出判断。

（4）对骨龄鉴定的审查采信。最高人民检察院对宁夏回族自治区人民检察院作出的《关于“骨龄鉴定”能否作为确定刑事责任年龄证据使用的批复》中，规定了骨龄鉴定的制作条件以及允许作为证据使用

---

〔1〕 龚培华、葛建军、俞蕾：“未成年人刑事责任年龄证据的若干思考”，载《青少年犯罪问题》2006年第5期。

的情形,[1] 说明了我国允许运用骨龄鉴定这一科技型手段对年龄进行估算。虽然骨骼能够真实地反映出人类的生长时间,但由于当前的科学技术水平有限,并不能准确地推测出检测人的确切年龄,只能提供其大致的年龄范围,因此,骨龄鉴定仍然存在误差,其证明力也就难以保证。在实践中,制作骨龄鉴定的原因通常是因为没有任何证据能够证明犯罪嫌疑人、被告人的准确年龄,或是根据现有的证据无法判断出其准确的年龄。假设通过鉴定得出的意见和犯罪嫌疑人的供述相符,那么,审查人员可以综合二者的内容作出最终认定。但是,若骨龄鉴定得出的最终意见与犯罪嫌疑人、被告人的供述不一致,又没有能够证明该问题的其他辅助证据,那么,即使骨龄鉴定认为其确为成年人,审查人员也应认定为证据不足,不得将其认定为成年人。

3. 被告人年龄存疑时的认定规则。在我国,能够被认定为未成年人刑事责任年龄的证据有法定身份证件与户籍证明,能够证明年龄的书证、证人证言、骨龄鉴定意见与犯罪嫌疑人、被告人供述。造成未成年人年龄认定偏差的原因主要有:户籍证明信息的差错,当事人主观上故意瞒报、谎报年龄,公历与农历的混淆,事后改动户籍等。[2] 被告人的年龄主要存在以下两种存疑情形:一是其户籍年龄与真实年龄存在差异;二是其户籍登记的出生年份不存在差异,只是具体的月份和日期与其出生日期不同。造成第一种情形的主要原因是被告人出于某种原因致使其不得不将自己的年龄增大或减小,但也不排除办理户籍时由于登记人员的粗心大意所致。而第二种情形大多是由于进行户籍登记时将公历生日与农历生日相混淆。随着一个人年龄的不断增长,其经历的时间跨度也随之变大,相关物证、书证很难保存至今,一些知情人士也不易找到,收集证据的难度便会逐渐加深。因此,对一个人的年龄作出准确认定并非易事。那么,当出现被告人的年龄确实无法查明的情形时,应当如何进行最终的判定呢?我们可以从《最高人民法院关于审理未成年人

---

[1] 最高人民检察院对宁夏回族自治区人民检察院作出的《关于"骨龄鉴定"能否作为确定刑事责任年龄证据使用的批复》中,规定了骨龄鉴定的制作条件:"犯罪嫌疑人不讲真实姓名、住址,年龄不明的,可以委托进行骨龄鉴定或者其他科学鉴定,经审查,鉴定结论能够准确确定犯罪嫌疑人实施犯罪行为时的年龄的,可以作为判断犯罪嫌疑人实施犯罪行为时的年龄的证据使用。如果鉴定结论不能准确确定犯罪嫌疑人实施犯罪行为时的年龄,而且鉴定结论有表明犯罪嫌疑人年龄在法定责任年龄上下的,应当依法慎重处理。"

[2] 龚培华、葛建军、俞蕾:"未成年人刑事责任年龄证据的若干思考",载《青少年犯罪问题》2006 年第 5 期。

刑事案件具体应用法律若干问题的解释》第4条的规定[1]中找到问题的答案。也就是说，当确实无法查明被告人的确切年龄时，应当作出有利于被告人的推定。

前述案例中，根据吴某本人的供述可以得知，其实际出生日期为1988年6月21日。法院从吴某户籍所在地的村委会和派出所进行调查取证后得知，由于当地在登记户籍时大多采用登记农历生日的方法，因此其实际出生日期为1988年6月21日，也就是同年的农历五月初八，却被错误地登记为1988年5月8日。可见，户籍信息与其他证据存在矛盾，并不能相互印证。针对此问题，法庭在审理过程中存在两种意见：一种意见认为应当采信吴某户籍登记中的出生日期。另一种意见认为，应当综合全案的证据，作出有利于吴某的年龄推定，推定吴某未成年。[2] 法庭最终采纳了第二种意见，认为此情形符合《最高人民法院

---

〔1〕《最高人民法院关于审理未成年人刑事案件具体应用法律若干问题的解释》第4条规定："对于没有充分证据证明被告人实施被指控的犯罪时已经达到法定刑事责任年龄且确实无法查明的，应当推定其没有达到相应法定刑事责任年龄。相关证据足以证明被告人实施被指控的犯罪时已经达到法定刑事责任年龄，但是无法准确查明被告人具体出生日期的，应当认定其达到相应法定刑事责任年龄。"

〔2〕北京市第二中级人民法院在审理过程中存在上述两种不同意见，并分别阐述了作出不同意见的理由。赞成第一种意见的理由是：①负责户籍登记记载的个人信息室政府机关依法行使户籍管理职权，根据一定标准和程序登记确认的身份信息，具有权威性和严肃性，除非有明确的证据证明该信息有误，否则应当予以采信。②经过一审和二审的调查取证，现有的反证除了吴某自己的供述外，只有吴某户籍所在地派出所和村委会的证明，派出所已经说明在1998年以前没有参与户籍管理工作，村委会的现任工作人员也不是当时吴某登记户口时的经手人，因此派出所和村委会所称当地人大多在报户口时报农历只能为间接证据；村委会所称吴某登记的出生日期实为农历生日，也只能作为传来证据。此两项证据的证明力不足，难以采信。③现有的反证都指出户籍登记的出生日期不准确，但却没能提出明确的出生日期，即使采信该两项证据，在审判中也难以对吴某的出生日期进行实质认定。认同第二种意见的理由是：①虽然记载于户籍登记信息中的出生日期在一般情况下具有权威性，但是考虑到吴某的出生登记年代久远，当时的技术条件不如现在完备，工作程序也难免存在疏漏，该日期登记有误的可能性无法消除。②虽然如前所述，当地派出所和村委会证明只能作为间接证据和传来证据，证明力较弱，但这两项证据完全可以证明吴某出生日期确实存在其他的可能性，在证明吴某出生日期无法排除合理怀疑这一点上具有证明力。③现有的证据虽然没有提出明确的出生日期，但是因为出生日期问题时间跨度太大，当时的见证人、经手人均无法查找或已经去世，相关的物证、书证也已经无法取得，经过一审、二审程序，控辩双方以及法院都已经无法再调取新的证据，也不能对现有证据补强，在穷尽取证可能后，应该认为被告人吴某的出生日期无法查明，而根据规定，没有充分证据证明被告人实施被指控的犯罪时已经达到法定刑事责任年龄且确实无法查明的，应当推定其没有达到相应的法定刑事责任年龄。详见朱江主编：《北京市第二中级人民法院经典案例分析精解：未成年人案件卷》，法制出版社2011年版，第17~18页。

关于审理未成年人刑事案件具体应用法律若干问题的解释》第4条中的规定，应当认定根据现有证据无法查明被告人吴某的准确出生日期，故没有充分证据证明被告人实施抢劫时已经达到法定刑事责任年龄且确实无法查明，推定吴某没有达到法定刑事责任年龄，应当从轻进行量刑。

第二节 涉罪未成年人供述的心理学基础

一、涉罪未成年人供述的特点

犯罪嫌疑人、被告人的供述和辩解，是指犯罪嫌疑人、被告人就有关案件情况，向司法机关办案人员所作的陈述。[1] 一般来说，犯罪嫌疑人、被告人供述具有可能全面、直接地反映案件真实情况的特点，但相对而言提供虚假供述的可能性较大，[2] 也就是说，其供述的真实性存在疑问。此外，供述还存在着不具备稳定性以及双重诉讼性质的特点。[3] 由于未成年人特有的身心特征，可以认为，未成年犯罪嫌疑人、被告人供述在以下方面存在不同于一般犯罪嫌疑人、被告人的特点。

犯罪嫌疑人、被告人是犯罪行为的直接参与者，没有人比他们更了解其犯罪的动机、目的及整个实施过程。基于犯罪嫌疑人、被告人在案件中的核心地位，其供述和辩解有可能是真实的，并有可能全面、直接地反映出案件真实情况。因此，一经查证属实，犯罪嫌疑人、被告人供述和辩解就可以成为认定案件事实的直接证据，这是其他证据无法比拟的。[4] 对于未成年犯罪嫌疑人、被告人来说，他们的供述和辩解也具有上述特点。但与成年犯罪嫌疑人、被告人不同的是，涉罪未成年人法制观念淡薄，自控能力较弱，且大多是初犯，往往由于一时的冲动而犯罪，并不具有强烈的主观恶性，并且大多都能够对其犯罪事实供认不讳，其供述较成年人来说虚假程度较弱，辩解不多，较少出现翻供的情形。也就是说，相较于成年人供述，未成年犯罪嫌疑人、被告人的供述和辩解普遍具有全面反映案件真实情况、真实性相对较高的特点。

---

〔1〕 陈光中主编：《刑事诉讼法》，北京大学出版社2005年版，第164页。

〔2〕 陈光中主编：《刑事诉讼法》，北京大学出版社2005年版，第164页。

〔3〕 刘广三等：《刑事诉讼言词证据：程序与规则》，中国人民公安大学出版社2007年版，第84~85页。

〔4〕 刘广三等：《刑事诉讼言词证据：程序与规则》，中国人民公安大学出版社2007年版，第84~85页。

但是，未成年犯罪嫌疑人、被告人供述也在一定程度上不具备可靠性特征。这是因为，在侦查过程中，审讯是一个关键环节，其目的主要是获得供述和其他相关的犯罪证据。由于犯罪嫌疑人、被告人是在审问这种特殊的环境下进行陈述的，此时，他们有可能面临与社会隔绝、产生丧失感、睡眠剥夺、身体疲劳、情绪失调等问题，因而可能出现注意力和判断力下降、精神错乱和暗示感受性提高等行为反应。[1] 成年人尚且如此，对于生理和心理都较为特殊的未成年人来说，特殊环境的压力导致他们内心的恐惧感和压迫感进一步加深，供述的完整性、准确性均必然会受到一定程度的影响，直接影响到供述的可靠性。

二、涉罪未成年人供述的心理学分析

（一）涉罪未成年人的供述原因

一项关于犯罪嫌疑人是否愿意作出供述的调查数据显示，有70%的犯罪嫌疑人认为只要警方没有任何怀疑，自己一定不会主动作出供述。认为即使没有警方的介入，他们也会主动作出供述的人占总调查人数的20%。剩下10%的人表示不知道会作出什么决定。调查表明，大部分人只有在外部压力的驱使下才会主动作出供述。当然，这个数据的调查并不只限于未成年人群体，但另一项结果表明，相较于成年人，未成年犯罪嫌疑人更容易主动向警方作出供述。也就是说，有超过20%的未成年犯罪嫌疑人愿意主动作出供述。

无论是主动供述还是强迫供述，究竟使犯罪嫌疑人作出供述的内在原因是什么呢？以古德琼森（Gisli H. Gudjonsson）提出的供述人质—行为模型为基础，笔者将以下三重因素作为供述的原因：

1. 供述的外部压力。该压力来自于警方的讯问方式、行为以及对惩罚的恐惧感。

2. 供述的内在压力。该压力来自于犯罪嫌疑人自身的负罪感。负罪感越强烈，其作出主动供述的可能性越大。

3. 对证据的感知。犯罪嫌疑人相信证据能够准确地反映出案件事实，当警方证实其罪行以后，其否认罪行的方法没有任何用处。[2]

---

〔1〕徐永勤：《未成年人供述行为的心理学研究》，中国人民公安大学出版社2011年版，第27～28页。

〔2〕［英］Gisli H. Gudjonsson：《审讯与供述心理学手册》，乐国安、李安等译，中国轻工业出版社2008年版，第139～140页。

犯罪嫌疑人供述的原因还与犯罪行为的类型有关。例如，综合比较常见的犯罪类型，如性犯罪、暴力犯罪、虐待儿童罪，可以发现，性犯罪者供认的可能性较大。这是由于此类犯罪者的内在压力十分强烈，于犯罪之后容易产生强烈的内疚感。此外，虐待儿童罪犯的内在供述需求最强。暴力罪犯普遍更愿意相信有罪证据的强大力量。

另外，犯罪嫌疑人作出供述的影响因素还包括未成年人的年龄、智力、生理和心理疾病、犯罪的态度、办事能力、性格等。

（二）影响涉罪未成年人供述的因素

1. 害怕法律制裁。实施一项犯罪行为的后果就是行为人最终将会受到法律的制裁，并且通常行为人犯下的非法行为越严重，其受到的处罚也会相应地加重，随之而来的就是剥夺他们享受自由的权利，进而面临着一定的刑期判决。对于尚处在成长阶段的未成年人来说，在人生最美丽的阶段就剥夺他们的自由无疑是一件十分残忍的事情，他们将会失去与家人一起生活、与亲朋好友一起相处、与同龄人一起学习的机会，而取代这些的将是不得不在冰冷的高墙内接受一段时间的改造和教育，独自一人面对孤单的人生。再加上迄今为止，由于我国还没有明确地建立前科消灭制度，他们的刑事犯罪行为一旦得以定罪，其犯罪记录将会伴随其一生，即使被判处5年以下有期徒刑的未成年人能够适用犯罪记录封存制度，但对于可能会判处重罪的未成年人来说，犯罪记录可能会成为未成年人服刑期满回归社会以后的阻碍。例如，犯罪记录极可能影响他们日后的就业机会，不利于他们重新回归社会。此种情形下，未成年人很可能会出于逃避刑罚的目的隐瞒自己的犯罪事实。

2. 在意个人名誉。影响犯罪嫌疑人、被告人供述的另一个因素是他们十分在意犯罪行为对自己名誉的影响。随着一个人年龄的增长、成长经历的丰富、心理发育的不断健全以及社会地位的提高，对个人名誉的在意程度就会越来越深。也就是说，年纪较大的未成年人会比年幼的未成年人更加考虑到此种影响因素。另外，对于一贯名声都十分不错或者是各方面条件都比较优越且在生活经常起模范带头作用的未成年人来说，他们会逐渐意识到自己承认的罪行越多，在生活中失去的就越多。以至于在接受刑罚之后，其保持的一贯良好名声会荡然无存，社会地位也随之骤然下降。即使是非常轻微的犯罪，对某些心理较为脆弱的未成年人来说也可能是一次毁灭性的打击，不能避免定罪后他们变得抑郁或具有自杀倾向的可能性的发生。不愿损害个人名誉也就形成了他们不愿意进行供述的想法。

3. 审讯环境所致。以社会心理学为视角，严肃并且枯燥的讯问过程会给未成年人带来极度的恐惧感与不安全感，其内心会变得十分脆弱，经过漫长的审讯过后，孤独感便会逐渐充斥被讯问的未成年人的内心。接受讯问的未成年人的心理变化严重影响了其供述的真实性与可靠性。

讯问环境促进了未成年人焦虑与恐惧心理的形成。欧文和希尔根道弗在不考虑涉罪未成年人是否有罪的条件下，对审讯期间造成其焦虑和恐惧的因素进行了剖析，在此基础上描述了三种普遍的与警察审讯情况有关的应激源：

· 警察局的实际环境造成的压力。
· 监禁和与人群隔离造成的压力。
· 嫌疑人对权力的服从造成的压力。[1]

上述三种应激源中的任意一种都会引起未成年犯罪嫌疑人内心的焦虑、恐惧和紧张的情绪。因为在审讯期间，被讯问人不得不面对诸多不确定因素。比如，不知道要被关押多久、即将面对哪些情况、什么时候可以获得自由等。

希克勒（Hinkle）和沙利思（Shallice）认为，审讯环境能够对被讯问人的心理状态产生显著的影响。环境的特殊性令被讯问人进入身心疲惫、饥饿、威胁感、失落感、社会隔离、缺乏睡眠等不适的状态，这些状态也都是影响涉罪未成年人作出陈述可靠性的主要因素。这些因素所带来的后果通常为：被讯问人思想混乱、判断力削弱、精神高度紧张、极易受到暗示。对此，希克勒得出的结论是：大多数受到强制程序控制的人或多或少地都会吐露出外人难以知晓的信息。通常在其他环境下，获得这些信息的难度较高。人类特有的性格的差异、遇到困难时的心理承受能力差异以及面对苦难时的态度差异均成为被讯问人抗压能力的影响因素。[2]

4. 不愿扩大信息。大多数涉罪未成年人都不希望亲属、师长及周

---

〔1〕［英］Gisli H. Gudjonsson：《审讯与供述心理学手册》，乐国安、李安等译，中国轻工业出版社2008年版，第24页。

〔2〕［英］Gisli H. Gudjonsson：《审讯与供述心理学手册》，乐国安、李安等译，中国轻工业出版社2008年版，第29页。

围的同学、朋友等得知其犯罪。一方面是由于未成年人正处于认识世界的成长阶段，思想较为单纯，心理承受能力较为脆弱。在这个成长阶段的未成年人往往具有较强的攀比心和虚荣心。一旦其亲属和与其关系较为亲近的人得知其犯罪的信息，未成年人会产生“没有面子”“在别人面前抬不起头”“好像全世界所有人都知道我犯罪的情况”等情绪。于是，在虚荣心的强烈驱使下，为了掩盖其犯罪的事实，未成年人可能会作出虚假供述。

另一方面，犯罪是否对家人和亲友带来不利的影响也是涉罪未成年人会考虑的一个问题。当涉罪未成年人的家人及亲朋好友得知其犯罪后，一定会被痛苦、失望、伤心的情绪所笼罩，不愿意看到与其亲近的人受到伤害也是影响涉罪未成年人供述的原因之一。与此同时，社会舆论的影响无疑为他们的生活带来更大的打击。

5. 害怕受到报复。当涉罪未成年人供述的事实中可能会牵涉其他人时，害怕他人对自己或自己的家人及亲朋好友实施报复行为的心理，也会阻碍其供述。尤其是当报复所带来的后果要远远大于犯罪的刑罚时，被讯问人选择拒绝供述或提供虚假供述。

第三节　涉罪未成年人供述的可靠性与可采性

一、涉罪未成年人供述的可靠性

（一）涉罪未成年人供述可靠性的影响因素

证据的可靠性是可采性的前提。虽然具有相关性的证据通常来说具有可采性，但如果在对可靠性的检验中发现明显错误，仍然应当限制该证据的使用。涉罪未成年人供述属于言词证据的一种，它是犯罪行为实施者对其违法行为作出的陈述。由于涉罪未成年人属于案件的亲历者，直接主导或参与了案件的全过程，因此，一般来说，供述比任何形式的证据都更能够反映出案件的真实情况，[1] 因而具有较强的证明力。那么，涉罪未成年人供述的可靠性也就直接影响着裁判者对案件事实的最终认定。然而，在取得供述的环节中，审讯人员的立场及讯问策略等外界因素也在极大程度上影响供述人员的口供输出的可靠性。当然，除了

---

〔1〕 刘广三等：《刑事诉讼言词证据：程序与规则》，中国人民公安大学出版社 2007 年版，第 84 页。

上述客观因素，涉罪未成年人主观上的供述动机、对审讯人员使用策略的看法同样构成了影响涉罪未成年人供述可靠性的重要因素。综合来看，在审讯中，只要有一方在某一环节出现差错，就会产生供述可靠性受到影响的风险。

1. 审讯人员的立场和讯问策略。在当前形势下，不可否认的是，办案人员对言词证据仍保持着较高的依赖程度，特别是在获取的其他类型证据较少或无法判断其真实性的情形之下。可见，口供仍然是获取证据的最有效手段，并且与其他种类的证据相比仍具有较高的证明力。2010年，最高人民法院、最高人民检察院、公安部、国家安全部、司法部《关于办理死刑案件审查判断证据若干问题的规定》和《关于办理刑事案件排除非法证据若干问题的规定》（以下简称"两个证据规定"）正式出台，对"非法取得的言词证据的适用问题"作出了明确的禁止性规定。通过刑讯、威逼、引诱及欺骗方式所取得的言词证据将不得作为证据使用。2017年最高人民法院、最高人民检察院、公安部、国家安全部、司法部出台的《关于办理刑事案件严格排除非法证据若干问题的规定》又在此基础上将非法证据排除规则全面渗透于刑事诉讼的各个阶段，将可能出现的对证据的获取、审查认定、质证等程序存在不合法的情形予以排除或作出说明，并进一步细化。尽管我国立法严格禁止依靠刑讯逼供的手段获取证据，但基于审讯人员与被讯问人所处立场的不同，讯问人员摒弃无罪推定原则，早在讯问前就对涉罪未成年人形成了有罪的内心确信的情形仍在不可避免地发生。由于这种先入为主的固有观念，一旦对方拒绝作出供述或者供述不符合其内心预设，为了达到内心期待，讯问人员很可能倾向于采取不当的讯问策略，无形中干扰了未成年人的想法，试图诱导被讯问者作出不真实的供述。

此外，在一些讯问中，不乏试图利用心理操纵的方式来影响涉罪未成年人口供表述的情况。讯问是一种带有博弈性质的侦查活动。在提取口供时，讯问人员更希望被讯问者的回答能够符合其内心期待，高效地结束审讯工作。实践中，讯问人员使用的较为常用的策略主要有：使用激将法；采取软硬兼施的提问方式，为被讯问者权衡利弊，引导其作出选择；告知其相关政策；对被讯问者进行情感上的感化，晓之以理，动之以情；站在对方的角度帮助对方考虑问题并指出方向；采用高压政策，不断给被讯问者施加压力；必要的时候对被讯问者采取说服教育的方式，观察被讯问者的肢体语言等。相较于成年人，未成年人的心理更为脆弱，十分容易受到代表主流意见或态度较为强硬的人或群体影响，法律意识淡薄，当讯问人员采用以情动人、打亲情牌的策略时，基于未成年人对权威的较高认同感与服从度，被讯问的未成年人供述的真实性很容易经不起验证。

综上所述，无论是采取强迫作供还是心理诱导的方式，都属于基于外界干扰而形成的供述，我们有理由怀疑获得的供述极有可能不具备可靠性。因为强迫的方式无形之中给社会经验较少、思想较为单纯的未成年人带来极大的恐惧和担忧，严重者甚至会转变想法，导致供述的可靠性出现偏差。

2. 涉罪未成年人的供述动机及其对审讯人员使用策略的看法。调查显示，若将涉罪未成年人作供的动机从强到弱排列，则顺序依次为：早日回家——减轻刑罚——摆脱罪恶感——承认错误——审讯压力——强调证据——逃避审讯——相信警察的主观判断、敢作敢当——主动自白——保护他人——供述后可以回家。[1] 调查结果体现出大多数未成年人选择作供的最主要目的是能够早日回家并争取最大限度地减轻刑罚。而涉罪未成年人在供述后对办案过程及侦查人员的态度也有所不同，调查结果按照选择人数由多到少的排列顺序依次为：对警察充满了怨恨和不满——对审讯经历记忆深刻——保持沉默——配合警察——选择上诉——和原来相同——感激警察——喜爱警察。其中，48%的未成年犯罪人明确表达出对警察的愤怒与不满，仅有8.6%的未成年犯对警察的工作表示尊重。[2] 甚至还有一部分未成年人认为自己在接受讯问时受到了严厉的强制性对待，对办案人员的讯问方式和态度表现出极大的不认同感。在未成年人看来，在迫切希望得到自由以及对侦查人员存在不满的强烈情感的双重驱使下，向办案人员的讯问策略作出妥协，从而作出偏颇或虚假供述，不失为涉罪未成年人尽快结束审讯的最佳途径。

（二）涉罪未成年人虚假供述的预防

1. 未成年人虚假供述产生的原因。根据前文所述，无论是涉罪未成年人供述的真实性，还是承担讯问工作的办案人员的讯问策略，都决定着涉罪未成年人供述的可靠性。为了杜绝虚假供述的产生，应当制定

---

〔1〕 徐永勤：《未成年人供述行为的心理学研究》，中国人民公安大学出版社2011年版，第142页。

〔2〕 徐永勤：《未成年人供述行为的心理学研究》，中国人民公安大学出版社2011年版，第142页。

出较为完善的预防策略，获得真实性高、完整性强的言词证据。

导致涉罪未成年人作出具有非真实性供述的因素有很多，其中既包含一定的人为因素，也不乏非人为因素的存在。非人为因素主要体现在未成年人的身体、精神、智力和心理等方面的发育程度。由于在特定年龄范围内的这一群体的感知、记忆、理解等能力具有不可避免的先天局限性，他们还原事实的精准度必然会受到一定影响，证言的真实性及完整度也就相对减弱。另一方面，供述能否得到精准的传达同样离不开语言表达的准确性与流利性。未成年人（特别是儿童）的语言表达明显不如成年人那样流利易懂，对案件事实作出清晰、完整的描述具有一定的难度。

而人为因素则是人的思维与其行为成为结果的形成因素，其行为受到个人主观意志的支配。对于未成年犯罪嫌疑人、被告人而言，人为因素对言词证据的收集工作产生较大危害。人为因素的形成一方面来自于涉罪未成年人内心产生的情绪变化。未成年人被认为可能涉及一项犯罪时，伴随产生的是孤独、害怕、焦躁不安的情绪，担心家长、老师及周围的同学等异样的目光，忧虑自己的行为被揭露将会遭受到惩罚。当希望早日获得自由而掩盖罪行的错误意识产生，供述的真实性必将大打折扣。

另外一种人为因素的实施主体为讯问人员。如果说前一种人为因素可以被称为主动性虚假供述，那么此种因素可以叫做强迫性虚假供述。强迫性虚假供述指的是讯问人员在讯问过程中使用了非正当手段，诱导或强迫涉罪未成年人并非出自主观意愿地作出与司法人员内心预设相一致的供述。实际上，刑事案件的对抗过程就是国家司法机关与犯罪嫌疑人、被告人的对抗。[1] 国家司法机关的目的是惩罚犯罪，涉罪未成年人的目的则是证明清白或者逃避惩罚。讯问人员为了达到惩罚犯罪的目的，在获取供述的过程中运用不被允许的手段，正如前文所述的那样，以强迫、诱导等方式获取的供述，其可靠性存在较大疑问。

另外，尽管我国立法规定了司法机关应当设立专门机构或指定专人办理未成年人刑事案件，但我国许多地区的司法机关，尤其是侦查机关，并没有落实这一制度。司法人员缺乏办理未成年人案件的专业知识也能够在一定程度上导致涉罪未成年人供述的真实性受到影响。

---

〔1〕 宋英辉、甄贞主编：《未成年人犯罪诉讼程序研究》，北京师范大学出版社 2011 年版，第 25 页。

2. 预防未成年人虚假供述的方法。

（1）保证未成年人供述证据的真实性首先离不开办案人员讯问观念的转变。在讯问中，讯问人员扮演的是提问者与倾听者的角色，而提问—倾听的本质是释放—获得，为了获得更多有利于查明案件事实的准确信息，讯问人员就应当以中立、无偏的态度为出发点，将零散的口供整合成为讯问方与被讯问方均无异议的完整供述。[1] 在实践中，有必要将讯问人员“查明犯罪事实、拿口供、找证据”的观念向“保障人权”的观念转变，保证取证手段的合法性与科学性，避免讯问人员与被讯问者真正地对立起来。

（2）完成讯问人员审讯策略的改变。随着现代法制的不断发展与进步，人权保障的观念得到越来越多的重视。在实践中，刑讯逼供、暴力威胁等取证手法已经逐渐被抛弃，但是，通过依靠讯问技巧试图影响被讯问者内心想法，从而获得与讯问者内心想法相一致的供述结果的审讯方式逐渐被越来越多的讯问人员使用。通常来说，讯问人员会采用强调被讯问人员犯罪的严重性、不断地指出对方在说谎、向对方提出相反证据来推翻其供述的内容、提出诱导性问题等方式来增加被讯问者不安焦虑的情绪，并向被讯问者施加压力。但是，这种带有妨碍性质的讯问技术会给身心尚未发育成熟的未成年人（特别是无辜的被讯问者）带来十分严重的负面影响，应当适当作出禁止讯问人员向涉罪未成年人使用带有诱导性质的提问策略的规定。

（3）加强对审讯人员专业知识的培训。一项供述的结果是由人主观意识上的确定度来决定的，在没有其他确定证据进行印证的情况下，审讯的压力使主观确定度发生变化，可能会增加虚假供述的风险。对未成年人刑事案件的办案人员进行系统的培训，能够在专业领域指导涉罪未成年人的审讯工作，避免失误的发生。另一方面，在涉罪未成年人供述的取证工作中，通常赋予侦查人员、检察官、法官、诉讼一方代理人行使取证权力的主体资格。在明确涉罪未成年人供述收集主体的同时，应当加强司法部门的机构专门化建设。基层法院应当普遍建立独立建制的未成年人案件审判庭，对犯罪案件进行集中审理。检察院、公安侦查机构也应当成立专门的审查机构和侦办机构，[2] 严格筛选办案人员。

---

〔1〕 刘广三等：《刑事诉讼言词证据：程序与规则》，中国人民公安大学出版社2007年版，第87页。

〔2〕 杨飞雪：《未成年人司法制度探索研究》，法律出版社2014年版，第53页。

保证供述证据的完整性、真实性、准确性。

（4）通过合适成年人到场的讯问方式，能够对涉罪未成年人起到保护作用，同时也可以避免涉罪未成年人在接受审讯时作出虚假供述。到目前为止，我国虽然尚未明确“合适成年人”制度的具体适用规则，但是在立法层面上已经逐渐显露出引入该制度的趋势。

从未成年人本位主义的角度出发，以保护未成年人身心健康和正当权利为宗旨，当未成年人接受询问或讯问时，可以有其他与案件无关的人员参与到诉讼当中，帮助他们更好地完成陈述或供述。在收集证据时，合适成年人以及如心理学家等在某一专业领域内能够满足案件需要的专业人士构成了主要的参与主体。“合适成年人”源于英国《1984 年警察与刑事证据法》（The Police and Criminal Evidence Act 1984，简称PACE）中的“appropriate adult”一词。最初的基本含义是指警察在对未成年犯罪嫌疑人进行讯问时，必须有合适的成年人在场。[1] 至今为止，我国并没有提及“合适成年人在场权”这一概念，但《刑事诉讼法》第 270 条间接规定了合适成年人到场制度，并将享有该权利的主体设定为被害人、涉罪未成年人和未成年证人。有调查显示，涉罪未成年人首次受到讯问时，希望自己的父母、近亲属、律师、朋友等合适成年人到场的人数比例达到 62.4%。与此同时，有 74% 的警察认为合适成年人参与讯问是有必要的。[2] 合适成年人以“家长”的角色在场，可以给予未成年人充分的关爱，尤其是对于涉罪未成年人来说，紧张、恐惧的心情得到抚慰，消除了受到孤立的沮丧感，一方面可以充当促进未成年人与讯问人员进行沟通的纽带，另一方面便于监督讯问人员收集证据的程序及方式的合法性，同时也保证了涉罪未成年人供述的自愿性，在不考虑未成年人主观上存在隐瞒、欺骗之可能性的基础上，可以认为该供述的真实性得到了相对的提升，同时也加大了法官将该证据作为定案依据的可能性。

另外，对证据的收集提供帮助的专业人士作为参与主体为未成年人提供帮助也有助于提高供述证据的真实性。这是由未成年人生理和心理上的特殊性所决定的。以心理学家为例，无论是被害人情绪的不稳定

---

〔1〕 姚建龙：《权利的细微关怀——“合适成年人”参与未成年人刑事诉讼制度的移植与本土化》，北京大学出版社 2010 年版，第 1 页。

〔2〕 姚建龙：《权利的细微关怀——“合适成年人”参与未成年人刑事诉讼制度的移植与本土化》，北京大学出版社 2010 年版，第 218～221 页。

性，还是犯罪嫌疑人、被告人内心的焦虑性，抑或是证人作证时的紧张性，都需要具有专业资格的心理专家的陪伴指导，根据未成年人的心理发展特点和身心发展规律，通过心理健康教育帮助其正确地认识自我和调节情绪，也是提高言词证据准确性和真实性的途径之一。

二、涉罪未成年人供述的可采性

可采性（admissibility）也可称为证据资格。证据的可采性是一个门限概念，什么东西可采就是说什么东西被允许进入审判中作为证据来考虑。[1] 即可采性是证据进入审判大门的钥匙。就可采性而言，相关性与其紧密相连。可以说，相关性是可采性的前提和必要条件。正如美国《联邦证据规则》第401条中叙述的那样："所有相关证据均具有可采性。不具有相关性的证据不可采。"那么，涉罪未成年人的供述证据也不例外，供述的内容应当与案件事实具有相关性才能被采纳。

但是，在实践中，并不是所有具有相关性的证据都能够被采纳。证据是否具有可采性还存在着其他的检验标准，有可能基于可靠性、程序性或政策方面的原因而被排除。概括来讲，有违程序正义的证据、如前文所论述的不可靠证据、具有不公正损害危险的证据以及不适当地浪费司法资源的证据[2] 等，均能够被排除在审判大门之外。根据上述排除依据，对涉罪未成年人供述可采性的判断主要集中在以下几点：

（一）以威胁、强迫等可能影响程序公正的方式取得的供述

关于涉罪未成年人供述的可采性问题，首先应当明确的前提是：对于任何人来说，供述应当是自愿的，并不是因为偏见、受到强迫或是利益的驱使。如果供述是犯罪嫌疑人、被告人非自愿或受到强制讯问等原因而作出的，那么该供述则不允许被法庭采纳。

我国于2017年颁布的《关于办理刑事案件严格排除非法证据若干问题的规定》对以非法手段所取得的供述证据可采性问题作出明确的限制和说明，第2条明确指出："采取殴打、违法使用戒具等暴力方法或者变相肉刑的恶劣手段，使犯罪嫌疑人、被告人遭受难以忍受的痛苦而违背意愿作出的供述，应当予以排除。"[3] 事实上，我国于2010年实

---

〔1〕［加］道格拉斯·沃尔顿：《法律论证与证据》，梁庆寅、熊明辉等译，中国政法大学出版社2010年版，第20页。

〔2〕张保生主编：《证据法学》，中国政法大学出版社2009年版，第268~269页。

〔3〕详见我国《关于办理刑事案件严格排除非法证据若干问题的规定》第2条。

施的《关于办理死刑案件审查判断证据若干问题的规定》第 19 条也早已提出了明确要求："采用刑讯逼供等非法手段取得的被告人供述，不能作为定案的根据。……"[1] 上述两项《规定》中提到的"不得作为定案的依据""应当依法予以排除"具有十分强烈的强制性特征。可以说，通过以上非法手段收集到的证据应当排除，我国立法在这个问题上并没有赋予法官行使自由裁量权的权力。

在英国也有类似的规定，《警察与刑事证据法》第 78 条第 1 款规定：在任何程序中，如果法院在考虑到所有情况以后，认为控方收集到的对被告方不利的证据可能对程序的公正性造成不利的影响，以至于法庭不应当采纳其作为定案依据，那么，法庭可以拒绝检控方提出该证据。本条实际上是在要求法官对证据的可采性进行判断时，必须将程序的公正性考虑在内。而这里的公正性不仅仅针对涉罪的未成年人。在 *R v. Looseley* 案件中，Scott 法官也认为："如果允许控诉方使用通过不公平手段获得的证据，可能会导致审判程序的公平性受到侵害情况的发生"。[2]

英国对于"程序的公正性"的理解有着不同的声音。有些案件认为，这里所指的"程序"仅限于与法院相关的刑事程序。但是，在 *R v. Looseley* 一案中，Nicholls 法官认为该表述并不十分准确。他的理由是，虽然公正性主要针对的是类似证据可靠性那样的、于审判当中出现的具体行为，但是"准确地说，法院并不愿意将这一宽泛的表述严格地限定为程序的公正性"。也就是说，该案中的审判法官认为公正性的范围应当进一步细化。

值得一提的是，英国对于影响"程序公正性"的证据的排除还存在着例外的情形。法官可以对那些"严重违反程序规范"的证据行使自由裁量权，判断这些严重影响程序公正性的证据是否最终得到排除。也就是说，法官有权考虑证据是否能够对程序的公正性产生影响，并对该证据的可采性作出判断。例如，在某些案件中，由于法官自由裁量权的行使，一些违反程序公正性的证据并没有被排除。以 *R v. Delancy* 案[3] 为例，最高法院对违反程序公正性的证据作出的决定是：这并不

---

〔1〕 详见我国《关于办理死刑案件审查判断证据若干问题的规定》第 19 条。

〔2〕 [2001] 4 ALL ER 897. 转引自［英］克里斯托弗·艾伦：《英国证据法实务指南》，王进喜译，中国法制出版社 2012 年版，第 245 页。

〔3〕 [1989] 88 Cr. App. R. 388.

意味着违反规定的证据必须被排除。法院不能因为侦查人员在讯问时没有遵守相关规定而排除以这样的方式取得的证据。

综上所述，应当根据以下几个方面来拒绝对涉罪未成年人供述证据的采纳：如果供述的取得是通过逼问犯罪嫌疑人的方式，或者是通过暴力、威胁等方式或采用刑讯逼供、有辱人格等违反人道精神的做法所实施的行为，抑或是由于他人（包括但不限于侦查人员）的言行间接导致该供述不具有可靠性，那么，法庭将不会允许该供述作为证据使用，尤其是作为对被告不利的证据时，该证据更应当被法庭所排除。除非控诉方能够提出另外的证据证明该供述并非是在上述情形下获得的。

(二) 瑕疵证据的可采性

与非法证据不同，瑕疵证据指的是侦查人员制作讯问笔录时，因存有违程序规则或存在技术上出现错误而导致笔录证据出现瑕疵的情形。[1] 常见的瑕疵证据有：证据笔录在记录过程中出现内容或信息错误，证据笔录中遗漏了重要的内容，证据笔录中缺少相关工作人员的签名或盖章或者是收集笔录证据的时间、地点，讯问方式违反正当程序，等等。上述在讯问过程中可能会产生瑕疵的证据不仅在审理一般刑事案件中时有出现，在未成年人刑事案件中也经常存在。从保护未成年人的角度出发，对瑕疵证据的审查应当更加严格。

2010年《办理死刑案件证据规定》系统地介绍了瑕疵证据的类别、可采性及补正规则，并规定笔录证据的采纳需要满足以下几个前提条件：①作为定案依据的笔录证据应当是原件；②笔录证据的收集程序与收集方式应当符合程序的正当性；③笔录证据在保管的过程中不得被破坏或改变；④笔录证据所反映的内容应当具有真实性。

此外，对于部分已经出现瑕疵的证据，经过办案人员的补正或作出合理解释之后仍然可以采纳。这些证据是：①缺少侦查人员、见证人、合适成年人签字的笔录证据；②笔录证据遗漏了重要内容；③笔录证据中的讯问时间、地点等内容出现记录错误；④侦查人员在制作笔录过程中出现轻微的程序违规情形，如询问证人的地点、询问方式等不符合程序规定。

另外，如果侦查人员不能对收集过程有疑问的笔录证据作出合理解释，那么该证据不能作为定案的依据。

---

〔1〕 陈瑞华：《刑事证据法学》，北京大学出版社2012年版，第25页。

（三）供述证据的可靠性

供述证据的可靠性与否直接影响着该证据的可采性。前文已经列举出涉罪未成年人供述可靠性的影响因素，而我们也可以从中发现，事实上，供述证据可靠性的灭失主要是来自于供述主体受到外界所施加的不当干扰而导致证据的失真。对于可靠性存在疑问的证据应当进行仔细审查，若发现具备明显的不可靠性特征，应当限制该证据的使用。

（四）存在不公正损害的供述

一些与案件相关同时又具备可靠性的证据，若采纳该证据将会出现对一方当事人产生不公正的损害的结果，那么，这样的证据不应当被采纳。这是由于，具有不公正偏见的证据很可能造成裁判者对诉讼中某一方的成见，使得采纳该证据本身所存在的危险性已经大于该证据的证明力，导致最终的判决受到影响。以英美法系国家为例，美国《联邦证据规则》第403条规定："相关的证据，如果具有不公正偏见、混淆争议或误导陪审团的危险，或对其过分拖延、浪费时间或无需出示积累证据的考虑，在实质上超过其证明价值时，亦可被排除，不予采用。"涉罪未成年人供述的内容若含有存在不公正偏见的内容，并且采纳该证据将会起到误导审判者、影响最终判决的作用，则可以预先予以排除。

（五）合适成年人在场取得的供述

到目前为止，尽管我国《未成年人保护法》《刑事诉讼法》等包含着与未成年人相关内容的立法及司法解释当中并没有明确地引入"合适成年人"一词，也没有制定出十分详细的合适成年人参与机制，但是，我国立法已经赋予了允许未成年人的法定代理人参与到讯问程序中的权利。

尽管2012年修改后的《刑事诉讼法》确立了合适成年人到场制度，但该制度中需要进一步关注的细节问题却一直没有得到明确的规定。从证据法的角度分析，当司法人员对未成年人的询问或讯问结束以后，所形成的笔录证据的可采性是否与合适成年人在场与否有关呢？若询问/讯问过程中，合适成年人并不在场，那么在此种情况下取得的笔录证据是否具有可采性呢？如果询问/讯问时合适成年人在场，但是到场的合适成年人对该过程中出现的程序性问题提出异议，认为该笔录证据不能被采纳，那么在这种情况下所取得的笔录证据又是否具有可采性呢？

带着上述问题，笔者查阅了英国对合适成年人参与制度的相关规定。由于合适成年人参与制度起源于英国，学习英国对合适成年人参与制度的相关规定是十分具有借鉴意义的。英国《警察和刑事证据法》

(Police and Criminal Evidence Act 1984，简称 PACE) 早已经赋予犯罪嫌疑人在接受讯问时通知合适成年人到场的权利："未成年人或具有心理问题的犯罪嫌疑人接受讯问时有权要求合适成年人在场。" PACE 还规定一旦违反上述行为准则，供述证据将不被预审法官所采纳。

此外，英国著名的 *Confait* 案[1] 被认为是因讯问未成年犯罪嫌疑人时没有合适成年人在场而产生缺陷的案例。虽然上诉法院最终撤销了对三个未成年人的定罪，但费舍爵士在经过了后续调查以后认为，现有的审判规则以及行政指导存在以下四个方面的问题：

1. 在审问其中的两个未成年犯罪嫌疑人时并没有父母或其他监护人在场，侦查人员的这种做法有失公正性。

2. 没有对任何一个未成年人履行告知他们的权益，包括其具有会见律师的权利的义务。同时也没有告知他们可供使用的设施。

3. 警方对其中一名未成年人进行了诱导性讯问，并且明知其有智力障碍却仍然忽略该问题。

4. 有一些执法人员对侦查人员的执法规则并不了解。

事实上，第一个问题就已经揭示出本案正是由于一开始对三名未成年嫌疑人进行讯问时就缺少合适成年人在场而造成了误判的结果。如果当时有一名未成年人的父母在场，也许本案中的三名未成年人就不会作出最初的供述，也许就减少了后来因供述问题而导致误判的可能性。此外，菲利普皇家委员会也提出了相关意见，用以支持费舍爵士的观点。委员会认为，在该案中，在没有合适成年人在场的情况下，未成年犯罪嫌疑人作出的供述很可能不具有真实性。

综上所述，根据法律规定，涉罪未成年人在被羁押讯问期间有权要求司法人员通知合适成年人到场，并与其有无犯罪嫌疑无关。当合适

---

[1] 本案的经过：1972 年 4 月 22 日凌晨，消防队员与警方人员发现了一具年龄为 26 岁的名叫 Confait 的男性尸体，经法医确认后，证实其是被绷带勒死的。两天后，三名未成年人 Colin Lattimore、Ronald Leighton、Ahmet Salih 鸣枪被捕。Lattimore 被捕时年龄为 18 岁，有智力障碍，而且是文盲。Leighton 年龄 15 岁，处于智力边界值，而且近乎文盲。Salih 是年龄最小的，被捕时只有 14 岁，智力看起来比较正常。1972 年 12 月 24 日，Lattimore 以减轻责任为辩护理由，其过失杀人罪成立，Leighton 谋杀罪名成立，三名未成年人因对 Confait 家纵火还成立纵火罪。1975 年 10 月法院进行了上诉审理，以"危险的和不充分"为理由撤销了对三名未成年人的定罪。三名未成年人被羁押 3 年后释放。

年人不在场时，办案人员不得擅自进行讯问或要求未成年人签署书面陈述。合适成年人没有在场参与的情况下，对未成年人讯问所取得的任何笔录都应该是无效的，法庭不应当采纳该证据，并且该证据不能作为定案的依据。若合适成年人或接受询问/讯问的未成年人对笔录证据取得过程的公正性提出质疑，则应当视具体问题来决定是否应当对该证据进行补正，或予以排除。

另外，合适成年人的身份问题也与笔录证据的可采性息息相关。担任合适成年人这一角色的可以是未成年人的父母、监护人、社会工作人员或心理专家等能够为涉罪未成年人提供专业帮助的人员。[1] 但是，对合适成年人资格的首要限制条件在于合适成年人本身是否具备正常的身心状态。例如，在英国的 *R v. morse* 一案中，该案中的合适成年人并不符合要求，因为他患有严重的智力障碍，并不能看做是身心发育正常的个体。因此，法庭最终认为“合适成年人并没有在讯问中履行其义务导致讯问陈述不具有可靠性。此外，律师或案发时接触过现场的旁观者也不宜作合适成年人。这是因为，合适成年人在场的目的是引导未成年人与讯问人员积极地进行交流，同时对讯问程序的公正性进行监督。律师担任合适成年人，其身份的多重性、职业的特定性以及因诉讼地位产生的对抗性可能会影响合适成年人职能的发挥”，[2] 而接触过现场的旁观者会因为产生先入为主的观念而无意识地失去中立性。这样不但不能发挥合适成年人的积极作用，反而导致涉罪未成年人供述的真实性受到质疑。

第四节　涉罪未成年人供述的补强

对犯罪嫌疑人、被告人供述的补强也可称为口供补强，是用来证明与补充供述证据所体现内容的真实性与可信性的证据。一直以来，由于办案人员过于依赖供述证据，过高地估计供述证据的价值，继而忽略了供述证据的易变性以及虚假的可能性。在供述证据这把双刃剑的作用

[1] 王翠杰、张润平：“论合适成年人在场制度的实践困境及其完善”，载 2013 年 5 月《“新刑诉法背景下未成年人刑事检察工作的理论与实践专题研讨会”论文集》，第 83 页。

[2] 孙玲玉、李雪梅：“论律师能否担任未成年人刑事案件中的合适成年人”，载 2013 年 5 月《“新刑诉法背景下未成年人刑事检察工作的理论与实践专题研讨会”论文集》，第 412 页。

下，审理案件时，口供中心主义的错误倾向时有发生，增加了错案的发生概率。综上所述，为了强化口供的真实性，确保实体正义与程序正义的实现，降低形成错案的风险，应当否认仅将口供作为独立证据定案的能力，并要求应当存在其他能够对供述证据进行补充和认证的证据，以确保供述证据作为主要定罪证据的真实性及可信性。

尽管我国《刑事诉讼法》第53条对被告人供述的补强作出了规定，但遗憾的是，立法及相关司法解释并没有针对未成年人供述制定出专门的补强规则。这就使得在审理未成年人刑事案件时，对涉罪未成年人供述的补强规则只能一并适用一般的供述补强规则。

一、需要补强的情形

我国《刑事诉讼法》第53条明确指出，当案件的审理进入到审判程序时，应当首先将与案件相关的证据串联起来，检验证据之间是否能够达到有序串联、彼此相互印证的程度。对于供述证据而言，不应当过分依赖，当只存在供述证据、没有其他证据进行佐证时，不应当仅凭借供述证据就认定被告人有罪，更不得对被告人作出有罪的判决。对一般案件的规定尚且如此，对于身心尚未发育成熟的未成年人更应当加以重视。判断供述证据能否作为定案的最终依据，首先需要其他补强证据的支持。通常认为，当口供证据存在以下几种情形时应当被予以补强：

1. 当供述证据作为全案唯一的证据时，若没有新的证据用来补充及证明供述证据的真实性，该供述证据则不得作为最终定案的依据，尤其是不得仅通过供述证据就对被告人作出有罪的判决。[1] 另外，当供述证据为证明案件中的主要犯罪事实的唯一证据时，同样应当适用口供补强规则。

2. 当供述证据与其他证据所体现出的事实内容不吻合或彼此相互矛盾时，应当适用补强规则。这是因为，证据之间彼此存在指向性不同的情况，说明至少有一种证据或全部证据都不具备真实性，其内容存在虚假或伪造的情况。而在尚未判断哪些证据不具备可靠性之前，不可以对案件事实妄下定论。一种错误的想法是，办案人员在这种情况下往往认为供述证据的真实性会更高，误以为供述证据具有更大的证明价值，因过度关注供述证据的直接性而忽略了被告人自身的诚实性及供述的真

---

〔1〕 赵美容、赖江陵："试论我国口供补强规则的完善"，载2012年11月21日"刑事诉讼法修改与检察工作第八届国家高级检察官论坛"会议论文集。

实性。正因如此，更应当对供述证据进一步作出审查，通过其他证据的补强来证明供述的真实性。

3. 当审判人员对供述证据的真实性及可信性产生疑问时，毫无疑问地需要以供述证据为中心，运用供述证据之外的其他证据对该证据所包含的事实信息进行佐证。

二、供述补强程度问题

前文列举了需要被补强的供述证据的类型。那么现在的问题是，这些需要对供述证据进行佐证的补强证据究竟应当证明到何种程度才能够得到裁判者的认可呢？也就是说，在何种情况下，补强证据才算是充分发挥了补充、强化的作用了呢？这就涉及补强程度的问题。

目前学界对“补强证据应当达到何种证明程度”这一问题主要持有以下两种观点：第一种观点是要求补强证据应当能够与待证的供述证据之间形成互为印证的关系，使补强证据与供述证据之间形成完整的证据体系；[1] 第二种观点是要求补强证据不仅能够对供述证据所传达的内容信息进行佐证，其本身还必须是能够独立证明案件事实的证据。[2]

针对这一问题，笔者认为，补强证据之所以被称为“补强”，其最主要的目的就在于对证明案件事实的主要证据能够起到补充、强化的作用。在案件的调查过程中，办案人员可能会收集到种类各异的证据，其中既有直接证明案件事实的证据，也有需要经过若干推理才能证明案发状况的间接证据。我们不能因为间接证据需要进行推理就否认了这些证据的证明力。例如，在收集与判断证据时，我们只接受那些证明被告人犯罪的证据，还应当关注那些能够证明犯罪动机、犯罪时间等对查明真相起到补充作用的证据，我们并不能剥夺这些次要证据为主要证据作证的资格。因此，认为补强证据本身还需要具备证明案件事实的独立性特征未免有些苛刻。事实上，补强证据只需要在内容上保证供述证据的真实性就足够了，并不需要达到必须对主要的案件事实起到证明作用的程度。

---

〔1〕 褚雪梅：“论我国刑事诉讼中的口供补强规则”，载《湛江师范学院学报》2013 年第 34 期。

〔2〕 英国的判例指出：“用来佐证的证据是一些具体的细节支持而倾向于证实其他证据的真实性或准确性的证据。它必须来源于需要佐证的证人证言独立的资源。”详见 John A. Andrews and Michael Hirst, *Criminal Evidence*, London: Waterlow Publishers, 1987, p. 194. 转引自徐美君：“口供补强法则的基础与构成”，载《中国法学》2003 年第 6 期。

事实上，在司法实践中，首先，补强证据应当满足在内容上与供述证据的指向性相同的条件，也就是说，补强证据与主证据之间所体现出的内容信息必须为统一指向且互不矛盾；其次，两种证据之间必须能够互相印证。例如，在某一刑事案件中，被告人被指控犯有盗窃罪，但其在供述中并未承认实施了犯罪行为，而其他相关证据均未体现出被告人具有作案时间以及作案动机。那么，这些相关证据就可以作为供述证据的补强证据使用，因为这些相关证据起到了辅助主要证据中体现出的内容更加趋于成立的作用。而事实上，补强证据只要能够证明到这样的程度就足够了，但一定不能违背“补强证据不必与供述证据所体现的内容相同，但一定要体现出同样的观点、意图，二者所反映出的事实的指向性一定是一致的”这一要求。

三、供述补强规则

1. 供述证据的实体性补强规则。顾名思义，实体性补强规则指的是根据案件性质与种类的不同，以及刑罚等级的差异等因素所制定出的补强规则，主要包括重罪案件中的供述补强规则以及轻罪案件中的供述补强规则。

前面所说的补强规则，指的是适用于一般刑事案件中的补强规则。由于本书探讨的主要问题都围绕未成年人展开，本节所关注的焦点自然也是未成年人供述的补强证据问题。由于我国《刑法》并没有对犯有杀人、抢劫等重大案件的未成年人判处死刑等重罪的规定，因此，在探讨未成年人口供补强问题时，可以暂时不将重罪案件纳入考虑的范围。因此，未成年人刑事案件中的供述证据实体性补强规则可以参照一般规定中关于轻罪案件的口供补强规则的规定。

在轻罪案件中，补强证据首先应当满足其内容与供述内容相一致的要求。由于未成年被告人被判处的刑罚相对较轻，无需达到很高的证明程度，只需要对主证据中体现出的事实予以补充说明即可。[1] 但值得说明的一点是：相对于一般案件中的重罪标准来说，未成年人刑事案件中的供述补强证据的证明程度虽然较低，但补强证据与口供之间仍然需要进行详细的印证，其证明标准同样应当达到排除合理怀疑的程度。

2. 供述证据的程序性补强规则。供述证据的程序性补强规则主要

---

〔1〕 郭华：“口供补强证据规则研究”，载《甘肃政法学院学报》2004 年第 3 期。

从被告人权益的角度出发，通过使用补强证据来保证最终作为定案依据的供述证据的真实性。除了我国《刑事诉讼法》规定的需要对口供进行补强的情形以外，2010 年《办理死刑案件审查判断证据若干问题的规定》还明确了由于程序性问题而产生瑕疵供述的补强规则:[1]

(1) 被告人口供证据获得的时间、地点以及询问人数、方式等存在矛盾。

(2) 被告人作出的供述内容不符合常理、前后不一致，并且存在相互矛盾之处。

(3) 询问人未在供述笔录中签名。

(4) 对未成年犯罪嫌疑人、被告人进行首次讯问之前，未告知其应享有的诉讼权利内容。

当供述证据本身存在上述情形时，该证据并不能直接作为定案的依据，必须通过其他证据对供述内容进行补强。

---

〔1〕 以下内容为笔者对2010 年《关于办理死刑案件审查判断证据若干问题的规定》关于补强证据规则的归纳。

第三章 未成年人品性证据

第一节 品性证据概述

一个人的品性主要可以通过外界对其尊重的程度、个人在生活中发挥的价值以及声誉等因素判断出来。比如说，当一个人受到广泛的认同及尊重时，可以说明这个人具有良好的品性；反之，当一个人受到极少的认同和尊重时，体现出这个人似乎不具备良好的品性；还有一种情况是，如果一个人在其生活范围内并没有得到认同和尊重，我们自然而然地认为这个人并不值得他人的尊重，因为他/她某一方面的品性可能受到了质疑。个人价值的高低及声誉的好坏同样可以产生上述三种可能性。

在美国，品性证据在审判过程中所产生的力量是强大的，它已经成为判断一个人有罪与否的决定性因素。正因如此，《美国联邦证据规则》中明确提到了品性证据在审判中的使用规则及限制性规定。《美国联邦证据规则》第 404 条明确了品性证据不能被采纳以证明行为的情形及例外因素。比如说，“由于在法庭上展示了被告人在之前所犯下的某些罪行，因此认定被告是坏人，那么在本案中被告人一定也犯下了罪行”的论点是不被采纳的。[1]《美国联邦证据规则》第 405 条规定了证明品性的方法，其中特别提到了在交叉询问中，允许对相关的特定行为实例进行质询。[2] 比如，允许在交叉询问中对作证证人的名声或诚实性与否进行弹劾。

一、对品性及品性证据的理解

（一）“品性”的定义

在阐述品性证据的含义之前，首先应当明确“品性”的概念。“品

---

〔1〕 这一点在《美国联邦证据规则》第 404 条（b）中得以体现。

〔2〕 详见《美国联邦证据规则》第 405 条（a）。

性”一词，是对英文 character 的翻译，也有学者将其翻译为“品格”。在英美法系国家，“品性”一词在证据法领域内包含广义和狭义两种含义。从广义上讲，品性至少包括以下几种含义：①基于 1865 年皇家诉罗顿案，使普通法确立了“将品格等同于声誉”的规则，指的是一个人在其生活的社区或工作环境中所享有的、公认的名声。②一个人在日常生活中所表现出的特定的行为方式及其所具有的某种行为倾向。我们可以通过一个人的诚实、欺诈、温和、暴力等性格来感受到其固有的行为方式。③个人历史上的事件，主要指犯罪前科，但不限于此。从狭义上讲，品性仅指名声和行为倾向，[1] 是描述和判断一个人个性化的情绪以及他人对总体印象的概括。

那么，对“品性”一词应当作出何种准确的定义呢？有学者认为，品性能够从根本上体现出一个人的内在特征，它可以反映出每一位个体内在的道德底线。但是，由于其自身具有内在的主观性，因此，在采取任何可能会有效的方式对“品性”这一概念合法地作出定义似乎是不太可能的。

一个人该如何判断另一个人的品性呢？有观点认为，对品性的判断可以被认为是推理的一种形式，通过对一个人行为和举止的观察，并结合记录其外在表现的资料进行综合判断。[2] 这样的观点在 Douglas Walton 所著的 *Character Evidence* 一书中得以体现并作出了详细的阐述。但是，书中也提到了，这样的推理永远是间接的并带有一定的推测性质。从记录资料到根据资料得出结论是一种逻辑上的思考过程，但就目前来说，仍然没有办法做到仅基于一个猜测或是凭借对某一个观察不到的事物进行推论便对某个人品性作出正确的判断，这对于裁判者来说是十分困难的。由于这些困难的出现，使得人们不得不换一个角度去分析判断品性的方式，那就是通过习惯、爱好或是倾向对某一种行为进行判断，并从中归纳出这样的概念：品性是通过习惯、爱好和倾向体现出的某种行为类型。[3] 例如，“某人具有诚实这一品性特征”意味着“某人存在着讲真话的倾向”。但是，定义这种概念的方式也不是十分准确的，书中认为更进一步定义品性的观点是：品性不仅仅是一种大致的趋势或倾

〔1〕 吴翎翎：“未成年人品格证据研究”，载上海市人民检察院未成年人刑事检察处主编：《未成年人刑事检察理论与实务研究》2012 年版，第 134 页。

〔2〕 Douglas Walton, *Character Evidence*, Springer, 2006, p. 39.

〔3〕 Douglas Walton, *Character Evidence*, Springer, 2006, p. 39.

向，它更是一种束缚于人与人之间作出判断的道德概念。当裁判者对他人的品性作出判断时，所依据的应当是通过其所见再加之自身的理解和判断来诠释出的他人的行为，并对这些行为作出内在建构。[1] 可以说，对品性的判断与裁判者息息相关。

综上所述，品性不仅仅是通过习惯、爱好和倾向体现出的某种行为类型，还是裁判者根据其所接收到的信息，从而在大脑中对这些信息进行梳理并作出的最终判断。

（二）品性与偏见

美国《联邦证据规则》第404条（b）项规定关于其他犯罪、错误或行为的证据不能用来证明某人的品格以说明其行为的一贯性。但是，出于其他目的的情况下例外。第405条（a）项中也提到了在交叉询问中，允许对相关的特定行为实例进行质询。提出这几项要求的共同目的是防止偏见的产生。也就是说，不能因为某人犯下的其他错误行为就断定其具有不良品性，从而偏见地认为这个人是有罪的。对于证人而言，应当通过交叉询问的方式来防止由于其存在偏见而导致该证言不具备可靠性的可能。

事实上，在司法实践中，普遍认为，在某种程度上并不能将品性证据与偏见证据作出明确的区分，因为“品性”这一术语并不具备一个精准的定义，并且从有帮助的角度出发，它很可能不会被定义。[2] 但是，区分二者却是很有必要的，虽然品性与偏见都是对一种倾向的反映，但他们反映的方式不同。品性应当被定义为一种长期的性格倾向，通常属于道德属性范畴。它是一种内部特征，可以通过检验一个人的所言所为来作出外部的评估。而偏见则反映出了一个人在争论中所表现出的态度，[3] 如果一个人总是支持一方观点而完全否认对方提出的观点，那么，这就被认为是偏见的类型，即使其陈述看起来是极为合理的。又如，当一个人的言语不断地显示出想要维护和加强自身利益的目的，或者是使用带有诱导性的语言或作出想要说服诉讼中某一方的举动，这样的证据都可以被看作偏见证据。[4] 偏见带有一种片面性，这种特性决

---

〔1〕 Douglas Walton, *Character Evidence*, Springer, 2006, p. 40.

〔2〕 Ronald J. Allen & Richard B. Kuhns & Eleanor Swift, *Evidence*: *Text*, *cases and problems*, New York, Aspen Law and Business, 1997.

〔3〕 Douglas Walton, *Character Evidence*, Springer, 2006, p. 41.

〔4〕 Douglas Walton, *Character Evidence*, Springer, 2006, p. 41.

定了它并不能在争端中充分考虑到双方的立场，因此，在人们的争端、对批评所作的反映以及相反的观点中可以发现这样的证据。品性反映的是一个人总体的性格倾向，在人们的行为言语或报道中可以搜集到品性证据，也可以通过一个人在争论中的行为反映出来。

（三）品性与习惯、倾向和动机

关于品性的主要特征可以从法律的规定中体现出来。《美国联邦证据规则》第 404 条（a）项中认为品性是“对一个人性格的大致描述，或是对一个人所体现出的性格特征的总体描述，例如诚实性、脾气或平和性等”。品性体现的是某一种行为，但并不是所有的习惯或倾向都与品性一样。如果在法庭上出示某一项坏的品性证据的目的是证明一个人在之前曾经实施了不好的行为，并且应用于证明这个人是否有罪的争论当中，那么这样的争论是被法庭所禁止的，因为这违反了《美国联邦证据规则》第 404 条中“不能用于证明某个人长期以来的品性或倾向”的规定。但是，尽管证明先前犯罪的证据并不是基于被告人的品性，它还是可以被用于证明一个人的行为模式和习惯做法，并且之前所实施的不好行为可以作为证明其具有犯下此次罪行的机会或者存在实施此次犯罪的动机。也就是说，过去的行为或倾向可以被用于证明一个人实施犯罪的机会和动机。

（四）品性证据的含义

品性证据理论起源于英美法系国家，是英美法系国家证据制度中浓墨重彩的一笔。英国被认为是最早确立被告人品性证据规则的国家。事实上，在英国早期的普通法实践中，品性证据规则的适用并没有得到限制，并且可以说在公元 19 世纪以前，法庭对品性证据规则的运用是极为粗糙的。在那时，借助各种方式证明被告人具有不良品性是十分稀松平常的事情，法官在判断和运用品性证据时，常常依靠其自身的自由裁量权将规则置若罔闻。直到 1898 年《刑事证据法》中首次规定品性证据规则，逐渐纠正了品性证据可能造成的偏见与不公，同时意味着现代品性证据规则在立法上的确立。

布莱克法律词典将品性证据定义为“证明一个人总体的性格特点或倾向，考虑的是一个人是否值得称赞或应受到责备的个性，以及证明其在社区中的人品、声誉的证据”。[1] 品性证据是经常性的，并不代表一

---

〔1〕 详见《布莱克法律词典》（第八版），第 1678 页。

贯性。不同形式的品性证据，其准确性也并不相同，使用范围也不尽相同。传统意义上的品性证据主要从衡量一个人道德品质的角度出发，例如，人们通常依据品性证据来判断一个人诚实与否、是否具有暴力倾向等。但随着社会的不断发展，品性证据已经不仅仅被用来证明道德品质，更多的是被用来证明一个人特定的某种行为。但是，虽然这种证据形式往往具有很高的证明力，却也往往最有可能引起偏见、混乱等情形的发生。因此，品性证据只能在对证人进行交叉讯问或品性本身成为案件的争议事实时才可以被采纳。〔1〕

我国学者也从不同角度对品性证据的内涵阐释出不同的定义。有观点认为，品性证据仅局限于证明诉讼参与人的品格特征的证据。〔2〕还有观点认为，在前者基础上，品性证据也可以证明一个人已经具有的品格特征。〔3〕有学者认为，品格证据是包含一个人的前科劣迹、名声及他人评价等证明内容的、能够证明某些诉讼参与人的品格或品格特征的证据。〔4〕也有学者认为，品格证据是用来证明未成年犯罪嫌疑人的性格倾向、行为方式、名声等反映其品格或品格特征的证据，这种证据不仅包括良好品格证据，还包括不良品格证据。〔5〕还有学者赞同 Peter Murphy 所著的 *Muphy on Evidence* 一书中关于品性证据的概念，将其界定为“类似行为”或“相似事实”的证据。〔6〕除此之外，认为品性证据证明的是“某人的倾向性”为来自学界的另一种观点。该观点认为：

---

〔1〕陈志兴、方小斌：“简析英美法系国家的品格证据”，载《和田师范专科学院学报》2005 年第 5 期。

〔2〕何家弘、刘品新：《证据法学》，法律出版社 2004 年版，第 71 页。转引自杜静薇、孙启亮、周晓华：“品格证据在未成年人刑事案件中的运用及其制度完善”，载《政治与法律》2010 年第 2 期。

〔3〕刘丽霞、陆海霞、尹璐：《品格证据在刑事案件中的运用》，中国检察出版社 2008 年版，第 11 页。

〔4〕本部分所指的前科劣迹，是指诉讼参与人尤其是被告人曾因违法行为或犯罪行为被有关机关处理的情况。名声，包括不好的名声和好名声。不好的名声如说谎，常用于证明被告人、证人的陈述不具有可信性、真实性；好的名声如交通肇事的被告人一向谨慎驾车的证据，以证明其在具体场合的行为过错较小。参见石金平、高俊生、贾冬梅：“品格证据在审理未成年人案件中相关性研究”，载曹建明主编：《诉讼证据制度研究》，人民法院出版社 2001 年版，第 167 ~ 168 页。

〔5〕韩索华、吴锋：“如何规范未成年人犯罪案件中品格证据的适用”，载《检察日报》2010 年 11 月 8 日。http://newspaper.jcrb.com/html/2010-11/08/content_57420.htm.

〔6〕顾静薇、孙启亮、周晓华：“品格证据在未成年人刑事案件中的运用及其制度完善”，载《政治与法律》2010 年第 2 期。

“品性是实施或者不实施某种行为的意向或者倾向。这里的‘倾向’可以理解为一种行为意向、趋势（tendency）或者偏爱、嗜好（penchant）。品格证据中所指的倾向具有抽象性、笼统性的特征。”[1] 学界对品性证据的含义各抒己见、众说纷纭，但综合起来，主要可以归纳为以下几个方面：①认为品性证据包含着某人的名声、身份、特征等含义。②认为品性证据可以反映出某种行为，即行为说。③认为品性证据能够体现出某种趋向，即趋向说。笔者认为，若将品性证据定义为某种行为的表现形式则较为单一。因为一个人的行为仅仅体现了其通过肢体、动作、语言等媒介传达其思想的外部内容，而内在的本质特征并没有被深入地挖掘出来。因此，这样的定义较为片面。我们可以将品性证据的含义从广义的角度来进行理解，品性不仅包括了一个人的名声、嗜好、性格、一贯的行为表现等因素，还包括了其适应社会的能力、生活经历和背景等问题。综上所述，可以认为，品性证据是“一切能够用以证明某人品行或者特定品格特征的证据”。

二、英美法系品性证据规则

总体来说，在刑事审判中，英美法系国家对被告人品性证据的适用规则持有相当谨慎的态度，不仅制定了品性证据的排除规则，同时规定了在一些特殊情况下适用品性证据的例外规则。例如，《美国联邦证据规则》第404条（a）（1）项规定了当品性证据被用来证明某人在具体场合下的行为与之具有一致性时，是不允许使用的。“禁止使用”是基于保护被告人、避免其被无辜定罪的角度而设定的，表明了行为与品性具有一致性的品性证据，因为品性和趋向证据内在地包含着偏见，从而存在增加错误认证的风险。品性证据即使有证明力，但其证明力不大，反而容易偏离待证事实，可能使陪审团产生偏见。Allen教授总结了对个人品性证据加以限制的理由，他认为：首先，品性证据对于说明与品性一致的行为而言，即使有证明价值，也不是很大。即使是一个平日里一贯表现诚实的人，也不能保证其完全不具有说谎的可能性，更何况假如置身于特定的环境，或存在特殊的压力时，不排除本人表现出不符合一贯行为的可能性。其次，一些证明力相对较低的品性证据容易产生偏离待证事实的情形。这一点不难理解，如前所述，仅仅通过提出的品性

---

〔1〕 蔡巍：“美国联邦品格证据规则及其诉讼理念”，载《法学杂志》2003年第7期。

证据来试图推论并证明一个人的实际品性似乎是不切实际的。而且若一个案件中存在针对同一品性特征的相互对立的品性证据，那么，案件争议的焦点很可能由是否实施了犯罪的问题转移到分析某人品性如何的问题。再次，品性证据还可能引起不公正的偏见。最后，品性证据还存在着与不公正偏见的忧虑密切相关的道德忧虑，即定罪的依据是根据一个人的品性而不是那个人的所作所为的话，是完全错误的。[1]

从历史上看，品性证据规则很早就存在于普通法证据规则之中。品性证据规则的雏形产生于17世纪的英国，在当时，法官就已经拒绝采纳用来证明被告人之前的不良行为的证据。1695年《叛国法令》（The Treason Act）提出了禁止控方对没有列在起诉书中的被告人的其他犯罪提出指控的条款："为了避免犯人因为需要当场回答各种问题而感到吃惊或混乱，对任何人都不得采纳或考虑起诉书中没有明确提出的外部行为的任何证据。"[2] 1762年，针对叛国罪中的证据排除问题，福斯特（Foster）认为："在刑事诉讼中与正义事实无关的各式各样证据的排除规则，是基于合理的逻辑与普遍正义而建立的。任何人都没有义务去冒着生命危险或自由、财产或名誉的危险，在没有准备的情况下立即回答与他生活相关的每个情节……也许在这种情况下不必要再次作出明确的规定，因为普通法基于自然正义原则，已经使得类似的规定在其他情况得以实现。"[3] 随着司法制度的改革，该法令已经不再局限于叛国罪，而是逐渐延伸到其他犯罪行为当中，并逐渐演变为一条重要的规则：不得使用具体行为的证据证明被告人的犯罪倾向。[4] 但是，在这一时期，法官仍然有权利对品性证据的证据资格作出判断。品性证据规则在普通法中得到正式的确立要归功于1814年 *Rex v. Cole* 和1894年 *Makin v. Attorney General for New South Wales* 这两个判例。在 *Rex v. Cole* 案中，法官对证明被告人曾经实施过类似犯罪的行为，或者证明被告人具有实施

---

〔1〕［美］罗纳德·J. 艾伦、理查德·B. 库恩斯、埃莉诺·斯威夫特：《证据法——文本、问题和案例第三版》，张保生、王进喜、赵滢译，高等教育出版社2006年版，第265~266页。

〔2〕宋汶沙："英美法系与大陆法系品格证据之比较研究"，载《政治与法律》2012年第5期。

〔3〕Foster, CROWN LAW 236. 转引自宋汶沙："英美法系与大陆法系品格证据之比较研究"，载《政治与法律》2012年第5期。

〔4〕宋汶沙："英美法系与大陆法系品格证据之比较研究"，载《政治与法律》2012年第5期。

该行为的倾向的证据都予以排除，由此率先确立了品性证据的排除规则。*Makin v. Attorney General for New South Wales* 案中，考虑到一个人过去所做的行为不能够代表现在处于另一个环境时仍然会产生同样的行为，因此，为了避免类似不公正的情况发生，法官的意见是：如果控方提出的用来证明被告方过去犯有本案所指控的罪名之外的犯罪的证据，是为了得出“被告之前的犯罪行为或品性能够证明正是被告本人实施了当前被指控的罪行”，那么，这种类型的证据是应当被排除的。〔1〕

美国在借鉴了英国使用品性证据规则之经验的基础上，逐渐开始对品性证据规则的建立和规范问题表示出极大的关心。美国早期的品性证据规则建立的初衷是防止“陪审团可能会因为被告人先前做出的不良行为而在当前案件中定罪”的情况发生。*People v. Molineux* 判例是美国普通法中关于品性证据规则的一个里程碑。在该案中，纽约上诉法院认为，用于证明被告人具有与被指控的行为无关的其他不良行为的证据不具有证据能力。同样地，国家不得证明被告人犯有当前被指控的犯罪之外的任何犯罪。〔2〕另外，在 *Michelson v. United States* 判例中，最高法院认为：“追随普通法传统的法院几乎可以达成一致的意见，这就是禁止控方提出任何类型的用来证明被告人具有恶劣品性的证据来将其定罪。”〔3〕对这类证据进行排除的主要原因在于：品性证据的提出很容易让评判者形成对某人道德品质的即视感，即使该证据显示出的内容与本案所涉及的罪行无关。一旦证明某人具有不良道德品质的证据被提出，陪审团很可能抛开对案情的分析，从主观上直接认为该被告人具有实施当前犯罪的可能性，这种已经形成预先判断的做法极有可能会影响最终的判决。正因如此，为了防止可能会给陪审团带来偏见，一般来说，对于证明某人具有实施犯罪行为的倾向性证据不允许采纳。

成文法开始逐步发展以后，英美法系国家逐步制定出一系列限制和规范在刑事案件中适用品性证据的规定。1898 年英国《刑事证据法》

〔1〕详见 *Makin v. Attorney General for New South Wales*，该案中法官的意见为：检察官试图提出证明被告人被指控的刑事罪的证据并非为起诉书中所涵盖的证据，是为了达到证明从被告人的犯罪行为和品性中体现出他正试图犯下的罪行这一结论的目的，这无疑是不具备证据资格的。载 http：//swarb. co. uk/makin - v - attorney - general - for - new - south - wales - pc - 12 - dec - 1893/.

〔2〕*People v. Molineux*，详见 http：//www. courts. state. ny. us/reporter/archives/p_ molineux. htm.

〔3〕335 U. S. 469，69 S. Ct. 213，93 L. Ed. 168（1948）.

首先对品性证据加以规定。该法 chapter 36，1.（f）中要求："当一个人（被告人）依据本法成为证人时，不得提出证明本人曾被指控、定罪或证明其曾经实施了本案被指控的犯罪之外的罪行，或是其他证明其不良品性的问题。同时赋予被告人拒绝回答的权利。"[1] 2003《刑事司法法》第101条对被告人不良品性的可采性问题作出了详细的说明，并提出：除了法律明确规定的情形以外，其他证明被告人不良品性的证据应当被排除。《美国联邦证据规则》第404~406条对品性证据问题进行了明确的规定。除了规定禁止使用品性证据的情形（品性证据的可采性）之外，还提出了证明品性的方法。可见，《美国联邦证据规则》还是遵照了普通法的传统，不允许使用品性证据，理由是如果将品性与犯罪证据联系起来，会加大无辜者被定罪的风险。[2]

品性证据规则的例外规定也分别在普通法与成文法中得以体现。英国2003年《刑事司法法》以及《美国联邦证据规则》都要求：当被告人主动提出证明其自身相关品性特点的证据，以及提出控方证人、被害人的不良品性证据，用于攻击对立方或者同一案件中的其他被告人时，法庭允许控方提出与被告提出的品性证据具有一致性的相关品性证据作为对被告人的反驳。也就是说，当被告人主动打开"品性证据大门"时，公诉方提供的品性证据才可以被允许提出。这主要是出于三个原因：其一，从保护被告人的角度来看，刑事被告提出证据来证明其具有与指控不一致的品性，有利于其为自己进行全面辩护；其二，一般来说，被告提出证明自己具有良好品性的证据不会给自身带来不利的损害；其三，这体现了一种个人主义哲学，即刑事被告人有权决定应当让陪审团听取什么样的证据，来决定其有罪还是无罪。[3] 除此之外，普通法与制定法同样规定了证明品性的方法，即采用被告人所具有的名声、声望等证言或意见形式的证据证明其品格。这一规则分别于 *R v. Rowton* 案件与《美国联邦证据规则》第405条中得以体现。另外，在

---

〔1〕 Criminal Evidence Act 1898. 详见：http：//www. legislation. gov. uk/ukpga/1898/36/pdfs/ukpga_ 18980036_ en. pdf。Chapter 36，1.（f）：A person charged and called as a witness in pursuance of this act shall not be asked，and if asked shall not be required to answer，any question tending to show that he has committed or been convicted of or been charged with any offence other than that wherewith he is then charged，or is of bad character.

〔2〕 *People v. Zackowitz*，254 N. Y. 192，172 N. E. 466（1930）.

〔3〕 王进喜：《美国〈联邦证据规则〉（2011年重塑版）条解》，中国法制出版社2012年版，第82页。

对品性证人进行交叉询问时，允许调查该证人的相关具体行为实例。值得注意的是，本规定仅限定于交叉询问环节，正常询问环节中并没有得到上述允许。还需要注意的一点是，在交叉询问环节，证人所提供的证言必须用于证明被告人一贯的名声，不能用来证明被告人是否有罪，因此，证人应当围绕被告人的名声问题进行陈述。

综上所述，英美法系国家对品性证据的规定大致相同，即原则上用于证明被告人品性的证据不允许在定罪阶段使用。无论是普通法还是成文法，都对品性证据的适用规则作出了严格的限制和说明。

三、品性证据的相关性和可采性

（一）品性证据的相关性问题

证据的相关性，又称“关联性”或“相关证据”，是指证据对案件事实的认定具有证明力、有助于事实认定者判断或评价要件事实存在的可能性的属性。[1]《美国联邦证据规则》第401条规定：“相关证据是指证据具有某种倾向，使决定某项在诉讼中待确认的争议事实的存在比没有该项证据时更有或更无可能。”澳大利亚1995年《联邦证据法》第55条规定：“程序中具有相关性的证据，是指如果被接受，能够（直接或者间接地）对程序中的争议事实之存在的可能性评估产生理性影响的证据。”综合起来我们通常可以这样认为，人们在判断相关性时，只要证据能够起到帮助案件的侦破过程产生变化的作用，并且有助于事实认定者判断事实的存在更有可能还是更不可能时，就被认为具有相关性。在阐释品性证据的相关性这一问题时，不妨参考轰动美国的辛普森案件来加以理解。

我们首先明确的是，能够证明辛普森具有虐待其妻子的动机的证据（如辛普森殴打其妻子的照片及其他相关证据）属于品性证据。对于上述证据，双方争议的焦点是：这些被用来证明品性的证据是否具有相关性以及最终能否被法庭采纳。在庭审中，被告方援引了一条与《美国联邦证据规则》第404条相类似的加州证据规则作为反对采信该证据的依据，并认为品性并不是一个需要被提出的相关性问题。检控方也引用了一条加州法律，该法规定关于家庭暴力的证据具有相关性，即使该证据为品性证据也不例外。同时，检控方还陈述了另一个认为该证据具有相

〔1〕张保生：《证据法学》，中国政法大学出版社2009年版，第20页。

关性的理由，这就是辛普森具有控制和支配其妻子的动机。结果是：负责审理本案的伊藤法官最终并没有完全承认辛普森虐妻的证据，而是承认了部分能够体现出辛普森动机的证据。本案表明，在解决诉讼证据问题时，对于动机的处理方式要有别于对品性的处理方式。正如《美国联邦证据规则》中规定的那样，即使品性证据不具有相关性，但动机是存在具有相关性的可能性的。

另外一个十分重要的证据来自马克·福尔曼（Mark Fuhrman）警官的种族主义。马克警官在犯罪现场发现了一个染着血的手套，就在他于法庭上为当时的情况作出说明时，被告方提出了证明马克警官曾经发表过的关于种族歧视的言论证据，进而产生了判断马克警官是否对黑人有偏见的问题，由此认为应该充分考虑该证据的相关性，并且该证据直接影响到了马克警官证言的可靠性。另一方面，考虑到陪审团中黑人占绝大多数，如果该证据被采纳，那么势必会造成陪审团的情绪波动。更重要的是，被告方还认为，在指控马克警官的证据中已经充分地显示出其具有明显的种族偏见，而重点又在于这是一种偏见证据而不是品性证据，该证据应该被采纳。同样地，伊藤法官最终还是没有采纳全部证据，但是，他所采纳的证据已经达到了被告方的预期效果。可以说，尽管这种证据被采纳的理由是显示出了证人的偏见性，但同时它也发挥了品性证据应当发挥的作用。

由此可见，将一个人的品性作为证据时，一般来说并不具有可采性。对一个人品性的认定，主要是对其隐藏于内的思想和表露在外的行为作出假设性的概括和评价，但是这种评价是众说纷纭的，因为不同人的内心都分别形成各自不同的评判标准。同样的行为可能在一个人的眼中是诚实的，但在另一个人的眼中则变成了虚伪。这取决于做出行为的方式、展示行为的手法、做出行为的动机等因素。因此，对品性证据的使用进行限制甚至作出禁止性规定的目的就是防止一个人的品性被固化。因此，不能因为某人一次的行为就对其贴上永远都挥之不去的标签。但是，法庭并不排除证明一个人在实施某一行为时具有某种倾向的证据，证明某种习惯或倾向的证据通常被法庭视为具有相关性。事实上，一个人在特定场合下的行为，说的就是一种具体的性格倾向，这种倾向由个人的内心及意识所支配，可以认为是长久以来形成的，并能够较为准确地反映出行为人一贯的行为模式，从而体现出其在特定的环境中遇到某种情形所表现出的一贯的行为特征。例如，如果需要证明的对象并不是一个人的品格，而是其在特定场合下的行为，那么，此时的品性证据就具有相关性，可以作为间接证据来使用。

综上所述，在实践中，如何准确地运用品性证据的相关性规则是一件十分棘手的事情。我们可以总结出，有关于一个人的品性或是过去曾经做过的某些既成事实的事情，如果被用于证明动机、习惯等问题，就有可能被认为是相关的。但是，如果仅仅作为品性证据使用，则很有可能被认为不具有相关性。也就是说，同样的证据，如果待证事实发生了变化，那么其相关性也会相应发生改变。

但是，以上论述不包括如下两种情况：一种是当品性证据本身为待证事实，即案件争议的焦点时；[1] 另一种情况为品性证据用于弹劾证人时。[2] 首先，当一个案件争议的主要问题围绕着判断一个人究竟具备何种品性时，毫无疑问，此时的品性证据与该案件具有很强的相关性，因为在这类案件中，品性证据是作为决定案件走向、对案件的发展产生极大影响的直接证据存在的，并不需要进行复杂的推理过程就能够直截了当地说明待证事实的情况。因此，品性证据在这类案件中的证明价值非常高。

值得一提的是，用来弹劾证人的品性证据相关性问题。在交叉询问过程中，通过运用品性证据来弹劾证人可信性的手段在英美法系国家是十分常见且重要的质证方式，进而可以认为，品性证据在认定证人可信性问题上能够产生很重要的证明价值。通常来说，证人是否具有诚实的品性通常用来评价其所作出的陈述是否具有真实性和可靠性，因为人们更愿意相信一个具有诚实品性的人会比一个具有说谎品性的人提供出真实性更高的证言。可以说，通过品性证据所显示出的性格倾向来判断某人的特定行为是弹劾证人可信性的一贯手段。由于证人的可信性与案件事实并没有直接的关系，证人所体现出的某种道德和性格倾向更多地体现在审查证人证言的证明力上，那么，与证人有关的品性证据只能用来证明其证言的可信性，并不能直接用于证明案件事实。

（二）良好品性与不良品性证据的相关性问题

一直以来，普通法系国家都认为，在刑事程序中，无论是用于证明证人具有良好品性还是不良品性的证据均与其可信性有关：允许提出证明被告具有良好品性的证据以证明针对被告的指控不可能为真，而对于

---

〔1〕参见《美国联邦证据规则》第405条（b）项："在某人的品性或品格特性为一项指控、诉求或辩护之要件的情况下，亦可就该人的具体行为实例予以证明。"

〔2〕参见《美国联邦证据规则》第404条（a）项对证人品性的规定。

证明被告具有不良品性的证据，如果其本身包含在“类似事实证据”之中，那么，指控被告具有不良品性的证据是可采的。

1. 良好品性证据之相关性。一直以来，普通法系国家都认为，被告良好的品性与判断其是否有罪具有相关性，从而允许被告提出其本身具有良好品性的证据，用来证明自己不具备实施本案中被指控的行为的可能性。这是因为，在特定环境下生活的个体必定会形成特定的行为习惯、喜好倾向、想法观念等，并不止一次地重复先前行为。根据人类所体现出的上述生物学特征，我们有理由相信，如果一个人一直以来被认为具有平和的性格特征，并且先前没有任何的不良记录，那么，这个人被指控实施了杀人行为的可能性就会相对减弱。因此，良好的品性证据不仅表明被告不可能作出与其性格不符的犯罪行为预测，还在一定程度上具有证明性特征。[1]

在英国，通常情况下，良好的品性证据主要用于证明被告不存在先前的定罪判决。在 *R v. Aziz* 案[2]件中，上议院的意见是：如果一个人没有先前定罪判决，则通常被认为具有良好品性。[3] 与此同时，著名的 *R v. Rowton* 案件确定了对良好品性证据的采纳规则。本案法官的意见为：只有关于一般声望的证据才可以被采纳为良好的品性证据。特定人员的意见证据或者能够表现出被告具体行为的证据都不被采纳。该规则的正当性体现在：首先，人们认为用于证明特定事实的证据缺少证明力的支持，因为即使是手段再卑劣的罪犯，也会做出宽宏大量的行为。其次，允许类似证据的提出会导致检控方得不到事先通知，控辩双方也就无法就此问题进行沟通。最后，此类证据的使用会产生拖延诉讼的问题。[4] 那么，证明良好品性的方法可以通过以下两种方式来进行：一种是证明被告没有先前定罪判决，另一种是传唤品性证人出庭，但证人所提出的证据应在 *R v. Rowton* 案件中所允许使用的证据范围内。另外，提出良好品性证据的前提有二：一是良好品性与可信性之间具有相关性；二是良好品性与控方所指控的罪行应具有相关性。该约束力规则确

---

〔1〕 吴翎翎：“未成年人品格证据研究”，载上海市人民检察院未成年人刑事检察处主编：《未成年人刑事检察理论与实务研究》2012 年版，第 147 页。

〔2〕 [1996] AC 41.

〔3〕 [英] 克里斯托弗·艾伦：《英国证据法实务指南》，王进喜译，中国法制出版社 2012 年版，第 277 页。

〔4〕 [英] 克里斯托弗·艾伦：《英国证据法实务指南》，王进喜译，中国法制出版社 2012 年版，第 276 页。

立于1993年*R v. Vye*案件[1]中。与此同时，使用已经失效的定罪判决向陪审团说明被告是一个具有良好品性的人，也是被英国法庭所允许的。

众所周知的是，一个平日里一直呈现温和的性格特征的人也有可能做出暴力的举动，一个十分暴力且手段恶劣的罪犯也会心态平和、做出善举。因此，良好品性证据的证明力是十分有限的。但是，从保障被告人合法权益的角度出发，允许被告提出间接证明自己清白、给予被告洗脱罪名的机会是合理的，尤其是对于涉罪未成年人来说，由于这一群体普遍具备思想单纯、涉世未深的特征，证明他们具有良好品性的证据往往更加可靠，更应当以宽容、包容的心态去接受他们。那么，在未成年人刑事诉讼中，允许未成年被告人提出证明自己良好品性的证据其实是有必要的。

从另一个角度来讲，如果法庭允许被告人以证人的身份作证，那么，良好品性证据就与其证言的可信性具有相关性。[2]意思是，他在证明被告不可能犯下控方所指控的罪行的同时，还证明了其诚实的良好品性使得被告人在法庭上的陈述是真实并值得信任的，甚至比不具备良好品性的证人所作出的陈述更加值得信任。

2. 不良品性证据之相关性。当被告人首先提出证明其具有良好品性的证据，即主动打开品性证据大门时，控方也有权利提出能够证明被告具有不良品性的证据，用以反驳和推翻被告的主张。此时，如果说被告提出的良好品性证据具有相关性，那么控方提出的不良品性证据同样也具有相关性。另外，虽然在被告人没有主动打开品性证据大门的前提之下，控方不可以主动提出被告的不良品性证据，但这仅仅是出于保护被告人的角度，并不代表该不良品性证据就不具有相关性。

英国2003年《刑事司法法》还规定了不良品性证据的其他相关性因素。首先，该法第98条对不良品性作出了规定："本章所称的关于某人'不良品性'证据，是指关于其不端行为或者不端行为性情的证据。但是不包括下列证据：（a）与被告被指控的所称的犯罪事实有关的证据；或者（b）是与对该犯罪进行调查或起诉有关的不端行为的证据。"也就是说，与所称犯罪事实有关的证据并不构成不良品性证据，并且与

〔1〕［1993］97 Cr App R 134.

〔2〕参见《美国联邦证据规则》第608条（a）项。规则中提到了"证人可信性证据只可提及诚实与否的品性"。说明品性证据与证人可信性具有相关性。

犯罪事实相关事件的发生并非一定要与被指控的犯罪同时发生，该事件既可以在犯罪前也可以在犯罪后发生。不端行为被界定为“实施犯罪或者应受谴责的行为”。[1] 英国法律委员会将不良品性证据界定为：“表明或者倾向于表明该人实施了犯罪的证据，或者‘以常人不会赞同的方式’行为或者倾向于如此行为的证据。”[2] 同时该法还规定了性情证据本身应当在不良品性证据的范围之内。综上所述，不良品性证据的相关性程度还与其证明对象有关。

与良好品性证据相同，当被告被允许以证人身份出庭时，其不良品性证据就不仅与是否实施犯罪行为有关，还与其陈述的可信性有关。

3. 未成年人品性证据的相关性。众所周知，未成年人具有不同于成年人的性格特点。由于未成年人身心发育尚未完全成熟，认识能力较低，自我控制能力较差，且犯罪行为的主观恶性较小，再加上未成年人不属于完全民事行为能力人，应当适当放宽对未成年人的限制，并考虑到区别于成年人刑事案件的特殊性规则，将未成年人品性证据的应用规则与一般性规则作出区分。审理未成年人刑事案件，惩罚并不是主要目的，应当以感化、教育为主，秉持着全面审查原则，除了立足于对案件事实进行审查的基础上，还应当全面了解导致未成年人实施犯罪的主观及客观原因，掌握未成年人的身心状况、生活和学习环境、家庭状况、道德品质及其在生活中的一贯表现等。无论被告人的身份如何，法官都应当结合未成年人的实际情况，对品性证据的相关性作出判断。尤其是在未成年人作为被告的刑事案件中，证明良好品性的证据的相关性以及证明不良品性的证据的相关性都需要得到很高的关注，因为这些证据与未成年人案件的量刑及矫治都具有相关性。

（三）刑事案件中未成年人品性证据的可采性问题

可采性关注的是证据能否具有事实认定的资格问题，注重相关证据的排除。为了更清晰地阐释品性证据可采性问题，在分析品性证据的可采性问题时，可以分为直接证据和间接证据两个类型，并分别进行论述。

1. 作为直接证据的品性证据。品性证据以直接证据身份呈现在案件中的情形为：当品性成为案件争议的焦点时，控辩双方应当围绕品性

---

〔1〕 英国《1993 年刑事司法法》第 112 条（1）。

〔2〕 Law Commission NO. 273, 2001, para 8.19. 转引自［英］克里斯托弗·艾伦：《英国证据法实务指南》，王进喜译，中国法制出版社 2012 年版，第 280 页。

问题提出证据。此时，品性证据也就成为证明案件事实的最主要手段。在此种情况下，品性证据在诉讼中具有绝对的可采性。《美国联邦证据规则》第405条（b）项规定："在某人的品性或者品性特征为一项指控、起诉或者辩护之要件的情况下，也可用该人的相关性具体行为实例证明该品性或者品性特点。"可见，《联邦证据规则》对品性证据作为直接证据时的可采性问题表示出允许的态度。虽然这种情况在司法实践中较为少见，但品性证据作为直接证据时，被允许以任何形式提出，不仅允许使用关于该人声望或评价的证据，还可以举出该人的特定行为特征加以说明。[1]

另外，在量刑程序中，用来证明被告人品性的证据同样具备可采性。*Williams v. New York*一案[2]成为适用这一规则的典型判例。在该案中，联邦最高法院允许量刑法院在决定被告人的量刑问题时，有权考虑与被告人生活背景、过去的不良记录及一贯行为有关的证据，并可以不被证据规则所约束。在量刑阶段，采纳品性证据能够产生以下几方面的效果：首先，有前科者或者惯犯犯新罪，主观恶性要比初犯大，故应该受到从重处罚；其次，在量刑时考虑被告人品性，以及向社会公开反复犯罪必然受到更为严厉的惩罚的做法会对犯罪人产生震慑力；再次，通过研究分析被告人的品性，能够对被告人是否会重新犯罪进行预测；最后，研究被告人的品性，还有助于被告人回归社会，也可以作为法官决定被告人刑期的参考。

2. 作为间接证据的品性证据。当品性证据以间接证据的身份出现时，《美国联邦证据规则》第404条明确规定了禁止使用的情形，即关于某人品性特征的证据不得用于证明其特定场合下实施的行为与其品性特征具有一致性。禁止的原因在于：首先，品性证据在作为间接证据使用时，其本身的证明力不大；其次，品性证据很可能会使陪审团形成先入为主的观念，极有可能导致因对被告人产生偏见而致使无辜者受到不必要的刑罚；再次，品性证据的提出可能会使焦点集中于对品性的判断，反而忽略了案件争议的焦点，难免存在转移和模糊焦点之嫌；最后，过度使用品性证据在一定程度上存在着浪费司法资源、拖延诉讼的可能性。总体来说，在审理一般的刑事案件时，通常情况下作为间接证据的品性证据是不被法庭所采纳的，归根结底就是因为品性证据达不到

---

〔1〕 俞亮：《证据相关性研究》，北京大学出版社2008年版，第114页。

〔2〕 *Williams v. New York*, 337 U. S. 241, 247 (1949).

《美国联邦证据规则》第403条规定的标准："如果相关证据的证明价值为以下一个或者多个危险所超过，则法院可以排除该证据：不公平损害、混淆争点或者误导陪审团、不当拖延、浪费时间或者不必要地出示重复证据。"[1] 也就是说，当使用品性证据所产生的负面影响超过其产生的良好证明价值时，作为间接证据的品性证据就不具备可采性。但是，《美国联邦证据规则》同样规定了例外情形，规则第404条（b）项认为："如果品性证据是为了证明动机、机会、意图、准备、计划、知识、身份、无错误或者无意外事件时，该证据是允许适用的。"《麦考密克证据》一书对允许采纳上述这些行为的原因作出了描述，包括：①为了完整地展现犯罪行为的案情，在审判中将其置于相近的情境之中以及几乎同期时间的情况之下。②为了证明一个更大的计划、阴谋或者是同谋的存在，正在审判的犯罪是其中的一部分。这对证明动机及伺候犯罪行为的实施、行为者的身份或动机是相关的。③为了证明被告所从事的其他犯罪手法与被告的行为方式在特征上如出一辙。④为了以类似的行为或意外事件表明，争议中的行为不是不经意的、偶然的、不知不觉的或在没有犯罪知识的情况下从事的。⑤为了确定动机。⑥为了确定得以接近或出现在犯罪现场的机会，或者在指控的犯罪中拥有与众不同或不同寻常的技巧或能力。⑦在不考虑动机的情况下，为了表明被告的行为具有蓄意性、深思熟虑或必不可少的特定意图。⑧为了证明身份。⑨为了表明一种具有不同寻常和变态性关系的情欲或倾向。[2]

在探讨未成年人品性证据的可采性问题时，可将间接证据分为良好的品性证据和不良的品性证据，良好的品性证据指的是某人在特定的社区中具有良好的声誉和性格倾向或没有犯罪记录等良好品质的总和。通常来说，用来间接证明某人特定行为的品性证据是不可采的，但在对待未成年人刑事案件时存在例外情形。由于未成年人尚不满18周岁，这类特殊群体还未形成正确的人生观和价值观，与成年人的生活经历相比，未成年人具有更高的可塑性和更大的可能性，能够证明未成年人品性的证据相对更具有可信性，那么，与成年人适用同等处罚似乎是不恰

---

〔1〕 详见王进喜：《美国〈联邦证据规则〉（2011年重塑版）条解》，中国法制出版社2012年版，第65页。

〔2〕 John W. Strong, *Mccormic on Evidence*, ed., 5th edi., 1990, vol. 1, Sec. 190, p. 660~670. 转引自［美］罗纳德·J. 艾伦、理查德·B. 库恩斯、埃莉诺·斯威夫特：《证据法——文本、问题和案例》，张保生、王进喜、赵滢译，高等教育出版社2006年版，第290~291页。

当的。尤其在我国一贯对未成年人犯罪采取宽缓、教育原则的指导下，证明未成年人具有良好品性的证据通常是可以被采纳的。

反之，不良品性证据指的是某人在特定的社区中具有不好的声誉和行为方式或有犯罪前科等不良品质的总和。总体来说，与成年人品性证据的排除规则一样，证明未成年人不良品性的证据应当予以排除，因为这些证据同样存在令法官对被告人产生偏见的可能性，裁判者也许并不是因为所犯罪行对其处罚，而是从道德的层面上认为被告是坏人，先入为主地对被告产生不良印象，从而忽略了与案件相关的其他因素，无形之中降低了证明标准。也就是说，不良品性证据导致了因偏见产生的危险性大于该证据的证明力，此种情形下的证据应当排除。基于该问题，《美国联邦证据规则》第403条还特别作出规定："可能导致不公正的偏见、混淆争议或误导陪审团的危险大于该证据可能具有的价值时，……可以不采纳。"同样说明了当证据产生的危险性大于其证明力时，不良的品性证据应当被排除。

第二节　未成年被告人品性证据

一、未成年人品性证据规则的理念积淀

（一）品性证据的理论基础

1. 权利保障理论。从古至今，从控制的角度看，权力决定着国家的繁荣、社会的发展甚至人类的进步。同时，在国家所掌握的公权力面前，个人权利明显处于弱势，结果势必会引起社会资源的重新分配。为了保证刑事诉讼中控辩双方的地位平等、力量相当，应当赋予处于弱势的一方更充分的权利保障。在未成年人刑事案件中，被追诉的对象主要以未成年犯罪人为主，由于未成年人尚处于生长发育阶段，这一群体具有特殊性。首先，他们做事情容易冲动、不计后果，实际上，许多犯罪行为都是由于冲动的个性所致，并不存在事先的策划及预谋行为；其次，未成年人的心理较为脆弱，尤其在身处陌生且严肃的环境时，无形之中加重了恐惧的心理压力；最后，相较于成年人，未成年人的人生阅历与处世经验远不及成年人，犯罪的主观恶意程度也远弱于成年人，诉讼地位更是远低于成年人。因此，应当将对待未成年人的惩罚方式区别于对待成年人的处罚方式，对未成年人来说，应当心存"宽缓""保护"的理念，强调并给予未成年人更多的权利保障，而不是单纯地进行

惩罚。

权利保障是以人为本司法理念的重要体现，[1] 在办理未成年人刑事案件时，对未成年人品性加以考量同样也是贯彻以人为本理念的方法之一。以人为本就是以提高人身价值，拓宽人的自由空间，谋求人类发展为目标，其核心是通过对社会改造，进一步突显人的重要性。刑事诉讼是解决国家和个人冲突的载体，当未成年人实施了某种犯罪行为，国家公诉机关代表国家向未成年犯罪人行使追诉权，此时不得不考虑的是，未成年人属于正在成长阶段的弱势群体，[2] 在诉讼过程中，应当将涉罪未成年人的品性纳入考量范围，给予裁判者多方面了解未成年人的机会，在惩罚错误行为的同时赋予他们展现自己良好品性的权利，以更多的人文关怀代替强硬的惩罚措施，从以人为本、保护未成年人前途的角度出发，坚持以未成年人为中心，尊重未成年人的人格，对未成年犯罪人的权利给予充分的保护。

权利保障是保护弱势群体的途径之一，充分评估未成年人的品性也是保护弱势群体、赋予未成年人权利的一种体现。在刑事诉讼中，未成年人属于典型的弱势群体。一方面，未成年人（尤其是儿童）的智力发育尚未健全，一般来说并不具备法律常识，诉讼行为能力也相对较弱，这样的群体往往很难独立地承担诉讼职责。另一方面，未成年人的心理承受力较弱，在刑事案件处理过程中难免会心存顾虑，在没有社会力量支持的情况下，情绪思维会被挫伤，出现心理波动的情况极为普遍。相比之下，与他们对立的追诉方拥有强大的国家权力作为后盾，未成年犯罪人的力量更显得渺小。因此，应当适当放宽对未成年人的惩罚政策，赋予未成年人更多的诉讼权利。正如《儿童权利公约》规定的那样，[3] 世界各国无论是制定立法还是在司法实践中，一切以儿童的最大利益为出发点，切实保障儿童权利的实现。

2. 恢复性司法理念。恢复性司法是一种通过恢复性程序实现恢复性后果的非正式犯罪处理方法。恢复性司法起源于20世纪70年代，并于90年代开始真正在全世界范围内得到兴起与发展。2002年4月，联

---

[1] 四川省民政厅："以人为本 求实创新 推动未成年人保护事业健康发展"，载《预防青少年犯罪研究》2006年第5期。

[2] 贾钢涛："以人为本 构建未成年人思想道德建设新机制"，载《学术评论》2008年第4期。

[3] 《儿童权利公约》第2条第1款规定："关于儿童的一切行为，不论是由公私社会福利机构、法院、行政当局或立法机构执行，均应以儿童最大利益为一切首要考虑。"

合国预防犯罪和刑事司法委员会第 11 届会议通过了《关于在刑事事项中采用恢复性司法方案的基本原则》的决议草案，提出了在刑事司法各阶段一般应提供恢复性司法方案的要求，并规定了方案详细的运作程序。草案还揭示了恢复性司法的基本理念，将因恢复性程序而产生的协议归结为结果，并呈现出多元化的表现形式，诸如社区服务中对受害人赔偿及制定的让犯罪人回归社会的方案等。与此同时，还明确了恢复性程序的内容：通常在公正第三方的帮助下，受害者、罪犯和（或）受罪犯影响的任何其他人或社区成员共同积极参与解决由犯罪造成的问题的程序，恢复性程序的例子包括调节、和解会商和共同定罪等。[1] 通俗地说，恢复性司法包括被害人与犯罪人之间达成的和解、协商、会谈、给被害人补偿、提供社区服务等内容。就一般意义而言，恢复性司法是借助国家及社会的能力，对被侵害的社会利益及犯罪人、被害人利益的恢复。在未成年人刑事诉讼领域中，恢复性司法成功搭建了涉罪未成年人与被害人及其家属之间进行和解与沟通的桥梁，使因实施犯罪活动而形成混乱局面的社会关系和社会秩序得到全面地整合与恢复。未成年犯罪人通过接受恢复性的惩罚方式，一方面期望得到受害群体的谅解，另一方面在真诚悔过的同时，能够重新塑造自己的人格和品质。

在处理未成年人刑事犯罪问题时，也是本着调节、协商等多种方式对未成年人进行教育和感化。例如，《儿童权利公约》第 40 条规定："应采用多种处理方法，诸如照管、指导和监督令、辅导、察看、寄养、教育和职业培训方案及不交由机构照看的其他方法，以确保处理儿童的方式符合其福祉并与其情况和违法行为相称。"《联合国少年司法最低限度标准原则》也规定："主管当局可以采用各种各样的处理措施，使其具有灵活性，从而最大限度地避免监禁。"这些规定渗透出的理念与恢复性司法的本源极为相符，再加上未成年人有着不同于成年人的心理特征，对于涉罪未成年人来说，应当对其犯罪行为依情况从轻处理。由此可以表明，将恢复性司法引入未成年人司法制度是可行的。

我国对未成年人恢复性司法的关注主要集中于 21 世纪初，并得到了理论界与实务部门的普遍认同。未成年人恢复性司法主要着眼于对未成年人的救济与改造，此时，犯罪人所面对的不仅仅是惩罚与改造，更多需要面对的是对受害者及其家人的弥补，由消极地等待惩罚转变成减

---

〔1〕 详见《关于在刑事事项中采用恢复性司法方案的基本原则》之附件：关于在刑事事项中采用恢复性司法方案的基本原则宣言要素草案初稿。

少对社会产生不良影响的积极行为，重要的是从惩罚中吸取教训，重新树立正确的观念，确定新的人生目标而不是一味地接受处罚。同时，恢复性司法本着和解、沟通为主的原则，如果当事人与犯罪人之间达成了一致意见，那么犯罪人可以减轻相应的处罚，转而使用其他的补偿方式，甚至能够免受牢狱之苦。这样不仅有利于未成年犯罪人的身心发展，也可有效地避免刑罚给其今后的生活带来的负面影响，帮助未成年人更好地回到社会。在法律允许的范围内，恢复性司法以修复受到损害的社会关系为目标，使国家利益和个人利益、被害人的权利和犯罪人的权利实现最大限度的平衡……而不再是仅仅以惩罚犯罪人为满足，更不是传统意义上的"以恶制恶"。[1] 也就是说，对待未成年犯罪人，应当本着教育、挽救的方针，用更为宽容的方式来替代严厉的监禁刑罚方式。但这并不等同于对未成年犯罪人所犯错误的放纵与无视，更不是对其所犯罪行的放任不管，而是以一种更加宽容、更柔和的方式，在受到相应惩罚的同时，更注重于通过更为人性化的方式感化未成年犯罪人的内心，使其从根本上认识到错误，虚心接受惩罚并从中吸取教训，积极面对犯罪所造成的结果，真正做到既保护未成年人的成长，又能够维护良好和谐的社会秩序。

在恢复性司法制度下，与对成年人的规定相比，裁判者对未成年人品性的评价持有较为宽泛的态度。通过证明未成年人的良好品性，期望将未成年犯罪人的污点最小化，伤害也最小化，使未成年人能够最大化地融入社会大家庭。对于证明未成年犯罪人不良的品性证据也应当仔细地加以分析，准确应用到对未成年犯罪人的矫正工作中，对症下药，帮助未成年人认识到错误并积极改正。可以说，恢复性司法蕴含的基本理念与未成年人品性证据规则的制定初衷不谋而合，该理念为品性证据规则的运用提供了理论上的支撑。

3. 全面审查原则。全面审查原则要求审理未成年人犯罪案件要从感化、教育的角度出发，对未成年人的社会交往、生活经历、心理状态进行分析。全面审查原则以更深入地了解未成年人各个方面的状况为目的，不仅对未成年人自身所具备的内在品质与外在行为进行衡量和评估，同时对与其日常生活息息相关的外在教育、生活环境及其父母、亲属、老师以及同学等密切接触的群体进行调查和询问，以便更准确、细

---

〔1〕 许疏影："刍议恢复性司法与未成年人司法保护"，载《法制与社会》2008 年第 9 期。

致地了解其性格特征、犯罪动机以及犯罪后的思想状况等诸多问题。对未成年人品性证据进行调查的范围及内容与全面审查原则所调查的内容有着异曲同工之妙。在调查品性证据时，主要围绕未成年人自身的情况（如生活经历、性格特征、兴趣爱好、心理特征等）、背景调查（如家庭成员构成及各自的情况、未成年人的学业情况及在校表现、校园及生活环境等）、与犯罪行为相关的调查（如犯罪的起因、犯罪动机、犯罪目的、手段、犯罪人有无前科或不良记录、认错及悔罪态度）等。

世界上的许多国家和地区都将全面审查原则纳入未成年人相关立法中。德国《少年法院法》第 43 条规定："在诉讼程序开始后，为了更准确地判断被告人心理上、精神上及性格上的特点，应当加快调查其生活情况和家庭状况，以及其成长经历、现在的行为及其他有关事项。"奥地利《少年法院法》第 43 条规定："少年法院在进行裁判前必须进行特别的少年调查程序，应当对被告人的生活情况和家庭关系、发育状况和有助于判断其身体、精神和心理状况的所有其他情况进行调查。"除此之外，日本《少年法》[1] 以及我国台湾地区"少年事件处理法"[2] 均提出了审理未成年人案件应当履行全面审查职责的要求。我国相关立法也从不同角度体现出全面审查原则的精神。我国《人民检察院办理未成年人刑事案件的规定》第 15 条第 3 款规定："审查起诉未成年犯罪嫌疑人，应当听取其父母或者其他法定代理人、辩护人、未成年被害人及其法定代理人的意见。可以结合社会调查，通过学校、家庭等有关组织和人员，了解未成年犯罪嫌疑人的成长经历、家庭环境、个性特点、社会活动等情况，为办案提供参考。"

4. 心理学基础。未成年人刑事诉讼以未成年人的心理特殊性为首要的考虑因素，可以说，未成年人刑事诉讼程序和制度的产生主要归结于未成年人特有的身心特征。众所周知，处于不同年龄段的人群身心的发展程度也各不相同，因此，在案件的调查和审理过程中，应当对未成年人投入更多的关怀和照顾。

---

〔1〕 日本《少年法》第 8 条规定："家庭裁判所可以命令家庭裁判所调查官，对少年、监护人或者可以提供参考资料的人员，进行其他必要的调查。"第 9 条规定："进行前条规定的调查，务必调查少年、监护人或者有关人员的人格、经历、素质、环境。"

〔2〕 我国台湾地区"少年事件处理法"第 19 条规定："少年法院接受第 15 条、第 17 条及前条之移送、请求或报告事件后，应先由少年调查官调查该少年与事件有关之行为，其人之品格、经历、身心状况、家庭情形、社会环境、教育程度以及其他必要之事项，提出报告，并附具建议。"

儿童时期是人类生长和发展的启蒙时期，无论是生理还是心理上都处于启蒙阶段，是一个各方面都需要开发的时期。少年时期是人类由儿童向成年人转变的过渡时期，也是世界观和价值观尚未完全成形的时期。无论是儿童时期还是少年时期，由于他们与社会真正接触的经历较少，思想较为单纯，尤其是对于正处在青春期的未成年人来说，在面对各种各样的复杂问题时十分容易产生困惑的心理。一旦困惑的情绪逐渐转化为焦躁、愤怒，未成年人将逐渐变得叛逆，容易和他人产生不必要的冲突，这些都是未成年人在生长发育阶段的心理特征。[1] 但是，正是由于其“叛逆心”和“冲动情绪”作祟，一些对社会和个人产生不良影响及伤害的犯罪行为也随之产生。[2] 未成年人心理的特殊性不仅体现在实施犯罪的行为方面，还贯穿于追诉犯罪的全部过程之中，并且随着诉讼进程的推进，他们的心理活动也相应发生变化。例如，在侦查阶段，被采取强制措施时未成年人感到孤单害怕，对家人的依赖和想念之情加重了着急和焦虑的情绪，为自己是否会受到惩罚感到担忧。随着诉讼进程的不断推进，焦虑的情绪使他们不断思考未来，后悔的情绪开始占据主导。实际上，未成年人的心理活动并不是一成不变的，他们的情绪非常脆弱，心理承受能力较差。因此，在办理未成年人案件时，办案人员应当重点考虑他们的心理特征。

基于未成年人的心理特点，从保护未成年人刑事诉讼权利的角度出发，对未成年人刑事案件的审理方式应当有别于审理一般刑事案件的方式，办案人员应当确保在行使国家追诉权的同时，适当给予未成年人更多的宽容与关照，消除庭审给未成年人带来的紧张感和恐惧感，将这种消极影响在未成年人心中的烙印减至最低。在未成年人刑事诉讼进程中允许品性证据的适用，就是出于对未成年犯罪人心理特点的考虑，应当对涉罪未成年人的成长经历、家庭情况、生活环境、教育环境、实施犯罪行为的原因及动机等进行全面的调查。在未成年人诉讼程序中，这些与案件事实无关的调查是必要的，[3] 但是在一般的诉讼程序中，这项调查通常来说是不存在的。因为对涉罪未成年人的惩戒并不是主要目

---

〔1〕 王丽娟：“心灵帮教：未成年人刑事诉讼心理干预的能动介入——以未成年人犯罪的制约机制为指向”，载《预防青少年犯罪研究》2013 年第 3 期。

〔2〕 陈雷、王丽娟：“对心理专家介入未成年人刑事诉讼的思考与探索”，载《青少年犯罪问题》2003 年第 6 期。

〔3〕 我国立法明确要求了在审理未成年人刑事案件时，应当对上述列举的有关方面作出调查。

的，感化和教育才是初衷。只有对未成年人的心理特征、品性特征进行全面的剖析，才能对症下药，制定出完整的感化、教育方针。

司法机关在诉讼过程中，对涉罪未成年人可以采取情感化的方式，用来代替严厉、粗暴的态度，促使未成年人端正态度，主动配合司法机关进行审查，并积极引导未成年人意识到自身的错误行为，转变错误思想，在树立积极正确的信念的同时，尊重涉罪未成年人的人格，切实保证其合法的诉讼权利。

（二）品性证据的法律依据

《联合国少年司法最低限度标准规则》（即《北京规则》）第 16 条规定："所有案件除涉及轻微违法行为的案件，在主管当局作出判决前的最后处理之前，应对少年生活的背景和环境或犯罪的条件进行适当地调查，以便主管当局对案件作出明智的判决。"

《未成年人保护法》第 55 条规定："公安机关、人民检察院、人民法院办理未成年人犯罪案件和涉及未成年人权益保护案件，应当照顾未成年人身心发展特点，尊重他们的人格尊严，保障他们的合法权益，并根据需要设立专门机构或者指定专人办理。"

《预防未成年人犯罪法》第 5 条规定："预防未成年人犯罪，应当结合未成年人不同的生理、心理特点，加强青春期教育、心理矫治和预防犯罪对策的研究。"第 44 条第 2 款规定："司法机关办理未成年人犯罪案件，应当保障未成年人行使其诉讼权利，保障未成年人得到法律帮助，并根据未成年人的生理、心理特点和犯罪的情况，有针对性地进行法制教育。"

2006 年出台的《人民检察院办理未成年人刑事案件的规定》第 6 条规定："人民检察院办理未成年人刑事案件，应当考虑未成年人的生理和心理特点，根据其平时表现、家庭情况、犯罪原因、悔罪态度等，实施针对性教育。"第 12 条规定："人民检察院审查批准逮捕未成年犯罪嫌疑人，应当根据未成年犯罪嫌疑人涉嫌犯罪的事实、主观恶性、有无监护与社会帮教条件等，综合衡量其社会危险性，确定是否有逮捕必要，慎用逮捕措施，可捕可不捕的不捕。"第 16 条第 4 款规定："审查起诉未成年犯罪嫌疑人，应当听取其父母或者其他法定代理人、辩护人、未成年被害人及其法定代理人的意见。可以结合社会调查，通过学校、社区、家庭等有关组织和人员，了解未成年犯罪嫌疑人的成长经历、家庭环境、个性特点、社会活动等情况，为办案提供参考。"

2001 年颁布的《最高人民法院关于审理未成年人刑事案件的若干

规定》第9条规定："审判未成年人刑事案件，应当注意掌握未成年被告人的心理和生理特点，依法准确、及时地查明起诉指控的案件事实；对于构成犯罪的未成年人，应当帮助其认识犯罪原因和犯罪行为的社会危害性，做到寓教于审，惩教结合。"第21条规定："开庭审理前，控辩双方可以分别就未成年被告人性格特点、家庭情况、社会交往、成长经历以及实施被指控的犯罪前后的表现等情况进行调查，并制作书面材料提交合议庭。必要时，人民法院也可以委托有关社会团体组织就上述情况进行调查或者自行进行调查。"第28条规定："法庭调查时，审判人员应当核实未成年被告人在实施被指控的行为时的年龄。同时还应当查明未成年被告人实施被指控的行为时的主观和客观原因。"

2006年出台的《最高人民法院关于审理未成年人刑事案件具体应用法律若干问题的解释》第11条规定："对未成年罪犯适用刑罚，应当充分考虑是否有利于未成年罪犯的教育和矫正。对未成年犯罪量刑应当充分考虑《刑法》第61条的规定，并充分考虑未成年人实施犯罪行为的动机和目的、犯罪时的年龄、是否初次犯罪、犯罪后的悔罪表现、个人成长经历和一贯表现等因素。……"

1995年颁布的《公安机关办理未成年人违法犯罪案件的规定》第10条规定："对违法犯罪未成年人的讯问应当采取不同于成年人的方式。讯问前，除掌握案件情况和证据材料外，还应当了解其生活、学习环境、成长经历、性格特点、心理状态及社会交往等情况，有针对性地制作讯问提纲。"

二、未成年人品性证据规则的本土培育

(一) 我国未成年人刑事案件中适用品性证据的现状

目前，我国在立法和司法实践中均未明确引入"品性"这一概念，不仅没有厘清品性的概念、范围、种类等问题，对品性证据的适用规则更是缺乏明确规定，仅在个别立法条文中提及少数应当考虑未成年人品性状况的情形。可以说，在审理未成年人刑事案件时，对品性的收集判断仅仅停留在要求的层面，并没有赋予其法律层面上的证据能力。因此，在审理未成年人刑事案件时，立法上的缺失导致司法实践中对品性证据的适用较为模糊，并直接造成了司法理念的相对落后、司法人员对适用品性证据的重视程度不够等问题。另外，由于缺乏统一的操作标准，各地司法机关在实践中对同一类型的品性证据适用的规则也各不相同，无形之中也就赋予了法官过于宽泛的自由裁量权。

立法的缺失同样形成了在品性证据收集和调查方式上较为混乱的情形。以调查主体为例，由于地域环境及各地政策环境的差异，对调查主体的认定也不尽相同。有些地区将公检法司人员作为证据的调查主体，有些地区允许律师也可以作为主体参与调查活动，且社会团体作为调查主体的情况也十分常见。此外，不同地区对品性证据的调查内容、调查方法以及采信标准也各不相同，适用品性证据的范围也没有统一进行界定，对于品性证据应当适用于何种阶段又在何种阶段应当予以禁止等问题尚未得到统一。

（二）品性证据在未成年人刑事审查起诉中的运用

我国立法规定，在对未成年犯罪嫌疑人进行审查起诉的过程中，检察部门应当向其父母或学校、家庭等有关组织和人员全面了解未成年犯罪嫌疑人过往的表现及有关情况。上述能够证明未成年犯罪嫌疑人品性的证据可以作为办案的参考内容。最高人民检察院于 2013 年 3 月发布的《未成年人羁押必要性审查工作细则（试行）》中提到，应当将品性特征作为审查未成年人羁押必要性的其中一个方式。也就是说，在审理未成年人刑事案件时，品性证据允许被适用于审查起诉环节中。但是，由于立法缺乏进一步的适用规范，实际上间接赋予了检察官较大的自由裁量权。但由于检察队伍中工作人员的业务素质参差不齐，对品性证据的参考情况也是大相径庭，实务中，不同地区的检察部门对品性证据的适用规则也不尽相同。上海市检察机关于 2005 年创设了非羁押措施可行性评估机制，并制作了《未成年犯罪嫌疑人非羁押措施可行性评估表》，表中将未成年人的个人情况、生活环境等反映其一贯品性的内容作为评估对象；广东省检察机关也开展了将品性作为审理未成年人刑事案件时应当考虑的一个要素的工作，并规定办案人员应当对未成年人的成长经历、家庭情况、性格特点、心理状态及社会交往等情况进行了解和掌握。[1] 河南省许多地区的检察院也对品性证据的适用作出了相应的要求：新密市检察院要求公安机关必须对未成年人的家庭背景、在社区内的一贯表现等情况进行调查，承办人如果对品性证据的调查结果没有异议，那么该证据应当予以采纳。如果经核实后，承办人发现品性证据的调查结果有误，应当重新组织调查。与此同时，品性证据也成为决定是否对未成年人作出批准逮捕决定的参考因素。山东省检察机关对未

---

〔1〕 详见2009年6月发布的《关于办理未成年人刑事案件的若干意见》。

成年犯罪嫌疑人品性的调查也较为重视。以日照市东港区检察院为例，该院制定了《东港区人民检察院关于对未成年犯罪嫌疑人（被告人）进行捕（诉）前品性调查的意见（试行）》，详细规定了允许进行品性调查的案件范围及内容，并将品性证据作为是否对犯罪嫌疑人实施批准逮捕的参考因素。[1] 由此可见，立法的空白一方面使得各地检察机关产生了适用品性证据时的差异，另一方面又间接赋予了未成年人刑事案件的承办人员一定程度的自由裁量权，进而形成了多样的适用局面。有些人员赋予品性证据实质上的意义，有些人员仅在形式上将其作为参考；有些人员对品性证据的审查较为重视，有些人员则对品性证据考虑得较少；[2] 有些人员在作出某项决定时将品性作为主要的考虑因素，有些人员则对品性证据采取不予采纳的态度。针对当前较为混乱的司法现状，在未成年人品性证据制度尚未成熟的情况下，急需对品性证据在刑事诉讼各个阶段的适用规则作一探究。

1. 品性证据在未成年人附条件不起诉制度中的运用。在审查起诉阶段，建议允许在未成年人附条件不起诉制度中采纳品性证据。目前，世界上的许多国家均作出了类似规定。《联合国关于检察官作用的准则》对检察官在决定是否对未成年人提起公诉时应当特殊考虑其品性这一问题作出了规定：“在检察官拥有决定应否对少年起诉酌处职能的国家，应对犯罪的性质和严重程度、保护社会和少年的品格和出身经历给予特别考虑。”日本《刑事诉讼法》第248条规定：“根据犯罪人的性格、年龄及境遇、犯罪的轻重及犯罪后的情况，没有必要追诉时，可以不提起公诉。”通常来说，检察机关在作出是否暂缓对未成年犯罪嫌疑人提起公诉决定之前，需要衡量该犯罪嫌疑人是否存在人身危险性，即是否存在给社会带来危害的可能性。也就是说，人身危险性衡量的是犯罪嫌疑人是否仍存在再次犯罪的可能性。我国《刑法》第72条和第81条分别将“不致再危害社会”作为适用缓刑和假释的前提条件之一。那么，人身危险性，也就是“不致再危害社会”的衡量标准是什么呢？有学者指出，个人的文化素养、成长经历，犯罪前后的表现等决定人身

---

〔1〕 上述列举的对全国一些省份和地区品性证据的适用规则的信息均来自于陈星亮：“品行证据在未成年犯罪嫌疑人逮捕程序中的适用——以刑事处遇个别化为视角”，载《证据学论坛》2013年年刊。

〔2〕 刘丽霞、路海霞、尹璐：《品格证据在刑事案件中的运用》，中国检察出版社2008年版，第238页。

危险性。[1] 此外，英国研究人员更加深入地研究并揭示出了衡量人身危险性的其他因素，其中包括反社会的观点、缺乏自我控制、对被害人缺少同情、滥用药物以及经济压力等。[2] 在分析了人身危险性的影响因素后，将焦点转移到品性的内涵及界定范围。英国学者 Peter Murphy 在其著作中曾经提到过，品性证据至少应当包括以下三种明确的含义："首先，品性可以指代为声誉，即某人在其生活的社区内获得的他人所给予的总体评价，其中既包括好的声誉也包括不好的声誉；其次，品性还可以显示出一个人的性格倾向，即某人所体现出的经常性、一贯性作为；最后，品性也包括在某人身上所发生的历史上的特定事件。如因某些违法行为或犯罪行为而被定罪。"[3] 通过将人身危险性的影响因素与品性证据的内涵进行考察和对比，不难发现二者之间具有很大程度的相关性。因为品性证据具有对人身危险性的反映及预测功能的原因在于：从生物学上看，品性的形成是由于人们通常都会对其行为以及分析问题解决问题的思维方式进行重复所造成的。[4] 也就是说，品性证据能够反映出一个人一直以来的思想活动、情绪控制以及做事行为。再加上未成年人做事比较直接，思想较为单纯，不善于伪装的特征，将品性证据适用于附条件不起诉制度当中，作为分析其是否具有人身危险性的依据具有较大的可信性。相对来说，也具有较强的证明力。

2. 品性证据在未成年人审查逮捕程序中的运用。

（1）对未成年犯罪嫌疑人犯罪时和犯罪后的表现进行充分、全面的评估。在决定是否对未成年犯罪嫌疑人作出逮捕的决定时，应当根据犯罪时和犯罪后的表现，充分考虑未成年犯罪嫌疑人是否具有犯罪的主观恶性、是否存在一定的社会危害性等因素。这些因素可以通过对未成年犯罪嫌疑人犯罪时和犯罪后的表现进行评估来作出判断。若评估结果证明未成年犯罪嫌疑人对社会造成的危害性较小，其本身属于轻微犯罪，那么，可以认为该未成年人不具有逮捕的必要性。反之，若该未成

---

〔1〕 叶厚隽："试论刑罚个别化根据：人身危险性"，载《河南师范大学学报（哲学社会科学版）》2005 年第 5 期。

〔2〕 蔡雪冰、罗小光："社区矫正对象人身危险性预测"，载《邵阳学院学报（社会科学版）》2005 年第 5 期。

〔3〕 Peter Murphy, *Murphy on Evidence*, Oxford University Press, 8th Edi. , p. 116.

〔4〕 苏力：《送法下乡——中国基层司法制度研究》，中国政法大学出版社 2000 年版，第 234 页。转引自刘丽霞、路海霞、尹璐：《品格证据在刑事案件中的运用》，中国检察出版社 2008 年版，第 240 页。

年犯罪嫌疑人具有较大的社会危害性，则应当依法执行逮捕程序，对其采取逮捕措施。

综上，在司法实践中，对社会危害性及主观恶性的评估主要可以依据以下原则作出定论：

第一，被指控罪行属于应当处以死刑或10年以上有期徒刑范围的犯罪，系属社会危险性较大的品性证据。

第二，罪行可能判处10年以下有期徒刑，但危险较大、行为较恶劣、连续多次犯罪、集团犯罪主犯等，其社会危害性较大，主观恶性较高，属于评估社会危险性较大的品性证据。

第三，罪行偏重，具有一定社会危害性，但具有法定、酌定从宽处罚的情节，主观恶性相对较小，属于评估社会危险性较小的品性证据。

第四，犯罪情节轻、社会危害性小、主观恶性低，如初犯、偶犯、预备犯、中止犯等属于评估社会危险性小的品性证据。[1]

未成年犯罪嫌疑人在讯问中的认罪态度也是评价其主观恶性大小的依据之一。认罪态度包括他们在接受讯问时的供述情绪和态度，是否有自首情节，是否能真正意识到错误所在，是否为弥补被害人所受到的伤害而做出努力。另外，如未成年犯罪嫌疑人的行为严重侵害了国家安全、公共安全和个人的生命安全，可以认为该行为的社会危害性强、暴力程度高、主观恶性较强，因此，可以作为社会危险性较大的品性证据。

（2）充分考虑罪前的良好品性证据。由于未成年人做事较为简单，性格单纯，不善于伪装，可以说，未成年人的品性从一定程度上能够证明其一贯的行为倾向。良好的品性可以间接证明未成年犯罪嫌疑人具备良好行为的一贯性特征，虽然良好的品性证据不具备很高的证明力，但是从保护未成年人利益的角度来讲，好的品性能够为他们赢得司法人员的信赖，使司法人员更容易相信他们并不具有较大的社会危害性，能够给未成年犯罪嫌疑人带来有利于他们的推定，也有利于引导他们参与恢复性司法。

（3）依情况处理罪前的不良品性证据。在一般情况下，证明未成年犯罪嫌疑人具有不良品性的证据应当予以排除。这也是司法人员在评估品性证据时的一致做法。这样做的目的主要是防止办案人员先人为主

---

〔1〕 陈星亮："品行证据在未成年犯罪嫌疑人逮捕程序中的适用——以刑事处遇个别化为视角"，载《证据学论坛》2013年年刊。

地产生对未成年犯罪嫌疑人所犯罪行的内心确信，增加了办案人员易对未成年犯罪嫌疑人产生偏见的可能性。不良品性证据所带来的危害性十分容易影响法庭作出的最终判决，可以说，排除不良品性证据的使用是对未成年犯罪嫌疑人的保护，也是对未成年人恢复性司法的品质内涵的呼应。

（三）品性证据在未成年人刑事审判中的运用

《联合国司法少年最低限度标准规则》规定："所有案件除涉及轻微违法行为的案件，主管当局作出判决前的最后处理决定之前，应对少年生活的背景和环境或犯罪的条件进行适当的调查……"德国《青少年刑法》第43条规定："在审理开始前，应当尽快地对有助于判断被告人道德、思想和个性特点的被告人的生活和家庭情况、成长过程、迄今为止的行为以及所有其他情况进行调查。"日本《少年法》第11条规定："要调查少年与家庭及监护人的关系、境遇、经历、教育程度及情况、不良行为经过、品性、案件关系、身心状况等。"在审判阶段，司法机关在办理未成年人刑事案件时，不仅需要积极地收集并审查与案件事实相关的证据，还应当对未成年人的生活背景、身心状况、道德品质、在家庭及社会上的一贯表现等问题进行全面、细致的调查。通过剖析未成年人的成长过程，期待更加全面地了解未成年人的犯罪动因以及犯罪目的，以达到正确定罪、准确量刑的结果。[1] 基于未成年人的身心发育尚未成熟，情绪波动较大，叛逆心理较强，作出违法行为往往只是由于一时冲动，并不是蓄谋已久并有计划地实施犯罪。并且未成年人并不属于完全行为能力人，对他们的惩罚应当本着教育、感化和挽救的方针，通过调查未成年人品性的方式充分了解其过往的一贯表现和倾向，并在审判程序中发挥作用。

1. 品性证据在未成年人暂缓判决程序中的运用。未成年人暂缓判决是少年法庭在刑事诉讼活动中，对已构成犯罪并符合一定条件的未成年被告人，先暂不判处刑罚，而是由法院设置一定的考察期，让被告人回到社会上继续就业或就学，对其进行考察帮教，待考察期满后，再根据原犯罪事实和情节，结合被告人在考察期的表现予以判决的一种探索性的审判方法。[2] 暂缓判决的作出需要对未成年被告人进行多方面的

---

〔1〕 康树华：《预防未成年人犯罪与法制教育全书》，西苑出版社1999年版，第707页。

〔2〕 陈建明："未成年人暂缓判决的实践与思考"，载《青少年犯罪问题》2002年第2期。

考察。判断未成年被告人是否具备适用暂缓判决的资格，首先应当从被告人罪行的轻重程度、悔罪态度等方面进行审查，还应当考察未成年被告人在日常生活中的一贯表现，并将未成年被告人的品性审查一并列为暂缓判决的适用标准。基本上，品性证据在充分地反映出未成年人的生理、心理因素的同时，还能够准确地反映给未成年人造成影响的社会因素。将品性证据作为作出暂缓判决的参考依据，使司法人员在定罪的过程中不仅考虑到其行为的严重性和危害性，还兼顾了未成年人的品性。这样可以更加全面地反映出未成年人的恶性，不会因未成年人一次大的恶行而忽视平日之善行；也不会仅将未成年人一次小的恶行放入视野，而漠视其平日的为非作歹。[1] 因此，应当把未成年被告人是否具有良好品性作为是否对其作出暂缓判决决定的前提条件之一。

正如本书之前所述，品性证据能够体现出未成年人的人身危险性。在审判程序中，适用缓刑判决的对象一定是已经触犯法律的未成年被告人。但是，如果司法人员从不同的角度分析未成年被告人的行为之后，认为被判定为有罪无罪皆可，那么，在这种情况下，就需要借助品性证据所反映出的未成年人的品质和一贯表现来帮助裁判者作出判断。如果对品性证据的分析结果显示未成年被告人的人身危险性较小，尚不足以对社会造成危害，那么此时就不应当对未成年被告人进行定罪惩罚。

2. 品性证据在未成年被告人定罪中的运用。

（1）品性证据与定罪的相关性。英国的一位法官曾经说过："在逻辑上，被告的好品格与其可信性是相关的，也与是否会实施争议中的犯罪相关，这是早已公认的原则。"可以说，一个人的行为习惯与其自身的生理、心理因素及其生活的社会环境因素有着密切的联系，品性证据能够体现出其长久以来形成的品格，并且将实施行为的主体与之做出的某种行为相联系，用来证明行为人与该行为之间的因果关系，从而推断出该人的人身危险性。人身危险性是判断涉罪未成年人罪与非罪、应判处何种刑罚的重要依据。并且，人身危险性能够通过其品性反映出来，并根据其品性作出从轻定罪或不予定罪的决定。例如，如果一个人长期以来具有良好的品性，那么就有理由推断出，他与长期以来具有不良品性的人相比，在一定程度上具有较低的人身危险性。人身危险性是由行为人特定人格决定的犯罪可能性或再犯可能性，是特定人格事实和规范

---

〔1〕 翟中东：《刑法中的人格问题研究》，中国法制出版社2003年版，第95页。

评价的统一。[1] 品性证据与定罪间的因果关系是：长期的行为习惯→品性证据→人身危险性→定罪。因此，品性证据与未成年人案件中的定罪问题具有相关性。

（2）涉罪未成年人品性证据在定罪阶段的采纳规则。在定罪阶段，最终得到法庭采纳的证据一定具备证明定罪所依据的事实主张的能力。这里的事实主张包括判断涉罪未成年人是否构成犯罪的基本要素。由于未成年人品性证据与犯罪行为之间通常并不具有直接、必然的联系，总体来说，定罪阶段涉罪未成年人品性证据不能用于证明其犯罪行为，但下述例外情形除外：

涉罪未成年人可以提出与犯罪事实直接相关并能够证明自己具有良好品性的证据。当被告人的品性与被控事实具有直接联系时，可根据现有证据向法官提出对未成年人定罪并不是最好的办法，这就为未成年人提供了一次难得的为自己辩护的权利。当未成年犯罪人提出证明自己具有良好品性证据后，检察机关仍可以向法庭提供该未成年人具有不良的品行记录，但该证据必须与未成年人提出的良好品性证据所证明的范围相一致。《美国联邦证据规则》第404条（a）（1）项就作出了如下规定："当涉罪未成年人提出能够证明自己品格良好的证据时，允许公诉方提出与该良好品性相对应的不良品性证据进行反驳，但不能使用被告没有提出的或针对其他方面的不良品性证据进行指控。"

需要值得注意的是，只有在被告人先提出品性证据时，即被告方先打开品性证据之门时，公诉方才可以使用与被告方提出的品性证据相对应的反驳证据。公诉方不可以先于被告方提出不利于被告方的不良品性证据，即使该证据与犯罪事实相关。例如，如果未成年被告人被指控故意伤害罪，当被告人提出能够证明自己具有安静、平和的良好品性证据时，公诉方也可以提出能够证明其具有暴力倾向的不良品性证据。但如果被告人没有率先提出证明自己具有安静、平和等良好品性的证据，则不允许公诉方提出证明被告方具有暴力倾向的品性证据。

3. 品性证据在未成年被告人量刑中的运用。

（1）品性证据与量刑的相关性。英国学者肯尼教授曾经说过："在定罪之后，在确定对被告人处以何种刑罚时，被告人的品性证据总是具

---

〔1〕 赵永红："人身危险性概念新论"，载《法律科学（西北政法学院学报）》2000年第4期。

有重要的意义。"[1] 法官对被告人的犯罪行为量刑时，同样应当考虑其人身危险性，以判断是否具有再犯罪的可能性以及对社会产生的危害性。量刑一般从如下两个方面考虑：首先，确定基础刑期；其次，以基础刑期为依据，综合研究后作出宣告刑。[2] 第一步是对被告人量刑的均衡考量，从罪责刑相适应的角度出发，考量的是刑罚的幅度问题。第二步则是根据罪行之外的其他因素对被告人进行个别考量，判断其是否具有再犯罪的可能性，并决定最终量刑。另外，由于未成年人生活范围较为狭窄固定，加之其行为不易伪装、较为真实的特性，用品性证据反映未成年人的性格倾向（即人身危险性）具有一定的可信性。因此，法官在量刑时，应当同时将被告人犯罪行为所适用的刑罚与被告人的人身危险性纳入考量范围。我国立法针对这一问题作出了明确规定。[3] 此外，美国《联邦刑事诉讼规则》也规定，为了确认被告人具有何种程度的人身危险性，法官有必要在陪审团作出事实认定、得出其行为构成何种犯罪的结论以后，并且在量刑环节之前，阅读能够证明被告人具有何种品性的报告。在这种情况下，被告人的品性证据对证明其人身危险性无疑具有直接的相关性。[4] 《联邦德国刑法》第 46 条也列举出了法院在量刑时特别应注意的事项。[5]

综上所述，法庭在量刑时，不仅要考虑被告人的犯罪行为的严重程度，还应当考虑其人身危险性的大小。可以说，在量刑程序中适用品性证据有助于促进刑罚个别化的实现。

（2）涉罪未成年人品性证据在量刑阶段的采纳规则。相对于定罪证据，品性证据的作用能够被更多地体现在其作为量刑依据的身份上。

---

〔1〕［英］J. W. 塞西尔·特纳：《肯尼刑罚原理》，王国庆等译，华夏出版社 1989 年版，第 559 页。

〔2〕 陈兴良：《本体刑法学》，商务印书馆 2001 年版，第 98 页。

〔3〕《最高人民法院关于办理未成年人刑事案件适用法律的若干问题的解释》中指出："在具体量刑时，不但要根据犯罪性质、犯罪情节，如犯罪手段、时间、地点、侵害对象、犯罪形态、后果等，而且还要充分考虑未成年人犯罪的动机和目的、犯罪时的年龄、是否初犯、偶犯或者惯犯等情况，决定对其适用从轻处罚还是减轻处罚，以及从轻处罚或者减轻处罚的幅度，使判处的刑罚有利于未成年罪犯的改过自新及健康成长。"

〔4〕 俞亮："品格证据初探"，载《中国人民公安大学学报》2004 年第 4 期。

〔5〕《联邦德国刑法》第 46 条规定："犯罪人的犯罪动机和目的，行为所表露的思想和行为时的意图，违反职责的程度，行为方式和犯罪结果，犯罪人的履历、人身和经济情况，及犯罪后的态度，尤其是为了补救损失所做的努力。"详见徐久生、庄静华译：《德国刑法典》，中国法制出版社 2000 年版，第 57 页。

量刑的证据范围，包含了定罪证据以及量刑时应当考虑的从重、加重、从轻、减轻或免于刑事处罚的证据。在对被告人量刑时，要充分考虑被告人在犯罪前后的客观表现以及与其品格相关的证据，如被告人的个人信息、教育背景、家庭状况、成长环境、职业情况、收入状况、心理健康情况、前科劣迹、人身危险情况以及回归社会的可能性等。[1] 因此，在量刑阶段通常并不对品性证据的使用进行严格限制。

在量刑阶段，涉罪未成年人品性证据的采纳规则为：

第一，被告人可以在量刑阶段提出证明其品性的证据，用来减轻或争取适当的刑罚，但该证据必须在被告人已经对其犯罪事实供认不讳之后提出。也就是说，在法庭对被告人作出定罪之后，即将讨论对被告人量刑之时才允许控辩双方分别提出与量刑有关的、可用于证明被告人品性的证据。目前可以考虑的模式是将庭审划分为：法庭审理环节→定罪评议→量刑评议→庭审宣判环节→法庭宣判环节。[2]

第二，未成年人有权向法庭提供品性证据，争取获得减轻刑罚的机会。公诉方在量刑阶段也可以对涉罪未成年人的生活背景进行调查，并将上述证据向法庭出示。裁判者可参考控辩双方提出的证据对被告人进行具体量刑。

三、未成年人犯罪记录证据规则

（一）犯罪记录概述

1. 犯罪记录的含义。“记录”一词，指的是在某一时刻对某件事情的发生过程进行客观记述的材料。“记录”的内容应当是客观的，对事件发生过程的记述不应当掺杂记录人任何的主观意见。犯罪记录（Criminal Record）就是对实施犯罪行为的个体所留下犯罪信息的存储和记载，其内容包含着两层含义：一是能够证明未成年人实施违法犯罪行为的客观事实；二是用来记载犯罪事实以及整个刑事诉讼过程的裁判文书。简而言之，犯罪记录既是犯罪事实的载体，也是对诉讼过程及刑事判决的客观记载。犯罪记录应当记载着与行为人犯罪情况相关的所有内容与资料。德国是目前为止将犯罪记录制作得较为完整的国家。在德

---

〔1〕 樊崇义、杜邈：“专家解读新刑诉法：定罪证据与量刑证据要区分”，载《检察日报》2012年6月4日，第3版。

〔2〕 吴海云：“品格证据在未成年人刑事案件中的运用及制度构建研究”，载上海市人民法院未成年人刑事检察处编写：《未成年人刑事检察理论与实务研究》论文集，第342页。

国，犯罪记录包括被告人所应依法承担的刑事责任，强制监护、禁戒、感化教育、警告、被判处刑罚保留等内容，同时还包括确定未成年人犯罪所应承担的罪责，但在未成年人犯罪执行处罚时，渡过禁止期后，才依法对其作出裁决。相较之下，无论是在我国的立法体系还是实践操作中，对犯罪记录问题的规定鲜有涉及。无论是程序法中的犯罪记录登记、封存制度，还是证据法视野下的犯罪记录的证据属性及证明力问题，均没有得到系统的规定。

事实上，犯罪记录就好比行为人的犯罪行为资料库，其中记录着行为人所有与犯罪相关的信息资料。在实体法领域内，如果想确认某一犯罪的刑期是否合适，或者在其再次犯罪时是否涉及对前罪刑罚进行修正的问题，就必须以执行的刑罚效果来衡量，同时，犯罪记录数据也为立法机构进一步完善检验刑罚罪名及刑罚期限是否科学得当提供有效帮助，还能在程序法范围内确保刑事诉讼更好地得到贯彻和执行，并且不断地完善信息资源。

2. 我国立法对未成年人犯罪记录的要求。在宽严相济的形势政策的引领之下，秉承着教育、感化、挽救的方针，为了更加符合未成年人司法未来的发展趋势，2012 年修改的《刑事诉讼法》首次设立了未成年人犯罪记录封存制度，并于第五编第一章“未成年人刑事案件诉讼程序”的第 275 条[1]呈现出来。

我国《刑事诉讼法》第 275 条中的规定是对犯罪记录封存制度的体现，其中蕴含了以下几个方面的内容：①封存对象：实施犯罪行为时年龄不满 18 周岁，并仅限于被判处 5 年有期徒刑以下刑罚的未成年犯罪人；②封存的要求：“应当”封存；③封存的结果：不得向任何单位或个人提供；④封存的例外：司法机关办案需要或根据国家规定可以进行查询。通过对法条进行拆分，可以将未成年人犯罪记录封存这一概念归纳为司法机关应当对符合法律规定的轻罪未成年人的犯罪记录予以封存和保密。除司法机关办案需要或法定情形以外，任何单位和个人都不得对犯罪记录进行查询。

我国对犯罪记录封存的规定具有以下特点：①我国对犯罪记录封存

---

〔1〕《刑事诉讼法》第 275 条规定：“犯罪的时候不满 18 周岁，被判处 5 年有期徒刑以下刑罚的，应当对相关犯罪记录予以封存。犯罪记录被封存的，不得向任何单位和个人提供，但司法机关为办案需要或者有关单位根据国家规定进行查询的除外。依法进行查询的单位，应当对被封存的犯罪记录的情况予以保密。”

的对象作出了明确的划分，指出其并不适用于所有未成年犯罪人，而是对被判处5年以下有期徒刑、拘役、管制的未成年人提供了保护的机会。②我国犯罪记录封存制度只适用于“人民法院作出生效判决后的未成年犯罪人”[1]，基于无罪推定原则，并不适用于人民检察院作出相对不起诉、附条件不起诉案件中的未成年犯罪人，同时也不适用于执法机关在办理案件时的调查情况及犯罪记录。但是，根据最高人民法院、最高人民检察院、公安部、国家安全部于2012年5月10日印发的《关于建立犯罪人员犯罪记录制度的意见》第4条的规定，执法机关有权对未成年人的犯罪记录作为工作记录予以保存。③对未成年犯罪人犯罪记录进行封存的行为为司法机关的主动行为，负有封存职责的司法机关必须依法进行封存，并非酌定行为，也不需要当事人经历事先申请的环节。④尽管存在封存的例外情形，但仍应当进行严格把关，不能随意解除封存。⑤我国并没有前科消灭制度，犯罪记录封存为不完全消灭前科的做法，因此，犯罪记录封存并不等于将犯罪记录完全消灭。

随着现代社会的不断发展，我国未成年人犯罪的人数一直呈现逐年递增的趋势，未成年人犯罪已成为我国乃至全世界广泛关注的焦点问题。相对于成年人来说，未成年人的生理和心理存在着明显的差异，自我控制能力与辨别是非的能力相对较弱。再加上未成年人大多数都是以激情犯罪为主，只是由于一时的情绪激动而导致错误行为的发生，并非长时间、有预谋的故意行为，对未成年人不应一味地进行惩罚。对于未成年人而言，人生才刚刚开始起步，比起惩罚来说，更重要的是教育他们为将来负责，帮助他们今后走向正确的人生道路。在选择惩罚还是保护的天平上，教育、感化和拯救未成年人，帮助他们重新回归社会的分量应当更加厚重。封存未成年人的犯罪记录为未成年人减轻了由于犯罪所带来的来自工作、学习和生活等方面的压力，减轻了未成年人心理上的负担，为未成年人创造了良好的社会环境，在加强未成年人的保护方面起到了表率作用。

（二）先前定罪的证据问题

1. 未成年人先前定罪判决的既判力。国家通过刑事诉讼实现刑罚

---

[1] 笔者得出此结论的依据为《人民检察院刑事诉讼规则（试行）》第503条，该条规定：“犯罪的时候不满18周岁，被判处5年有期徒刑以下刑罚的，人民检察院应当在收到人民法院生效判决后，对犯罪记录予以封存。”其中“收到人民法院生效判决后”一句恰好说明了犯罪记录的封存对象应当只适用于生效判决。

权，这是国家设置刑事诉讼制度的根本所在，其目的在于国家以和平、权威的方式有效解决被追诉的当事人与国家之间的冲突。实现实体正义固然重要，刑事审判公平、公正、及时终结也与实体正义同样重要。这种依法设置的法定程序和步骤，一旦经控方启动，就会产生具有法律效力的裁决，这个裁决具有代表国家的权威性以及被赋予的强制执行力。在刑事判决的多种效力中，既判力当属其中的一种。既判力又称实质确定力，是与形式确定力相对应的法律概念。形式确定力是针对判决不可上诉或不可争辩的制度制定的，而既判力是指在法院判决书中认定被告人是否应承担检察机关指控的犯罪事实所带来的刑事责任，这种判决发生法律效力之后即可成为控辩所应遵守的准则，在此之后检察机关必须按此准则行使诉讼权利，不得提出与该准则相悖的主张，法院在审判过程中也不得作出与该准则相互矛盾的判决。这种终局判决具有使该案件脱离该审级的效力。

既判力包括既决事由的效力范围及程序安定性两方面内容[1]。在一般情况下，法院作出的终审刑事判决具有法律约束力，控辩双方均无权继续诉讼，即控方不能针对该案再行提起公诉，辩方亦不得再次上诉，同时该既决事由在判例法的国家可以成为法官裁判的根据。

刑事判决成立的前提是送达或者宣判，但对于一审判决而言，被告可以通过上诉程序，检察机关可以通过抗诉程序请求上级法院改判一审判决。但一旦终审判决生效后，控辩双方将无法用普通救济程序实现变更或撤销该判决的目的。此时产生的不仅仅是形式上的确定力，判决的既定力及其附带的执行力也一并产生。[2] 这种因判决内容而产生的实质效力，能够确保判决书的实质内容在法律上获得稳定的保障。

在刑事诉讼过程中，当事人被驳回上诉请求、抗诉或者超出法定上诉期限没有上诉、抗诉的判决，或者最高人民法院作出的判决，均为终审判决，一经作出即产生了既判力。对此，我国《刑事诉讼法》第248条第2款已经作出了明确规定："下列判决裁定是发生法律效力的判决裁定：①已经超过法定期限没有上诉、抗诉的判决裁定；②终审的判决裁定；③最高人民法院核准的死刑判决和高级人民法院核准的死刑缓期二年执行的判决。"对此类判决，即便存在瑕疵，当事人也必须遵守。

---

〔1〕 施鹏鹏："刑事既判力理论及其中国化"，载《法学研究》2014年第1期。

〔2〕 林朝荣、林芸浓：《既判力与二重危险之研究》，台湾一品文化出版社2009年版，第27页。转引自施鹏鹏："刑事既判力理论及其中国化"，载《法学研究》2014年第1期。

但该效力又有肯定效力与否定效力之分，肯定效力是指用尽所有救济途径后，法院作出的判决即为终审判决。否定效力是指刑事判决生效后，公权随即消灭，检察机关针对同一犯罪不能重复起诉，法院亦不能重新审判。

刑事终审判决不仅对内具有前文所述的约束力，案外公众也必须遵守。这一问题要从刑事判决的最优效力和公众可直接使用判决书所认定的证据及其事实谈起：首先，刑事判决的内容与社会秩序通常存在关联，但法院作出的判决具有优先于其他文书的效力。如果该刑事案件与其他民事、行政案件有所牵连，民事、行政判决不得与刑事判决内容相互矛盾。同时，不论法院作出的判决认定被告人有罪与否，任何单位和个人均可使用该判决所认定的事实提起诉讼或进行抗辩。

《最高人民法院关于民事诉讼证据的若干规定》对之前已经生效的裁判文书作为证据问题作出了明确具体的规定。在施行的近 15 年里，为高效公正审判案件作出了积极的贡献。由于法院作出的裁判文书运用简单方便，在司法实践中被广泛使用。在强调法院裁判文书直接作为证据使用优势的同时，我们也应注意到受执法环境的影响及当事人自身的诉讼能力差异影响，针对特定案件谁都无法保证人民法院所作出的裁判文书完全是正确的，也就是说，法院裁判文书所确认的事实是相对客观真实的，不具有绝对的效力，并且法律赋予法院裁判文书的既判力目的在于维护司法的权威性而非必须维护裁判文书所确认的事实。如果当事人有充分的相反证据能够推翻原判决，则应根据《最高人民法院关于民事诉讼证据的若干规定》第 9 条，认定该判决内容的不能作为证据使用。对刑事裁判文书既判力的适用也可以依据上述规定来执行。

但值得注意的是，依据法学理论，人民法院已经发生法律效力的裁判文书作为证据应属于传来证据范畴。人民法院生效裁判的既判力理论奠定了裁判文书所确认的事实相对具有较高证明力的基础，因此任何单位和个人均无权撤销已经发生法律效力的裁判文书，法律之所以保护法律文书所确认的事实，是因为该事实是经过法定程序审查确认的，故该事实又称为免证事实，不论是当事人还是法院，均受其约束。这一规定，有利于维护社会稳定，也能够减少当事人的诉讼成本。

2. 对未成年人先前定罪判决的采纳。

（1）先前定罪判决的相关性。无论是大陆法系国家还是普通法国家，都普遍认同这样的观点，即对于仅仅因为行为人有先前的犯罪记录就推定其更有可能实施某项犯罪的做法是不适当的。但是，这并不意味着先前定罪与后罪的刑事责任裁判之间不具有任何相关性。虽然在大陆法系国家曾有学者提过这样的观点，即同一行为人先前的犯罪记录与后罪的刑事责任裁判之间完全不具有相关性[1]，但这一观点早已经被主流观点所推翻。也就是说，在具体案件中，如果先前定罪能够直接或间接证明后罪中的行为人有罪，就不应当禁止根据先前定罪对后罪中的事实进行认定。该做法满足证据相关性的要求，因为先前的定罪记录与待证事实之间存在逻辑上的联系，并且能够帮助事实认定者对案件中的某项事实存在的可能性提供判断依据。

先前的犯罪记录通常在证明以下两种情形时被视为具有相关性：一是能够证明犯罪的构成要素，如故意或特定的作案手法；二是用来确定行为人具有某种特殊倾向。故意或特定的作案手法可以解释为：假设某人有着长期的偷窃行为，且这些行为都已经被记录在案，并且这些盗窃行为都是因为受到突然诱惑而实施的冲动行为。那么，在这种情形下，法官可以依据盗窃记录判处被告人犯有盗窃罪。[2] 为了证明犯罪构成要素的统一性，英美法系法官通常会进一步要求犯罪记录的证明程度，通常需要达到先前犯罪的具体情形能够体现出明显的“标志性特点”或成为一种“标签”。用来推断行为人具有某种特殊倾向的犯罪记录可以被看做是一种品性证据。证明行为人具有某种倾向的相关性前提是事实认定者确实能够从先前定罪记录中找到体现出行为人具备这一倾向的要素，且倾向性越具有显著特征，该推论就越具有合理性。例如，在德国，当男同性恋被犯罪化以后，法庭允许将这种犯罪的先前定罪记录作为之后以同一罪名被指控的案件的间接证据。

（2）先前定罪判决的可采性。在大陆法系国家，法官在审理案件时虽然可以将先前定罪作为证据使用，但通常不允许用来证明被告人以证人身份作出证言的不可信性。然而，普通法系国家的做法与大陆法系

---

〔1〕 此类观点分别在德国与意大利均有所体现，例如，在德国的表现可以参见 Theodor Kleinknecht & Karlheinz Meyer, Strafprozebetaordung [Code of Criminal Procedure] 820 (38th ed. 1987) [commentary to paragraph 243 (IV) of the Code of Criminal Procedure] 同时，这些宣言性内容在意大利也很常见。I owe this information to Michele Taruffo. Letter from Michele Taruffo to Mirjan R. Damaska, Ford Foundation Professor of Law, Yale University (Feb. 7, 1994) (on file with author). 转引自［美］米尔吉安·R. 达马斯卡:《比较法视野中的证据制度》，吴宏耀、魏晓娜译，中国人民公安大学出版社 2006 年版，第 292 页。

〔2〕 Sybille Bedford, *The Faces of Justice*: A Traveller's Report 145, 1961. 转引自［美］米尔吉安·R. 达马斯卡:《比较法视野中的证据制度》，吴宏耀、魏晓娜译，中国人民公安大学出版社 2006 年版，第 293 页。

国家恰好相反。在普通法系国家，如果被告人决定在法庭辩护时以证人的身份作证，那么，先前定罪被用来作为弹劾作为证人的被告人的可信性的情形是十分普遍的。

《美国联邦证据规则》第609条(a)(2)款项规定："任何证人曾被定罪的证据，如果该罪行涉及不诚实或虚假陈述，则无论其刑罚如何，均可采纳。"本条规定使大多数证明证人诚实性品质的先前定罪具有可采性。也就是说，如果提出先前定罪记录的目的是用来弹劾证人的诚实性，那么该记录可以被法庭所采纳。但事实上，这种做法很容易导致偏见情形的发生。我们知道，用于定罪的事实往往是对某人实施不良行为的见证，而定罪结果则是社会对实施此种不良行为的人作出的最终裁判，表达出人们对这种道德恶性的憎恨。基于这种先入为主的憎恶感，陪审团很可能更加倾向于认定证人所作陈述的可信性较低，从而对曾经有过犯罪记录的人作出不利判决。不得不说，先前的犯罪记录/前科对说谎话的品性具有更大的证明价值，同时也具有较高的风险。

由于任何重罪行为均被看做是被告人是否具有违反法律的"一般意愿"或倾向的证据，而且与判断被告人是否作伪证具有明显的关联性[1]，对于不可用于弹劾被告人证言的可信性这一问题，大陆法系国家给出的理由是：由于诉讼制度的差异性，大陆法系国家往往在审判程序开始之时就要先对刑事被告人进行讯问，但由于他们身份的特殊性，可以不需要像证人那样进行宣誓。这是因为被告人与证人不同，他们在法庭上并没有必须说出实情的义务。基于这样的原因，被告人自身的可信性从一开始就已经自动打了折扣，若是再对他们的诚实性进行攻击，很可能会给被告人的诉讼权益造成侵害。

通常情况下，我们需要考虑的是，当裁判者在对某一刑事案件作出最终裁决以前就已经知晓了被告人的先前犯罪情况的情形，该问题也成为两大法系国家对待先前犯罪记录/前科的可采性采取不同做法的直接原因。事实上，在普通法系国家，某个案件一旦进入到审判程序，那么该案件一定是因为存在着较大的争议，我们也就可以这样认为，累犯比起初犯更加不会对指控进行彻底的对抗，因为该案的被告人既然决定选择放弃控方提出的宽大条件而坚持接受正规模式的审判，就说明被告人明白自己将面临这让裁决者知晓自己先前犯罪记录/前科的危险。正是

---

〔1〕［美］米尔吉安·R. 达马斯卡：《比较法视野中的证据制度》，吴宏耀、魏晓娜译，中国人民公安大学出版社2006年版，第294页。

因为普通法系国家的这种自我选择审判机制的存在，对于坚决要求获得审判权利的被告人来说，先前定罪与当前定罪之间的联系就没有这么紧密和重要。但是，在此类案件中也会存在一定的风险，那就是：裁判者可能会对被告人的先前犯罪记录/前科赋予过高的证明力。与普通法系国家的制度不同，大陆法系国家的审判并不仅仅局限于存在较大争议的案件，无论被告人是否在审判开始之前已经彻底坦白或向控诉方提出宽大的要求，所有的重罪案件都必须交付审判。由此导致了先前定罪与当前犯罪之间的关联性更强，由先前定罪对目前的犯罪行为进行推断也就有了更大的自信。[1] 总体来看，大陆法系国家在审判时对定罪记录的运用在某种程度上确实降低了因过高地估计先前犯罪记录/前科的证明价值产生的危险。

(3) 对被封存之犯罪记录的采纳。值得一提的是，在刑事诉讼中，被通过宽大处理等类似的宽缓程序"抹去"或"封存"的犯罪记录是不允许被作为证据使用的，即使这些记录具备相当大的证明价值。也就是说，在未成年人犯罪案件中，若未成年人先前的犯罪记录已经被封存，那么该记录不得被用于证明当前案件中某一行为或事实的同一性。这种禁止性做法的出发点来自于希望行为人能够更好地回归社会，并不能将其看做一种"辅助性证明政策"的规则（a rule of "auxiliary probative policy"）[2]，即为了进一步提高事实认定的准确性而设置的规则，相反，这是基于对被告人权益的保护而采取的限制查明事实真相的措施。

(三) 附条件不起诉决定的证据问题

1. 未成年人附条件不起诉的含义。附条件不起诉，也有人称之为"暂缓起诉""起诉犹豫""诉前取保候审""起诉保留"等。尽管对未成年人不起诉制度的称谓有很多，但最常见的称谓主要有"附条件不起诉"与"暂缓起诉"两种，并且对于在两者中采用哪一种称呼才更为适当的问题，学界有着不同的观点。首先，同意"附条件不起诉"更为恰当一些的理由是：其他名称并不能恰如其分地反映出该制度设立的

---

〔1〕［美］米尔吉安·R. 达马斯卡：《比较法视野中的证据制度》，吴宏耀、魏晓娜译，中国人民公安大学出版社 2006 年版，第 294 页、第 295 页。

〔2〕 The term "auxiliary probative policy" is from John H. Wigmore, *Evidence in Trials at Common Law* 1171, at 395 (1972), revised by John H. Chadbourn. 转引自［美］米尔吉安·R. 达马斯卡：《比较法视野中的证据制度》，吴宏耀、魏晓娜译，中国人民公安大学出版社 2006 年版，第 293 页。

精髓，并认为“附条件不起诉”与“暂缓起诉”所关注的重点存在较大差异，即暂缓起诉更加关注于“诉”的行为。[1] 因为最终达到的目的是“诉”，暂缓只是在时间上得到延后，并不能体现出未成年人诉讼中的“宽缓”“感化”的思想。赞同“暂缓起诉”这一称谓的理由是：暂缓起诉的本质特征为“附加性条件的存在”。检察机关在提起公诉之前列出了不予起诉的附加的条件，也就是说，不予起诉是有前提的，正是因为前提的存在才称得上为“暂缓”，如果没有附加条件作为前提的话，则可直接称之为“不起诉”。[2] 笔者同意第一种观点，认为将该制度命名为“附条件不起诉”似乎更加贴切。笔者前文已经对我国未成年人的刑事政策进行了系统的论述，即任何与未成年人相关的刑事制度的建立都必须遵守“教育为主、惩罚为辅”的原则。在揣摩了该政策意图之后，我们可以领悟到对未成年人实行“附加条件”的根本目的并不是“提起公诉”，而是出于挽救未成年人的目的而作出的“不起诉”决定。因此，将称谓明确为“附条件不起诉”不仅给予未成年犯罪嫌疑人认识错误、改过自新的机会，还教育未成年人要想获得检察机关作出的不起诉决定，首先必须通过自身的努力完成并满足规定的附加条件，鼓励未成年人养成认真履行法律所规定的义务的品质。综上所述，笔者认为，比起其他称谓，“附条件不起诉”似乎更加适当一些。

关于附条件不起诉的定义，学界也是众说纷纭。有观点认为：附条件不起诉指的是未成年犯罪人的犯罪行为已经具备犯罪构成要件，但因犯罪性质不严重，犯罪情节相对较轻，故未成年犯罪人在一定期间内如果能够满足检察机关要求的条件，则可以暂时不起诉。[3] 也有学者持有不同的观点，附条件不起诉应定义为“犯罪嫌疑人的犯罪行为产生的社会危害性及人身危险性相对较轻，采取附条件不起诉的方式更有利于社会稳定。在被不起诉人能够满足所附条件时，不起诉决定便立即生

---

〔1〕 张建伟教授指出无论是暂缓起诉还是起诉犹豫，抑或审判分流，都不够准确，不能完全反映该制度的全部含义，称之为，因为暂缓起诉与附条件不起诉的区别在于实际的落脚点不同：即使是“暂缓”，最终还是要“诉”；而附条件不起诉落脚在“不起诉”，只要满足一定条件，经过一定考验期，就不会提起公诉。详见陈光中：“中华人民共和国刑事诉讼法再修改专家建议稿与论证”，中国法制出版社 2006 年版，第 510 页。转引自马健：“附条件不起诉制度研究”，吉林大学 2013 年博士学位论文。

〔2〕 赵国玲：《未成年人司法制度改革研究》，北京大学出版社 2011 年版，第 222 页。

〔3〕 兰耀军：“论附条件不起诉”，载《法律科学》2006 年第 5 期。

效”的制度。[1] 还有学者认为，附条件不起诉是指检察机关基于犯罪嫌疑人自身的状况、形势政策以及诉讼经济的考虑，依法对某些已达到公诉标准的轻微刑事犯罪的嫌疑人提出附加条件，以获得不予起诉之终止诉讼的决定。[2] 上述各定义虽然在文字表述上有所不同，但其内涵都是符合我国刑事诉讼法规定的附条件不起诉之原则。

笔者将上述定义进行分解和归纳，认为该制度主要想表达三个意图：第一个意图是该制度最明显的特征，即该制度确立的前提为“附条件”。也就是说，只有犯罪嫌疑人在法律规定的期限内认真完成附加条件，作出不起诉决定的行为才能得到允许，若犯罪嫌疑人并没有完成规定内的附加条件，那么该程序将无法进行，检察机关依法对犯罪嫌疑人提起公诉。第二个意图为，作出决定之主体的特定性与唯一性，即无论作出起诉或是不起诉决定，该决定权只能掌握在司法机关之手，其他机关无权作出决定或以其他形式进行干涉的权利。第三个意图是，不起诉决定并不适用于所有的未成年对象。检察机关在考察是否对未成年犯罪嫌疑人作出不起诉决定时，首先关注的是犯罪嫌疑人是否为初次犯罪，附条件不起诉制度的适用对象并不包括惯犯与累犯，即使其当前的犯罪情节较轻，也不允许适用附条件不起诉制度；其次，实施犯罪时的主观恶性程度也是检察机关考量是否起诉的因素之一。一般来说，作出附条件不起诉的前提必须满足未成年犯罪嫌疑人本身的主观恶性不大，其认罪态度良好，言行中流露出悔罪表现，并且作出不起诉决定之后不存在继续危害社会的可能性的条件[3]。综上所述，笔者认为，附条件不起诉指的是：检察机关依法对那些罪行较轻、主观恶性不大、符合不起诉条件的犯罪嫌疑人，通过履行附加条件的方式对犯罪嫌疑人进行检验，若被检验人满足规定的条件并完成附加条件，检察机关将放弃对其提起公诉的不起诉制度。

2. 附条件不起诉决定的效力。在法庭审判环节，案件审理正式结束之后对被告人作出的最终裁判的结果无论是有罪还是无罪，都被视为已经产生了终局效力。另外一种也能够产生终局效力的裁判还包括因诉

---

〔1〕 张智辉：《附条件不起诉制度研究》，中国检察出版社2011年版，第42页。

〔2〕 关宁：“未成年人附条件不起诉制度研究”，载2013年5月《新刑诉法背景下未成年人刑事检察工作的理论与实践专题研讨会论文集》。

〔3〕 徐松青、张华：“《刑事诉讼法》修正案附条件不起诉解读与应对”，载《法律适用》2012年第10期。

讼程序中的要件缺失而导致案件以非正常的程序结束的裁判，通常来说，不起诉裁决为该裁决的表现形式。那么，不起诉决定在刑事诉讼中到底具有何种效力呢？这一问题在学术界备受争议。

由于我国与大陆法系国家不予起诉制度较为相似，因此，在分析不起诉决定的效力问题时，可以借鉴大陆法系国家的相关规定。首先以法国为例，该国立法规定的不予起诉裁定分为两种类型：一种是法官根据某些法律规定的事由而作出的不予起诉裁定，如正当防卫等免责事由以及超出诉讼时效等情形。在该情形下，一旦作出最终裁决就意味着既判力的产生，控辩双方均不得因同一事由再次提起诉讼；另一种是由于用来证明案件事实存在证据不足问题而使得事实存疑，由此作出的不予起诉的决定。与此种决定相类似的不起诉决定不具有既判力，因此，只要检察机关发现能够证明案件事实的新证据便可重新提起公诉。[1] 德国的做法与法国基本相同，规定了因法定事由而作出的不起诉决定具有既判力，出于证据不足、事实存疑的原因而作出的不起诉决定则不具既判力。

从理论上来讲，检察机关作出不起诉的行为其实是依法履行其对程序进行处分的权利，该权利的履行并不具有既判力。因此，一旦出现能够证明案件事实的新证据，能够认定检察机关已经作出的不起诉决定认定事实或适用法律有误，则应在撤销原决定之后，依法起诉至法院。将以上观点进行归纳之后，得出这样一个结论，那就是未经严格的证明程序而作出的不起诉决定一般来说不具有既判力，一旦满足其他附加条件，检察机关便可依职权重新提起公诉。

虽然附条件不起诉决定的作出并非由于证据不足而造成无法确定案件事实的情况，但与此相似的是，附条件不起诉决定存在一定的考验期限，也就是说，决定的作出并不具有终局性特征，若在考验期限内被审查的涉罪未成年人违反了相关规定，那么检察机关有权对该名未成年人重新提起公诉。[2] 从案件终局性的角度出发，由于两种不起诉决定均不具备终局性特征，因此，附条件不起诉决定应当参照大陆法系国家对不予起诉决定效力的界定，规定附条件不起诉决定同样不具有既判力。

如果将附条件不起诉决定进行深入分析，可以发现，在履行附条件不起诉决定的整个过程中包含着两个不同的阶段：第一个阶段是从附条

---

〔1〕 施鹏鹏："刑事既判力理论及其中国化"，载《法学研究》2014 年第 1 期。

〔2〕 施鹏鹏："刑事既判力理论及其中国化"，载《法学研究》2014 年第 1 期。

件不起诉决定作出以后到该决定被撤销或在指定期限内并未履行相应的附加条件之前的这段时间；第二个阶段是附条件不起诉决定被撤销或在指定期限内并未履行相应的附加条件之后的时间段。在第一个时间段内，由于检察机关已经依法作出了附条件不起诉之决定，若不考虑其他时间段内的附加条件所带来的影响，可以认为该决定的作出具有终局性，根据禁止对同一案件重复进行追诉的规定，检察机关不得再因同一事由再次向法院提起公诉。也就是说，在这一阶段中的附条件不起诉决定具有既判力。第二个时间段内出现了涉罪未成年人并没有满足附条件不起诉决定的附加条件的情形。此种情况的发生使得附条件不起诉决定在该时间段内被撤销，也就意味着第一个时间段内产生的不起诉决定的既判力随之消灭，那么检察机关可以依法行使诉权，并对涉罪未成年人的犯罪行为向法院提起公诉。但是，如果在指定期限内，涉罪未成年人接受并完成了全部附加条件，也就说明此时的附条件不起诉决定发生了与第一个时间段内作出的决定同等的效力。在该决定产生的既判力的作用下，犯罪嫌疑人再次回归至无罪状态，且检察机关无权针对犯罪嫌疑人的同一行为向法院提起公诉。

综上所述，如果涉罪未成年人已被作出附条件不起诉的决定，那么，在此种状态下的涉罪未成年人可以暂时获得自由，检察机关应被禁止向法院提起公诉。但是，如果涉罪未成年人在法定期限内没有完成应当履行的附加条件，那么该不起诉决定将被依法撤销，既判力随之消灭，检察机关重新拥有对该案的诉权，未成年人将被正式提起公诉。反之，当考验期届满之时，若接受附条件不起诉决定的涉罪未成年人依法履行了相应的附加条件，则该不起诉决定便自动发生了与不起诉决定相同的实体效力与程序效力。未成年人得以重获自由，该案的最终裁决也得以作出，既判力即时产生，检察机关不得因同一事由向法庭提起公诉。

3. 附条件不起诉决定的证据属性。本书在这一部分所要解决的内容主要围绕附条件不起诉的证据属性问题展开，即由检察机关作出的附条件不起诉决定是否能够作为证据使用？如果可以作为证据，那么该决定应当属于何种类型的证据？

在探讨附条件不起诉决定的证据属性之前，首先应当明确的是，该决定是否具有能够证明被告人曾经经历的、对当前案件的发生有着必然影响的事件，即该决定是否具有证明当前案件事实的价值，也就是说，该决定与案件事实是否具有相关性。这同时也是判断附条件不起诉决定是否具有证据属性的首要前提。可以认为，只要该决定与待证事实存在任何逻辑上的联系，都被视为具有相关性。其次，笔者在查阅了大陆法系国家的相关规定以后发现，通常来说，大陆法系国家在审查“被告人曾经实施了与本案相类似的犯罪，但该犯罪最终没有作出有罪认定”的证据时普遍持否定态度，[1] 也就是说，尽管被告人曾经被怀疑涉嫌实施了某一犯罪行为，但由于最终的判决为无罪判决，因此该判决不能够作为本案用于定罪的合法性依据。

对于附条件不起诉而言，由于检察机关最终作出了不予起诉的决定，就意味着犯罪嫌疑人最终并没有真正进入到审判程序。一个连审判程序都没有进入的人怎么可能被作出有罪的裁决呢？因此，附条件不起诉决定本身也证明了后续案件中的被告人在之前案件中的状态是无罪的。于是，我们可以得出这样的结论：具有相关性特征的附条件不起诉决定通常不能够被法庭用来证明被告人的犯罪事实，以支持控诉方提出的有罪论点。因此附条件不起诉决定中体现的信息不能作为衡量被告人品性的依据，换言之，附条件不起诉决定不可以被视为品性证据并且在刑事诉讼中加以适用。例如，在一起案件中，被告人之前犯过的同样罪行的记录不能够被用来支持其在本案中具有实施同一行为的趋势，也不可以被用来作为支持该罪名成立的定罪。

在一般情况下，公诉人为了赢得一项指控，往往会向法官提出被告人具有某种不良犯罪倾向的观点，并试图寻找能够支持该观点的证据。此时的公诉方很可能会提出被告人于先前涉嫌实施某项犯罪，目的正是为了证明其具有先前的犯罪记录。但由于当时被告人尚未成年，且符合附条件不起诉的附加条件，因此无法作为对本案中的被告人提起公诉的证据。在这种情况下，一些法官通常不予采纳这样的证据。不予采纳的理由如下：

“对于该项独立的犯罪，如果你们有可靠的证据，就独立起诉。如果为了补充侦查，诉讼程序又回到了初步调查阶段，那么，你们可以将侦查的范围扩大到该项犯罪。当材料重新提交到我们面前的时候，我们可能同意将新追加的犯罪与起诉书中最初记载的犯罪合并审理。但是，我们不允许你们对没有正式起诉——原本应该起诉并进行直接证明犯

---

〔1〕［美］米尔吉安·R. 达马斯卡：《比较法视野中的证据制度》，吴宏耀、魏晓娜译，中国人民公安大学出版社2006年版，第294页。

罪——的犯罪，捎带地加以证明。”[1]

另外，一些大陆法系国家还明确地指出，检察机关会出于某些原因最终并未对一些犯罪提起公诉。对于那些并未提起公诉的犯罪，一般来说，法庭并不会将其作为有利的证据信息，因为这只会让案件的审理变得更加复杂。

综合上述的分析，笔者认为，附条件不起诉决定中体现的信息内容尽管与案件事实具有相关性，但由于该决定并不具备证明后续案件的合法性，因此，可以借鉴大陆法系国家的做法，在刑事诉讼中，附条件不起诉决定书不能被用来作为证据使用。

第三节　未成年被害人刑事证据规则

一直以来，未成年人作为社会上的弱势群体，在生活中始终扮演着被保护的角色。尤其是当原本力量单薄的未成年人作为被害人出现在刑事诉讼当中时，我们更应当努力保障受害人的合法权益，打击恶劣行为的发生。在证据法领域内，考虑到某些未成年受害群体的特殊性，一般认为，对证明被告人具有某些特殊品性的证据应当突破证据规则的限制并加以采纳。未成年人性侵害案件便属于最具典型性特征的案件，该案件中类似犯罪的证据为本节的主要研究内容。

一、未成年人性侵害案件类似犯罪证据的可采性

本节所涉及的未成年人性侵犯案件，指的是年龄在 18 周岁以下的女性群体遭受性侵害的案件。类似犯罪证据，指的是能够证明本案中的被告人曾犯有其他未成年人性侵犯罪行的证据。英美法系国家专门针对年龄在 14 周岁以下的儿童性侵害案件中类似犯罪证据的可采性问题作出规定，对证明被告人实施了类似犯罪的证据持有接受并采纳的态度。以美国为例，《美国联邦证据规则》第 414 条[2]指出，允许法院采纳关于被告曾经实施过其他任何儿童性侵害行为的证据。这对于品性证据被

---

〔1〕［美］米尔吉安·R. 达马斯卡:《比较法视野中的证据制度》，吴宏耀、魏晓娜译，中国人民公安大学出版社 2006 年版，第 294 页。

〔2〕详见美国《联邦证据规则》第 414 条：儿童性侵扰案件中的类似证据（Similar Crimes in Child—Molestation Cases）。

严格限制使用的美国来说无疑极大地放宽了对儿童性侵害证据的可采性，这从一定程度上限制了法官自由裁量权的行使，也相对阻止了证据排除规则对类似证据的适用。[1]

这里不禁产生一个重要问题，那就是本条规则是否与联邦证据规则第404条的禁止性原则相冲突呢？不可否认，对性侵害案件中类似证据的采纳着实推翻了第404条（b）中禁止使用的规定，可以说违背了第404条（b）所体现的意图和精神。但是，在经历了 *United States v. Enjady* 案之后，国会试图对既定规则采取适当的放宽限制的做法，也就是说，期望在案件中对品性证据的可采性标准适当降低。[2]可以说，采纳未成年人性侵害案件中类似犯罪的证据与放宽限制的趋势相符合。这也从另一个角度说明了将类似证据予以采纳从一定程度上带有强制性意味。但是，《美国联邦证据规则》并没有对实现这一目标的具体方式作出详尽的说明。此外，还有一些法院甚至更倾向于对被告人很久以前犯下的类似罪行或者在某些方面并不完全类似的行为事件证据作出采纳的决定。

在我国，未成年人性侵害犯罪指的是我国《刑法》第236条、第237条、第358条、第359条以及第360条第2款规定的，针对未成年人实施的强奸罪、强制猥亵、侮辱妇女罪、猥亵儿童罪、组织卖淫罪、强迫卖淫罪、引诱、容留、介绍卖淫罪、引诱妇女卖淫罪、嫖宿幼女罪等。[3]我国的现行证据立法和司法解释并没有对未成年人性侵害案件中类似犯罪的证据的可采性问题作出专门的规定或答复，在审理此类案件时，普遍将该证据作为用来证明被告人具有不良品性的证据，对类似证据可采性的审查方式也只是参照关于品性证据的一般规定。与普通诉讼程序有所不同，在未成年人刑事案件中，由于我国立法已经明确规定，允许将能够证明涉罪未成年人品性的证据作为对其定罪量刑的依据，那么在未成年人刑事诉讼领域内提交的品性证据是能够得到法庭认可的，包括证明被告人在性侵害案件中的类似证据在内的品性证据均可以得到

---

〔1〕 Ronald J. Allen & Richard B . Kuhns & Eleanor Swift, *Evidence*: *Text*, *cases and problems*, New York, Aspen Law and Business, 1997. p. 311 ~312.

〔2〕 *United States v. Enjady*, 134 F. 3d 1427, 1431 (10th Cir. 1998)。转引自 Ronald J. Allen & Richard B . Kuhns & Eleanor Swift, *Evidence*: *Text*, *cases and problems*, *New York*, Aspen Law and Business, 1997, p. 312.

〔3〕 详见最高人民法院、最高人民检察院、公安部、司法部印发的《关于依法惩治性侵害未成年人犯罪的意见》。

法庭的采纳，对该证据的具体应用规则详见本章第一节中对品性证据的论述。

二、未成年人性侵害案件类似犯罪证据的证明力

实践中，相较于其他类型的品性证据，性侵害案件中类似犯罪证据的证明力往往会高于其他品性证据。在未成年人性侵害案件中对类似犯罪证据同样赋有相当高的证明力。笔者相信，这是由于被告人先前作出的不良行为直接导致了裁判者对其自身品性的否定，由最初对被告人品性的内心确信逐渐转变为对其品性的否定，使裁判者有理由相信被告人再次向未成年人实施性侵害行为具有极大的可能性。还包括裁判者对此种恶劣行径存在的憎恶之情，例如，在 *Frank v. County of Hudson* 一案[1]中，法官认为：对儿童进行性虐待是极为可耻并最为臭名昭著的事情。另外，综观未成年人常见的刑事案件种类可知，性侵害案件与其他暴力或产生严重危害性的案件有所不同，性侵害不仅给未成年受害人身体上的伤害，还在无形之中对其心理造成了致命的打击，甚至还会带来歧视和成见，导致未成年受害人无法面对今后的人生。此时应当将证明被告人曾经实施过类似行为的证据与普通品性证据相区分，因为此时作出的被告人与先前行为相一致的推论显得尤为重要，当然应当具有极高的证明力。

综上所述，与其他品性证据相比，用于证明未成年人性侵害案件中类似犯罪的证据具有较高的证明力。另外，由于未成年人性侵害属于极为恶劣的犯罪，该证据证明力的大小不应被偏见所影响。

第四节　社会调查报告之证据分析

一、社会调查制度概述

（一）未成年人社会调查报告的性质

与一般意义上的社会调查不同，未成年人刑事案件中的社会调查是指当诉讼活动进行到审判程序之前，对未成年犯罪嫌疑人、被告人的社会成长环境、个人性格特征、日常生活中的一贯表现、犯罪原因、犯罪

---

〔1〕 *Frank v. County of Hudson*, 924 F. Supp. 620（D. N. J 1996）.

前后表现等方面作出全方位的背景性调查。社会调查主要针对涉罪未成年人的处遇、矫治及回归社会等问题提供具有参考性价值的评估意见，侧重于反映涉罪未成年人的生活背景及成长经历，与案件中探求的最主要事实问题无关。《联合国少年司法最低限度标准规则》(《北京规则》)第16条规定："所有案件除涉及轻微违法行为的案件外，在主管当局作出判决前的最后处理之前，应对少年生活的背景和环境或犯罪的条件进行适当的调查，以便主管当局对案件作出明智的判决。"通常来说，在刑事判决前，应当对涉罪未成年人的社会调查作出系统的分析和总结，形成书面报告附随于案件的审理卷宗当中，并以此报告作为司法机关作出刑罚的参考依据。有学者对社会调查报告的概念作出了明确的表述：未成年人社会调查报告，是指熟知未成年人心理特点，具有丰富心理、医疗、教育等专门知识的人对某一具体未成年犯罪人的基本自然状况、具体犯罪案情、社会家庭背景、接受教育经历等，对当事人进行全面、客观、公正的分析研究，针对不同犯罪性质，结合人身危险性和社会危害性，提出专业的书面报告，为法院对具体未成年犯罪人公正定罪量刑提供减轻、从轻的依据〔1〕。

社会调查报告作为对未成年人权益保护、处遇及矫治的辅助手段及参考依据，为了在办理案件过程中能够更加符合未成年人的身心特征，更好地体现对未成年人犯罪的"教育、感化、挽救"方针的贯彻落实，在刑事诉讼中的侦查阶段、审查起诉阶段、审判阶段以及假释阶段均需要社会调查报告作为诉讼各阶段作出某项决定的参考依据。首先，在侦查阶段，当公安机关、检察机关依照法定程序对未成年人作出逮捕或取保候审的决定时，需要通过参考未成年人的一贯表现，以帮助司法人员决定哪种强制措施更加有利于诉讼活动的顺利推进，并且更加有利于保护未成年人的身心健康，同时更有利于未成年人的处遇环境。其次，在审查起诉阶段，通过对社会调查报告中所涉及的未成年人全面的个人信息进行评估，作出是否对未成年人提起诉讼的决定。这也是社会调查报告在审查起诉阶段所起到的最主要的作用。另外，在审判阶段，无论是对未成年人作出暂缓判决的决定，还是对其进行判前考察和量刑的评估，都需要社会调查报告作为辅助的判断依据。同样地，对未成年人假释的判定也离不开社会调查报告的参考。

---

〔1〕 罗芳芳、常林："未成年人社会调查报告的证据法分析"，载《法学杂志》2011年第5期。

（二）未成年人社会调查报告的应用现状

1. 美国未成年人司法制度中社会调查报告的运用现状。在美国，社会调查报告通常被称为“量刑前调查报告”或“审前调查报告”。美国刑事司法中的社会调查起源于缓刑制度，美国的缓刑制度开始于19世纪40年代，其适用的主要目的是代替监狱服刑，同时还设立了判前调查制度，为摸索出犯罪人平时社会生存状况、怎样向法院汇报以及撤销缓刑等问题奠定了基础。

在美国，社会调查报告是由缓刑官负责完成的，绝大多数州的报告由少年缓刑官负责执行，并独立于检察机关和警察机构。少年缓刑官应当经过统一、专业的培训，并取得相关资格。最终负责执行并完成调查报告的主体是受过特殊训练并处于中立地位的专家，其任务在于向法庭提出一个旨在平衡青少年最大利益与社会需求的独立的裁决建议[1]。根据法庭提出的要求，缓刑官会向法庭提交与犯罪人、犯罪行为有关的以及对被告人的量刑建议等内容作出的书面报告。该报告在初期阶段的适用范围较窄，主要为法庭决定是否对被告人判处缓刑这一问题提供参考意见。但随着司法制度的改革，人们能够在越来越多的未成年人刑事案件中发现社会调查报告的存在，并逐渐扩展至更多的诉讼阶段。可见，社会调查报告为刑事诉讼活动起到了重要的辅助作用。1978年，美国联邦法院行政办公室在其出示的一份报告中，对量刑前调查报告（社会调查报告）的功能和目的作出了总结[2]。但是在美国，并不是所有州在适用社会调查报告时都执行同样的规则。例如，在科罗拉多州，除非出现检控官、未成年被告人主动提出放弃使用社会调查报告的要求，否则，社会调查报告是审理任何案件都必须准备的一项书面材料。但是，在路易斯安那州、华盛顿州以及弗吉尼亚州等地区，是否在诉讼中使用社会调查报告将由法官进行裁定。可以说，有些州将社会调查报告适用于重罪，而有些州在可能判处一定刑罚的案件中将社会调查报告

---

〔1〕参见重庆沙坪坝区人民法院：“中美未成年人量刑前程序比较研究与展望”，载《中美未成年人量刑前程序比较研究专题研讨会综述》2010年第10期。转引自杨飞雪：《未成年人司法制度探索研究》，法律出版社2014年版，第97页。

〔2〕该报告主要可以概括为以下五点：①帮助法庭恰当地对犯罪人量刑；②帮助缓刑官在缓刑或者假释期间做好监督工作；③帮助联邦监狱局和任何州监狱做好犯人的分类、机构内矫正和释放计划工作；④向美国假释委员会和其他假释机构提供与假释决定有关的犯罪人信息；⑤作为研究的一种信息来源。详见吴宗宪：《社区矫正比较研究》，中国人民大学出版社2011年版，第97页。

作为参考依据。

出于保护被告人诉讼权益、避免法官产生先入为主的偏见，社会调查报告通常在判定被告人有罪之后开始制作，目的是为量刑提供必要的信息以便为法官提供参考。因此，社会调查报告仅仅与判处何种刑罚有关，并不能起到辅助法庭进行定罪的作用。而报告的提交时间应当在裁决听证开始前，并且由缓刑官提交给法官、检察官以及被告人的辩护律师，确保他们有充足的时间了解到其中的内容。另外，不同的州对提交时间的规定也相应有所不同。

在美国的许多州，社会调查报告最重要的功能主要集中在量刑及矫治两方面。法官通过对报告中的情况进行分析，帮助法官进行公平、恰当的量刑；监狱局根据报告中所反映出的信息，对未成年被告人的人身危险性及社会危害程度进行评估，依照具体情况制定矫治方案。此外，对于社会调查报告的内容，美国律师协会（American Bar Association）规定，一份完整的社会调查报告至少应当包含以下信息：引起诉讼活动的主要案件事实；该未成年人是否曾接触过司法程序；该未成年人的家庭环境、家庭成员、家庭背景以及成员之间关系等；该未成年人的兴趣爱好；该未成年人是否具有生理及行为问题；关于该未成年人生理及心理健康状况的评估结果；整理后的信息评估；裁决建议以及裁决后安置计划的建议。[1] 通常情况下，法官都会认真地将报告中反映出的情况纳入考量范围，并且调查报告的建议在90%以上的案件中都会被法庭所采纳。可以说，缓刑官在社会调查报告中提出的建议与法官的量刑判决具有较高的相关性。

2. 社会调查报告在我国司法实践中的应用情况。在我国，随着社会调查报告逐渐成为法官量刑时重要的参考依据，全国各地的法院均开展了对未成年人进行全面调查的工作。但由于地域环境各不相同、经济文化发展尚不平衡、审判机制有所差别等因素，不同地区的法院对社会调查报告的制定规则和审查判断的要求并不统一。笔者将通过对全国各地推广社会调查报告比较规范且具有代表性的法院的相关实施情况进行介绍和分析，在此基础上总结出我国司法实践中对社会调查报告的应用

---

〔1〕 杨飞雪：《未成年人司法制度探索研究》，法律出版社2014年版，第100页。

现状。[1]

上海市长宁区法院于1984年建立了少年法庭，也是我国第一个成立少年法庭的法院，标志着我国未成年人司法制度的诞生。长宁区法院于1995年首先制作并形成了社会调查报告的统一样式，在初期阶段主要由法官负责社会调查工作。通过走访未成年人的家庭、学校、社区、单位等地，全面了解未成年人的生活环境和成长经历，初步解决社会调查的制作目的及制作方式问题。1999年12月，长宁区综合治理委员会、区青少年保护委员会联合发布了《长宁区未成年人刑事案件社会调查工作若干规定（试行）》，确立并规范了社会调查报告的适用规则和程序：①调查的主体由原来的法官转为青少年保护工作者；②调查报告应当在法庭上当庭进行宣读，将报告中的内容公开；③调查的内容范围较广，包括未成年人的成长情况、家庭情况、社区情况、交友情况、心理生理情况等；④对调查报告涉及的制作、宣读、采纳等程序性的流程作出明确的规定。该规定实施的主要目的在于对调查报告的实施主体进行合理化扩大，努力推进报告内容的公开化及透明化，最终建立起规范有序的社会调查程序。考虑到社会调查报告参考范围的逐步扩大，长宁区法院、检察院、司法局于2008年12月联合颁布了《长宁区关于未成年人刑事案件判决前适用人格调查的若干规定（试行）》，将未成年人社会调查报告的适用范围扩大到社区矫正部门。该规定赋予了社会调查报告证据属性，要求矫正部门应当对涉罪未成年人的人身危险性及社会危害性作出专门的调查和评估，制作出可靠的调查报告，为法院提供量刑参考，并作为审判后的矫正和安置活动的参考材料。

北京市朝阳区法院也通过发布文件来规范社会调查报告的制作与审查工作。2009年1月，北京市朝阳区社区矫正工作领导小组办公室、区法院、区检察院、区公安分局、区司法局联合制定并颁布了《关于适用缓刑宣判前社会调查的工作意见（试行）》。该意见要求社会调查报告的内容应当充分包含调查对象个人和家庭的基本状况、日常中的一贯表现、调查对象所处环境中的个人对其作出的评价以及司法行政机关对量刑作出的建议等。此外，朝阳区法院赋予了社会调查报告证据能力，并要求其作为证据在庭审时出示并宣读，允许控辩双方针对报告进行

---

〔1〕 以下内容全部来源于2010年8月29日“中美未成年人量刑前程序比较研究”会议资料，第62~174页。转引自杨飞雪：《未成年人司法制度探索研究》，法律出版社2014年版，第102~112页。

质证。

广州市中级人民法院少年审判庭成立于1996年，在成立的初期阶段便将社会调查工作规划为刑事审判中的一项工作内容。广州市中院仅允许将社会调查报告适用在一审程序中，同时规定，社会调查的适用主体为户籍地在广东省内的未成年被告人，且犯罪时的年龄不超过18周岁。广州法院将调查主体规定为经过法院严格筛选并进行系统培训后，选拔出的具备专业资格的社会人士以及司法社工两类人群，并统称为社会调查员。社会调查的内容包括未成年人的性格特点、家庭成员及近亲属的基本情况、未成年被告人的主要社会关系及交由情况、个人生活环境及成长经历、有无前科劣迹、被指控犯罪前后的行为表现等。

重庆法院对社会调查工作的开展也取得了不少有价值的成果。其中，沙坪坝区法院在审理未成年人刑事案件中表现得尤为突出。该院的少年法庭成立于1988年，属于成立时间较早的少年法庭之一。该法庭在1997年以前，社会调查的实施工作和报告的制作工作都由法官负责完成，并通过向未成年被告人的父母进行了解的方式进行。但由于1997年《刑事诉讼法》作出法官不宜在庭前会见被告人的规定实施以后，沙坪坝区法院对社会调查的询问主体作出了更改，由之前的法官担任转变成司法行政机关工作人员、具有律师资格的指定辩护人以及辩护人担任，必要时也可以由未成年人审判庭的专职考察员担任。社会调查自侦查阶段开始启动，检察机关负责在审查起诉阶段启动社会调查程序，并于审判阶段提交至法庭。重庆法院普遍将社会调查报告作为采取强制措施、提起公诉、判决、量刑、假释等程序的参考依据，贯穿于整个刑事诉讼程序始终。

2006年，江苏省高级人民法院、江苏省检察院、司法厅、公安厅制定了《刑事案件未成年被告人审前调查实施办法（试行）》。该办法对社会调查的实施主体、调查对象、调查内容等问题作出了规定和限制。据统计，江苏省审前调查的比例逐年提高，2007年的调查率为38.32%，2008年度则提升至40.17%，2009年度比2008年度增加了将近10个百分点，达到59.63%。可见，社会调查逐渐成为审判中不可缺少的参考依据。

综上所述，我国当前司法实践中关于社会调查报告的应用现状可以从以下几个方面作出总结：首先，全国各地法院普遍赋予了社会调查报告的证据资格，即无论是在审查起诉阶段还是审判阶段，社会调查报告都是一项不可缺少的参考依据。其次，社会调查工作越来越得到重视，全国各地区法院、检察院及公安机关等司法行政机关先后颁布了许多关于规范和完善社会调查工作的意见和规定，如广东省中级人民法院少年庭于2007年制定的《广州市法院少年审判庭审理未成年人案件庭前调查（员）制度实施规程（试行）》、成都市中级人民法院少年审判庭于2006年制定的《成都市中级人民法院少年审判庭庭前社会调查的若干规定（试行）》等。这些规定为今后的社会调查工作指明了方向。另外，社会调查的调查主体完成了由法官亲自进行调查到指定具有相关经验、具备专业知识的调查人员的转变，同时确立了社会调查报告的内容，其中包括个人情况、社会关系、家庭环境及社会生活情况，调查主体在社区中的一贯表现及评价、调查主体在案发前后的表现、有无不良前科及劣迹行为等。

二、社会调查报告的审查认定

一直以来，实务界对社会调查报告的采纳规则相当重视，对该规则进行清晰的梳理也是证据法学研究中一项亟待解决的问题。只有明确社会调查报告在审查认定中的具体规则，才能为法官在审判活动中正确地运用和采纳社会调查报告提供法律依据。

（一）社会调查报告的证据属性

改革开放以来，随着我国法律体系的不断健全和发展，未成年保护立法问题也随之日趋完善，未成年人犯罪社会调查制度已经成为少年司法制度的重要组成部分。

对于社会调查制度，司法实践中虽然使用多年，但在理论上的争论却一直没有停止。社会调查材料也不是我国法律制度的发明创新，但对其性质的界定始终没有一个统一的认识，在司法实践中，这类文书在适用社会调查材料时都以“参考”的形式引用，现有的法律法规也没有给出明确的说法。

近年来，特别是2012年《刑事诉讼法》修改以后，学术界对社会调查材料属性是否属于我国《刑事诉讼法》中的证据，以及若在“属于”的范围内，应划分为品性证据还是证人证言等问题的争论日趋激烈。归纳起来可划分为非证据说和证据说。

持非证据说的学者认为：社会调查报告和材料是由相关人员制作完成的，因此包含着较强的主观能动性，而这种主观的特性往往会影响到社会调查材料的公正性，也与证据客观性的属性相矛盾，故认为社会调查材料不具有证据的特征，其作用只能在对涉罪未成年人量刑和法庭教育时作为参考，对涉罪未成年人帮教也可以起到一些辅助作用。[1]

持证据说的学者认为：社会调查材料符合诉讼法中关于证据的特征，但对其在分类上持有不同观点，有人认为从其内容上看，本身就是西方法律制度中的品性证据[2]；还有人认为社会调查材料本身就该归属于我国《刑事诉讼法》证据种类中的专家证据[3]或鉴定意见[4]，因为社会调查材料的内容符合专家证据或鉴定意见的形式及实质要件。

围绕社会调查材料性质的争议，各方具体观点如下：

1. 社会调查材料不属于我国《刑事诉讼法》中的证据。持该观点的人认为，相关性、合法性、可采性是证据的特征，而社会调查材料从内容到出具主体、证明对象都不完全符合上述特征，同时社会调查材料取得过程及使用目的一直没有统一的标准，适用较为混乱，如果强行将社会调查材料归为证据类，可能会对证据的效力产生负面影响。因此，一味地将社会调查材料作为证据使用是荒唐的做法。还有观点认为，在处理未成年人犯罪的问题上，由于我国的社会调查材料制度起步较晚，法律规定不完善，司法实践缺少统一标准，在这个特定的历史时期，过于强调界定社会调查材料的性质和作用，不如在实践中摸索出一套适合我国国情的社会调查材料适用规范。除此之外，还有观点认为，社会调查材料虽然某些方面与证据制度有相似之处，但仍存在巨大的差别，这种区别决定其没有必要与已经存在的诉讼制度结合在一起。社会调查材料作为一种新的未成年人诉讼制度，应当自成体系，发展成完整的独立建构。社会调查材料所自成的体系，可以辅助检察机关量刑建议、附条件不起诉监督考察、未成年人犯罪帮教预防、法院量刑、法庭教育等，使社会调查材料能够在“教育、感化、挽救”涉罪未成年人过程中发挥更加积极有效的作用。

总而言之，尽管上述考量的角度不同，出发点不一样，但都指向了“社会调查材料”“非证据”这一说法。

2. 社会调查材料应当属于我国《刑事诉讼法》规定的证据，但在

---

〔1〕 马迪、张宏伟：“未成年人刑事司法中社会调查材料的法律性质”，载《北京政法职业学院学报》2013 年第 3 期。

〔2〕 何家弘、姚永吉：“两大法系证据制度比较轮”，载《比较法研究》2003 年第 4 期。

〔3〕 罗芳芳、常林：“《未成年人社会调查报告》的证据法分析”，载《法学杂志》2011 年第 5 期。

〔4〕 陈立毅：“我国未成年人刑事案件社会调查制度研究”，载《未成年人法学研究》2012 年第 4 期。

属于哪种证据上存在争议。赞成社会调查材料具有证据能力的人认为，社会调查材料本身就具备证据的相关性、合法性和可采性的特征，应当归属于我国《刑事诉讼法》的证据范围；同时，社会调查材料也为量刑提供参考依据，并且最高人民法院的司法解释已经对其证据能力进行了肯定，故社会调查材料就应该属于《刑事诉讼法》中规定的证据。

其次对于社会调查报告的证据归属，也存在不同的观点：

第一种观点认为，社会调查材料当属于我国《刑事诉讼法》中的证人证言。《刑事诉讼法》规定的证人证言是指知道案件情况的人向侦查机关、检察机关、审判机关所做的陈述。在司法实践中，司法机关及司法机关委托的相关人员均可以向有关部门出具社会调查材料，符合证据法一般主体不确定性的特征。故社会调查材料属于证人证言。

第二种观点认为，社会调查材料属于我国《刑事诉讼法》中的鉴定意见。鉴定意见是指具有专门知识的人，在案件侦查、起诉、审判各个不同阶段，对一些具体问题所作出的判断。从事利用专门知识对专门事物进行鉴定的人叫鉴定人；鉴定人针对具体案情所作出的专业意见，我们称其为鉴定意见。社会调查材料之所以应当属于鉴定意见，首先是跟与外国有关青少年犯罪相关法律接轨，在处理未成年人犯罪案件过程中，针对未成年犯罪人及其监护人人格品行以及未成年犯罪人成长经历、生活环境等特别有效地运用其他专门知识的鉴定结论。比如日本的《少年法》就是如此规定的。其次，从社会调查材料的内容上看，它是对特定未成年人犯罪的具体起因、平时表现、监护环境、教育条件的综合评定，力求做到客观公正、全面具体、深层分析、专业定论。最后，从社会调查材料的形式上看，出具社会调查材料的人必须是有资质的专业人员。近年来，社会调查材料越来越专业，越来越与鉴定意见相似。虽然从规范的角度看，社会调查材料不完全具备鉴定结论的全部要件，但一直向鉴定意见靠拢。

第三种观点认为，社会调查材料不应归属于我国《刑事诉讼法》规定的证据分类。持该观点的人基于刑事诉讼证据划分的定罪证据和量刑证据，认为虽然社会调查材料有与刑事诉讼证据相类似的属性，但主张社会调查材料是《刑事诉讼法》规定的量刑证据，而不认可将其归属于定罪证据。理由是：随着我国法律的不断完善，诉讼证据分类也趋于清晰明了。不论是整个诉讼程序还是限于审判阶段，从证明事实性质角度划分，分为定罪证据和量刑证据。定罪证据是指能够证明对于某一行为是否构成犯罪、构成何罪的确认与评价依据。量刑证据是指在行为成立犯罪的前提下，与犯罪行为或犯罪人有关的，体现行为社会危害性程度和行为人人身危险性程度的证据。由此可以看出，社会调查材料与量刑证据在表述未成年犯罪嫌疑人的犯罪原因、平时表现等方面存在相似之处，并且二者的作用也都在于能够确认未成年犯罪嫌疑人社会危险性程度及再犯危险性，进而为准确量刑提供参考。

还有一部分人认为，社会调查材料的证据属性，还可以细化为量刑证据中的品性证据。所谓品性证据，就未成年人犯罪来讲，就是未成年犯罪嫌疑人的品格和品格特征的证据，在对未成年犯罪人量刑时要考虑到以前是否有前科劣迹及其社会名声、一贯表现。对未成年人犯罪适用品性证据的做法，起源于英美法系国家，现在已经被大多数国家所接受，如前文所述，社会调查材料中包含了与品性证据相类似的内容，故社会调查材料应归属于品性证据的观点为许多学者所认可。

那么，社会调查材料到底属不属于证据？属于何种证据？如果属于证据，又该划分到哪一个类型？如果不属于证据又应如何定性呢？在司法实践中，社会调查材料可以广泛地应用于未成年人犯罪帮教、检察院量刑建议书、不起诉决定书、法庭量刑、教育等，正是这种应用范围的广泛性，决定了我们在未成年人刑事诉讼过程中，要更加注意未成年犯罪嫌疑人的家庭是否和睦幸福，其与家庭成员的感情，成长经历及从前的遭遇，性格特征、智商情况，社会表现、生活交往、工作表现，犯罪原因、认罪态度、悔罪表现等内容。基于社会调查材料的上述特点，笔者认为：

第一，社会调查材料不应归类于证人证言。因为《刑事诉讼法》中规定的证人必须是自然人，同时证人具有唯一性，不可替代。但在司法实践中，很多社会调查材料的出具是由社工事务所完成的，这样的社工机构不符合证人证言必须由自然人出具的特征，同时在整个刑事诉讼过程中，该类机构人员对于确定案件事实可以替代或更换。故社会调查材料不应属于证人证言。

第二，社会调查材料亦不应归类为鉴定意见。根据《刑事诉讼法》的规定，合法有效的鉴定意见是以鉴定人必须具备法定资质为前提的。在司法实践中，出具社会调查的主体并不要求必须具备资质，并且确立调查人资质问题国家尚未纳入计划之中。故在目前情况下，社会调查材料不宜归结为鉴定意见。

第三，仅仅将社会调查材料定为量刑证据也有失偏颇。从社会调查材料的内容上看，该材料既包含着对未成年犯罪人的社会危害性和人身危险性的论述，也包含着法定或酌定从重、从轻、减轻或者免除处罚的情景，还包含着对案件事实的认定分析、如何矫治以及量刑建议，仅仅将调查报告作为量刑证据使用明显缩小了其使用的范围。

有学者提出了社会调查报告不应作为品性证据的原因，理由是：英美法系国家的定罪程序和量刑程序是相对独立的两个过程。在定罪阶段，为防止误导陪审团，证据规则规定法庭上不得适用品性证据。调查报告既然能够证明未成年犯罪人的品性，有品性证据的特点，虽然在定罪阶段原则上予以排除，但在量刑阶段，会出现社会调查材料，作为法庭作出公正判决的参考依据。如前文论述，量刑证据的属性与社会调查材料的特征存在共同点，跟英美国家的“品性证据”也有相似之处，但二者仍有本质上的差别：首先，二者的内容范围不同。品性证据的内容通常是对未成年犯罪人的社会表现、性格特点及其所涉及的具体案件事实所作出的评价，而我国的社会调查材料除上列内容外，还包含犯罪原因的分析、犯罪后是否认罪、有无悔罪表现等，并在此基础上向有关部门提出量刑建议以及帮教矫治方案。由此可以看出，社会调查材料内容范围远大于品性证据的内容范围。其次，二者在诉讼程序中的规制也完全不同。在英美法系国家，在一般情况下，品性证据不会被采信，仅在未成年犯罪人提出有利于自己的良好品格及其被害人的品性证据时，才有可能被采纳。

基于社会调查材料的上述特点，笔者认为，社会调查报告具有品性证据的属性。因为，如上一段论述中提到的那样，社会调查报告包含着对涉罪未成年人的品性进行调查的内容，从调查报告的具体内容来看也确是如此。一份完整的社会调查报告包括将涉罪未成年人的以下情况全都囊括在报告之中：[1] ①未成年人的家庭背景。主要包括其家庭成员，平日里与家庭成员的关系，其在家庭中的地位，其家庭成员对其关心及照料情况，家庭成员对其教育情况等。②未成年人的基本情况、健康状况、心理状态、智力发育、性格特点、道德品质、有无犯罪前科、是否经受过较大挫折等。③在社区及学校的表现、邻里关系、师生关系以及同学关系、社会交往人群等。④就业情况、与同事间的相处情况及工作表现等情况。⑤犯罪后的自我悔过态度及表现。其中包括是否有自首、立功、坦白交代、积极赔偿被害人或退回赃物，积极避免、减少犯罪所

---

〔1〕 田宏杰、温长军：“超越与突破：未成年人刑事检察工作机制研究：兼及未成年人刑事案件公诉体系的构建”，载《国家高级检察官论坛》2012 年第 11 期。

造成的损失，已经取得被害人的谅解等。⑥了解犯罪动机及犯罪意图。⑦就量刑以及帮教矫治措施提出建议等。对未成年人社会调查报告的内容信息进行归纳和分类之后，可以十分清晰地观察出每一项调查内容所反映出的事实。在上述内容中，从第①项开始至第⑤项及其之间的证据均属于与特定事实相关的证据，并且在经过分析和对比之后可以发现，上述证据事实上均属于品性证据。而第⑦项是在办案人员经过详细的调查与分析过后对未成年人所提出的建议。很显然，这并不具备证据的属性，因此，不可作为证据使用。综上所述，品性证据的获得离不开社会调查报告这个信息媒介的传递。因此，社会调查仍然是收集品性证据的重要方式和途径。所以，从广义上讲，社会调查与品性证据是可以通用的。另一方面，当前我国对社会调查报告的采信也主要停留在量刑阶段，并不能被用来证明案件的主要事实。也就是说，在刑事案件的审理过程中，尤其是在定罪阶段，社会调查报告几乎不被采信，这符合一般品性证据的采信原则。因此，社会调查报告在作为事实证据使用时，应当具有品性证据的属性。

（二）社会调查报告的采纳

1. 社会调查报告的相关性。证据的相关性，也称“关联性”，是指证据对案件事实的认定具有证明力，同时有助于事实认定者判断或评价要件事实存在可能性的属性〔1〕。美国《联邦证据规则》第 401 条规定：“‘相关证据’是指该证据具有与没有该证据相比，使得某事实更可能存在或者更不可能存在的任何趋向。”〔2〕 澳大利亚《1995 年证据法》第 55 条规定：“诉讼程序中具有相关性的证据是指，若其被采纳，就能合理地（直接或间接）影响对诉讼程序中待证的争议性事实之存在的可能性进行评估的证据。”〔3〕 美国著名学者华尔兹认为，应当以考察三个重要的问题为切入点，并由此得出证据是否具有相关性的结论。这三个问题分别是：①提出的证据主要用来证明何种事实？②这是本案的实质性问题吗？③所提出的证据对该问题有证明性吗？也就是说，该证据能够起到协助裁判者确定实质性问题的作用吗？〔4〕 如果以上问题得出

〔1〕 张保生：《证据法学》，中国政法大学出版社 2009 年版，第 20 页。

〔2〕 王进喜：《美国〈联邦证据规则〉调解》，中国法制出版社 2012 年版，第 56 页。

〔3〕 澳大利亚《联邦证据法》第 55 条。

〔4〕［美］乔恩·R. 华尔兹：《刑事证据大全》，何家弘等译，中国人民公安大学出版社 1993 年版，第 14 页。

的答案都为肯定的话，该证据就具有相关性。如果对上述三个问题进行细致的研究，可以发现，问题①考查的是“证明对象”是什么的问题；而问题②考查的是证据与待证事实间的联系。也就是说，问题①和问题②实际上考查的是就是证据的实质性问题。问题③提出的则是证据的证明性问题。也就是说，只有证据同时满足实质性和证明性两个条件才能够被认为其具有相关性。综上所述，当代的相关性定义包括了实质性和证明性两个方面的内容〔1〕。在司法实践中，判断证据是否具有相关性的方法是对其是否满足实质性和证明性内容作出判断。

（1）满足相关性的要素之一——实质性。判断证据是否具有相关性的前提条件是，该证据支持的是什么主张，能够反映出哪些事实的问题。刑事裁判，基于不告不理之原则，系就检察官以诉主张之特定事实，推理其是否存在。此项可以推理之事实既经特定，则可供推测之资料之事实范围，亦随而特定。如其资料不足以推测应推理之特定事实之用者，即无相关性。〔2〕也就是说，在刑事诉讼中，通常案件审理的焦点问题在于，原告若想赢得诉讼则需要证明哪些事实，被告希望在诉讼中防御成功则需要使用哪些证据作为最直接的防御武器。〔3〕如果证据所证明的内容与上述待证事实无关，就认为这样的证据不具备实质性。换句话说，实质性代表着证据所证明的事实与控辩双方所持的事实主张之间的充分相关程度。

《美国联邦证据规则》对证据的相关性作出了十分宽松的限定，其中并没有提到实质性这一概念，也没有明确其判断标准。英国立法在对待这一问题时的做法与美国恰好相反，并于证据法中明确规定了实质性的判断标准，即证据所要证明的主张应当与案件中的争议事实相符合，否则该证据就不具备实质性特征。笔者认为，在对待实质性的判断标准问题上，只要证据所体现出的事实能够为裁判者提供出证明案件中的某一个争议事实的依据，或者是提供出方便裁判者进行一系列推理的依据就可以了。因为，通常在刑事诉讼中，刑法所规定的犯罪构成要件是否成立是法庭所关注的核心问题，该问题往往也是控辩双方争议的焦点问题。因此，判断证据是否具有实质性的其中一个方法就是审查该证据是否能够反映出犯罪构成要件成立时所需要证明的事实。

---

〔1〕俞亮：《证据相关性研究》，北京大学出版社2008年版，第34页。

〔2〕陈朴生：《刑事证据法》，台湾三民书局1980年版，第274页。

〔3〕沈达明：《英美证据法》，中信出版社1996年版，第19页。

事实上，社会调查报告作为证据的目的之一是体现被调查未成年人犯罪的主观要件，即证明未成年犯罪人是否具有故意实施某种犯罪行为的动机。在这种情况下，法庭通常允许使用该证据证明这个人是否具有实施该行为的可能性。例如，在一项未成年人被指控杀人的案件中，法庭允许控方提出能够体现被告人具有故意杀害被害人的动机和主观恶意的证据。因为与那些并无主观恶意的人相比，被害人更可能被对其有恶意、有杀害其动机的人所伤害[1]。

另外，并不是所有的证据都是用来证明被告人是否实施了某种违法行为，有些证据的存在是为了证明其本身是否具备实施该违法行为的可能性或倾向性，或者说并不是为了证明正是被告人实施了违法行为，而是为了对其再犯的可能性以及对社会造成的危害性进行评估。一般情况下，社会调查报告就是属于后者。由此可以看出，社会调查报告在证明“争议的焦点事实”时可能不具有关联性，但其在论证“背景事实”时则具有关联性。

（2）满足相关性的要素之二——证明性。如果说实质性描述的是某一主张与案件中的争议焦点之间的关系，那么证明性描述的就是该主张与其所要证明的主张之间的关系[2]。证据的证明性代表了相关性成立与否的另一个决定要素，证明性所衡量的是，某一项证据的存在是否比没有该证据时更能够对案件事实产生更高的证明程度。不同的证据对案件事实的证明程度也有所不同。通常来说，能够直接证明案件中需要查清的争议事实的证据，其证明性更加明显，因为这样的证据是不需要进行进一步的推理就能够确立其所要证明的事实。对于大多数不能够直接证明争议事实的证据来说，要想发挥其对于案件事实的证明作用，就必须经过一系列的推理过程。因为，即使一份间接证据所体现出的事实是千真万确的，其仍然不能用来直接证明案件的最终争议事实。以社会调查报告为例，判断该报告是否具有关联性，除了审查其实质性特征外，还应当明确其是否能够体现出证明性特征。社会调查报告在刑事诉讼中的某一阶段被排除的很大一部分原因就是因为其在当时的阶段并不具备“证明性”特征。

如果社会调查报告所证明的事实与案件中的犯罪事实不存在直接联

---

〔1〕 *R v. Williams* (1986) 84 Cr App Rep 299, CA.

〔2〕 Paul C, Giannelli, *Understanding Evidence*, Matthew Bender & Company, Inc., 2003, p106. 转引自俞亮：《证据相关性研究》，北京大学出版社2008年版，第57页。

系，那么，在通常情况下，法庭将会以无法证明案件争议的焦点事实为由将其排除在证据之外。社会调查的范围出现偏差便会导致上述情形的发生。例如，法庭试图通过社会调查报告来了解被调查未成年人是否具有前科劣迹，但是，如果该报告中所涉及的内容都是对其一贯表现的描述，根本没有对其是否存在前科劣迹这一事实进行调查，那么该报告与待证事实就不具有关联性，并不能实现最终的证明目的，因此不应作为证据使用。

在一份社会调查报告中，进行调查的主体发生错误属于不具备证明性的另一种情形。例如，社会调查的“调查对象”应当是与未成年犯罪人的生长过程息息相关或对其生活环境较为熟悉的群体。社会调查人员在确定调查对象的范围时应当注意，若受到调查的群体与该名被调查的未成年犯罪人并无接触或接触性不多，且无法正确提供与待调查事实相关的信息，那么该调查报告将会以“调查对象”错误而被排除。

除了上述情形之外，我们还可以将焦点集中在量刑环节。量刑情节可分为法定情节和酌定情节。我国法律明确规定，在审判过程中，对“罪行轻重量刑情节的事实”的审查需要有充分的证据加以证明，那么，在分析酌定情节时，就需要考虑到未成年犯罪人的个人情况与其日常生活中的表现等因素。事实上，这些因素在社会调查报告中得到了充分的展示，报告中的大部分内容都能够充分地与酌定量刑情节中的待证事实相契合，极大程度上为裁判者对未成年人量刑时所遵循的从轻、减轻处罚原则提供充分的法律依据。很显然，社会调查报告在证明量刑情节时具有必要的充分性。

2. 社会调查报告的可采性。

（1）社会调查报告的客观性。客观性是指事物的存在具有不以人的意志为转移的特性。证据的客观性直接决定着法官最终是否能够采纳该证据并将其作为反映出案件事实的依据。对于社会调查报告而言，如果缺乏客观性这一属性，那么该报告将会被排除在证据之外。

古往今来，众所周知的是，在诉讼活动中，认识案件事实的途径有许多种方法，如远古时代作为定案依据的决斗裁判法、神明裁判法等。这些方法都被作为查明案件事实的方式，但均带有很大程度的主观主义形而上学、形式主义和片面主义特征。可以说，上述方法并不是如实地反映案件事实的最佳方法，他们仅仅存在于事物表面，能够适用于所有类型的案件并且完全与案件事实无关。这些方法并不能深入到事件内部去探究案件的本质和真实情形，只有证据才具备如实地重现案件事实的唯一可能性。这是由于，任何发生过的事实都会以不同的方式留下记载或痕迹，这些痕迹或记载相互印证，彼此之间存在着客观联系。人们在进行还原案件事实工作时，通过发现已知的痕迹或记载并有逻辑地进行串联，从而推导出未知的事实。而证据就是由发生过的事实的若干片段所组成的材料的总和。由于这些痕迹或记载具有客观性、理性及逻辑性，那么证据本身也应当具有上述特征。

此外，证据所反映出的内容必须是真实发生过的情形，其中不存在任何虚假、捏造的成分。也就是说，一项证据的取得应当符合客观规律，其内容必须是不以个人意志的改变而受到影响的，司法机关在制作社会调查报告时应当对调查的一切信息进行客观、真实的记录和描述，对未成年人的个人情况、生活及成长环境、性格爱好、家庭情况以及外界对其进行的评价等涉及的所有方面内容均应如实作出陈述并形成调查报告，其中不允许包含凭空杜撰任意猜测或自行加入没有事实依据的内容等主观方面的因素。如果社会调查报告所陈述的内容缺乏真实性，那么报告所体现的内容就违背了事物的本来面貌，从而不具有客观性，对此，法官不可以将其采纳为最终的定案依据。

(2) 社会调查报告的合法性。社会调查报告作为证据使用的另一前提是其必须具备合法性特征。社会调查报告的合法性不仅要求取证主体具备合法性，社会调查程序的启动、展开程序以及社会调查报告的制作程序、取证手段等方面都应当符合法律的规定，也就是说，社会调查的获取过程是否遵循正当程序是判断其合法性与否的决定性因素。

第一，社会调查报告取证主体的合法性问题。与相关性作为证据的自然属性不同，合法性属于证据的社会属性，在我国，取证主体的合法性向来是一个十分重要的问题〔1〕。随着我国对程序正义的关注度和要求程度越来越高，即使证据的实质内容能够真实、完整地还原案件事实，如果取证主体没有得到法定要求，该证据仍然不能被法庭采纳。

完善及明确社会调查报告的主体问题是社会调查程序的首要解决问题，也是检验社会调查报告是否具有合法性的第一步。社会调查的参与主体可以分为调查的实施主体、调查对象及调查对象的家人、亲戚、朋友等参与调查的人群。实施主体是指承担社会调查工作的人员，也就是通常所称的社会调查员。2001 年最高人民法院颁布的《关于审理未成

---

〔1〕 梁坤：《社会科学证据研究》，群众出版社 2014 年版，第 135 页。

年人刑事案件的若干规定》第21条规定："开庭审理前，控辩双方可以分别就未成年被告人性格特点、家庭情况、社会交往、成长经历以及实施被指控的犯罪前后的表现等情况进行调查，并制作书面材料提交合议庭。必要时，人民法院也可以委托有关社会团体组织就上述情况进行调查或者自行进行调查。"此外，人民检察院颁布的《人民检察院办理未成年人刑事案件的规定》[1] 以及《最高人民法院关于适用〈中华人民共和国刑事诉讼法〉的解释》第476条[2]也同样作出了相关规定。就目前来看，依照法律规定，社会调查报告的实施主体主要集中在两大领域，领域之一以与承担未成年人刑事案件侦办工作相关的司法行政机关工作人员为主要成员。由于社会调查报告的启动贯穿于侦查、审查起诉及审判阶段，因此，各阶段的办案人员均具备实施主体的适格性，如侦查人员、检察官、法院内部辅助法官办案的审判人员等。社会团体组织内部的工作人员及其他社会工作者为第二个领域中的主要力量，如人民陪审员、律师、心理咨询师、合适成年人、具有专业知识的社工及法院所聘请的社会调查员等。下面将对社会调查报告实施主体的资格进行逐一分析，以明确其作为调查人员的合法性。

首先，关于侦查机关工作人员是否具备实施主体的合法资格这一问题，学界普遍给予肯定的评价。有学者认为，公安机关作为代表国家对犯罪行为进行侦查的机关，其除了调查以犯罪行为为代表的案件情况以外，还应加强对未成年人犯罪的案件受理，报请、执行逮捕等工作，同时，公安机关还应利用职权对涉案未成年犯罪人的生活情况进行了解，能够更为全面准确地掌握好涉案情况[3]。也有学者认为，公安机关应

---

〔1〕《人民检察院办理未成年人刑事案件的规定》第9条规定："人民检察院根据情况可以对未成年犯罪嫌疑人的成长经历、犯罪原因、监护教育等情况进行调查，并制作社会调查报告，作为办案和教育的参考。人民检察院开展社会调查，可以委托有关组织和机构进行。……人民检察院应当对公安机关移送的社会调查报告进行审查，必要时可以进行补充调查。"

〔2〕《最高人民法院关于适用〈中华人民共和国刑事诉讼法〉的解释》第476条规定："对人民检察院移送的关于未成年被告人性格特点、家庭情况、社会交往、成长经历、犯罪原因、犯罪前后的表现、监护教育等情况的调查报告，以及辩护人提交的反映未成年被告人上述情况的书面材料，法庭应当接受。必要时，人民法院可以委托未成年被告人居住地的县级司法行政机关、共青团组织以及其他社会团体组织对未成年被告人的上述情况进行调查，或者自行调查。"

〔3〕刘冬根："试论我国未成年人犯罪案件社会调查的主体"，载《青少年犯罪问题》2008年第6期。

当作为社会调查的首要主体。因为社会调查起始于侦查阶段，公安机关如果要做到有针对性地讯问，找准感化、教育点，分析犯罪原因，就必须进行社会调查。如果由侦查机关承担社会调查工作，就等于延长了调查的时间，司法实践中社会调查时间不够充足的问题也就自然而然地得到解决。相较于其他主体，侦查机关拥有最强、最全面的调查能力，同时凭借自身的职责优势降低了调查成本。此外，将公安机关归纳为社会调查的主体的另一个原因，是因为从侦查阶段开始，只有公安机关有权对未成年犯罪人有针对性的讯问，社会调查也是分析犯罪原因的必要手段，公安机关能够更加准确地找到对未成年犯罪人的教育感化的介入点。故在司法实践中，有许多地区的侦查机关都已经承担了此项工作。例如，北京市海淀区就要求区级公安机关应当承担对外来流动涉案未成年人的社会调查工作。[1] 重庆市高级法院明确了社会调查的实施主体为司法行政机关，并将启动程序设置在公安侦查阶段，[2] 赋予了侦查机关实施主体的资格。综合上述观点，侦查机关应当具有实施社会调查的主体资格。

检察机关工作人员是否可以担任社会调查报告的实施主体呢？从2006年出台的《人民检察院办理未成年人刑事案件的规定》（以下简称《规定》）中就可以得知，检察机关工作人员承担社会调查工作具有合法性。《规定》要求公诉人员可以依职权制作社会调查报告，这就赋予了检察机关工作人员作为社会调查报告实施主体的法律地位。另外，学界给出的答案也是肯定的：从未成年人检察工作来看，由检察官在审查起诉期间进行审查，有利于公诉部门更好地掌握少年犯罪嫌疑人的个人特殊情况，加强针对性，有助于提高检察机关量刑建议的可采性[3]。在未成年人社会调查司法实践中，也有许多地区赋予了检察机关工作人员作为调查主体的合法性资格。如河北省秦皇岛市海港区检察院就承担起了对涉罪未成年人进行社会调查的工作。

另外，关于在审判组织中由审判法官、审判组织内部培养的专职调查员以及基层司法所的工作人员担任社会调查员，学术界普遍认为，在

---

〔1〕 王广聪："少年刑事司法社会调查程序研究"，湘潭大学2013年博士学位论文。

〔2〕 详见重庆市高级法院于2011年8月联合重庆市社会治安综合治理委员会办公室、重庆市检察院、重庆市公安局、重庆市司法局、重庆市团委出台了《重庆市未成年人刑事案件社会调查暂行办法》。《社会调查暂行办法》明确了调查主体为司法行政机关，社会调查的启动设置在公安侦查阶段。在审查起诉阶段，要求检察机关应当启动并全面开展社会调查。

〔3〕 范勤："试论未成年人刑事案件社会调查制度"，载《法治论丛》2002年第5期。

《刑事诉讼法》的授权下，开展社会调查既是公、检、法三家的权力，也是责任。法院作为案件的承办机关，其优势在于第一时间掌握与案件相关的第一手资料；同时作为国家公权力机关，法院在开展社会调查工作时更具有公信力，使得被调查对象更容易配合。总体来讲，将法院作为社会调查的实施主体具有及时性、针对性和准确性等优势。[1] 事实上，在我国上海、山东、四川等多地的法院均采取上述调查模式开展社会调查工作，并取得了不错的进展。例如，上海市长宁区法院就采取了由处于中立地位的承办法官担任社会调查工作的手段；成都市中级人民法院少年法庭设置了专门的少年调查考察官；南京市玄武区人民法院也规定若调查对象为本辖区内居民，则由本院内部培养的调查员负责社会调查工作。审判组织内部人员承担社会调查工作有利于法官根据社会调查报告所显示出的情况来更加准确地适用量刑及缓刑。至于基层司法所的工作人员担任社会调查员的资格问题，我国立法同样采取允许的态度[2]。除此之外，还有许多具有多年未成年人刑事司法审判经验的专业人员赞成由基层司法所的工作人员担任社会调查的实施主体。[3] 我国许多地区也纷纷将社会调查工作分配给当地的基层司法所，并且取得不错的效果，这种做法甚至还有逐渐增长的趋势。

由社会团体作为社会调查报告的实施主体这一举动同样得到了实务界的广泛支持与认同，同时也构成了未成年人刑事司法社会调查程序的特色之一，持赞成态度的观点认为：相较于司法行政机关，依靠社会团体的力量推动和促进社会调查制度的发展是更加可行的。目前，司法实践中在社会团体这一领域内可作为社会调查的实施主体的单位和个人主要有具备一定专业知识和技能的社会志愿者、与司法行政机关固定合作的专业机构，[4] 如与教育学、社会学、医学相关的机构、学校及心理咨询室、委托或指定的辩护人、共青团组织等。上述机构和群体均具备

---

〔1〕 谢安平、郭华：《未成年人刑事诉讼程序探究》，中国政法大学出版社 2015 年版，第 220 页。

〔2〕 2009 年最高人民法院、最高人民检察院、公安部、司法部联合颁布的《关于在全国试行社区矫正工作的意见》中规定：“对依法可能适用非监禁刑的被告人，人民法院在审理中可以委托司法行政机关进行审前社会调查，并将有关法律文书及时抄送司法行政机关。”

〔3〕 湖南省长沙市中级人民法院未成年人案件综合审判庭庭长、江西省南昌市中级人民法院未成年人案件综合审判庭厅长均赞成此种分配方式。具体内容详见王广聪：“少年刑事司法社会调查程序研究”，湘潭大学 2013 年博士学位论文。

〔4〕 王蕾蕾：“以检察阶段为例试述未成年人刑事案件社会调查制度启动程序”，载“新刑诉法背景下未成年人检察工作的理论与实践专题研讨会”论文集。

社会调查实施主体的适格性。

除了对社会调查的实施主体资格的合法性进行审查之外，对其进行程序上的审查也是十分必要的。《关于办理刑事案件排除非法证据若干问题的规定》第 7 条规定："公诉人提交加盖公章的说明材料，未经有关讯问人员签名或者盖章的，不能作为证明取证合法性的证据。"《关于办理死刑案件审查判断证据若干问题的规定》第 31 条也作出规定："对侦查机关出具的破案经过等材料，应当审查是否有出具该说明材料的办案人、办案机关的签字或者盖章。"无论是司法行政机关自行调查，还是委托其他社会团体或机构进行调查，在调查报告的落款处均应附有调查人员的签名及调查时间，尤其是对于司法行政机关而言，还应当加盖所在机关的公章，应当在每次调查完毕后将谈话时间、地点及内容进行详细的记录。上述做法不仅有利于司法机关对报告中的内容进行核实，便于调查人员对报告中存在的合法性问题进行说明，还能够强化调查人员的责任意识，约束其作出不符合程序规定的行为。

此外，对社会调查员人数的审查也是必要的，应当明确在一项调查活动中是否有两名以上的社会调查人员前往调查；当社会调查员会见未成年被告人时，是否有合适成年人在场……这些问题都关系到社会调查实施主体的合法性。

第二，社会调查具体程序的合法性问题。判断社会调查是否在程序上具备合法性，我们可以从审查启动程序和开展程序这两个方面得到答案。而对社会调查的启动和展开程序的调查主要分为启动时间、社会调查报告取得的方式、社会调查的流程、审查是否侵害未成年人正当权益等几方面内容。

首先，根据社会调查报告作为证据的性质来判断和确定启动程序的时间是否正确。若社会调查报告被作为量刑证据，则启动时间既可以发生在侦查阶段，也可以发生在审查起诉阶段。但是，如果仅仅将社会调查报告作为量刑时的参考意见，那么，启动时间则应开始于审判前。与此同时，制作完成的社会调查报告应当作为证据附入案卷当中，并随之移送至检察机关和法院。

其次，社会调查的形成方式是多样的，既可以实地走访、阅览和摘录相关资料，也可以通过与被询问人面对面谈话等方式获取信息。但其中需要引起注意的合法性问题是：在调查过程中，若发生被调查之涉罪未成年人的情况较为复杂，通过上述常用的方式难以获得较为客观的信息，尤其是在无法准确获取与其心理、精神状态方面有关的信息时，可以提出由专业的机构进行鉴定或测评的申请，不允许调查人员在没有事实依据的基础上凭借主观想法擅自得出结论。此外，法庭还应当注意并审查社会调查报告的实施主体在工作的过程中是否存在偏见、隐瞒真实情况等不利于未成年人正当权益的情况发生。

再次，对社会调查手段的审查也是至关重要的。调查报告之内容是否具备真实性与客观性的特征与调查人员进行调查的方式息息相关〔1〕。根据《关于办理刑事案件排除非法证据若干问题的规定》中所确立的非法证据排除规则，调查人员在进行社会调查的过程中不得对提供相关信息、资料的人员采用暴力、威胁、理由等非法手段来获取相关内容。若违反上述要求，该报告应视为非法证据，并予以排除。

最后，调查人员在取证时是否受到他人干涉、是否按照法定方式展开调查、是否对整个调查过程作出正确的记录、作出不客观的调查结论等行为也是违反正当程序的行为。

（三）社会调查报告的采信

1. 真实性。社会调查报告的真实性是决定裁判者是否采信该证据的基本要求。社会调查的实施主体不仅可以为司法行政机关，还可以是从事任何工作领域的社会团体。在司法实践中，由司法行政机关委托其他机构进行调查的情况十分常见，再加上社会调查报告的采集和制作过程往往由调查员个人完成，并没有公证机构全程进行见证，因此，该证据的真实性很难确定和保证。〔2〕即使是由某一领域内具备专业知识的专家进行实际取证，也难以保证该报告内容的真实性。

对于社会调查报告来说，对其真实性问题存在较多质疑的方面主要体现于该调查报告所表述的具体内容是否真实。

表3－1：法律法规中规定的社会调查内容

发布时间	法律法规	调查内容
2013.1.1	《中华人民共和国刑事诉讼法》	成长经历、犯罪原因、监护教育等

〔1〕张军、彭慧："现实与理想：新刑诉法适用下的未成年人刑事案件社会调查制度建构"，载"新刑诉法背景下未成年人检察工作的理论与实践专题研讨会"论文集。

〔2〕张军、彭慧："现实与理想：新刑诉法适用下的未成年人刑事案件社会调查制度建构"，载"新刑诉法背景下未成年人检察工作的理论与实践专题研讨会"论文集。

续表

发布时间	法律法规	调查内容
2013. 1. 1	《最高人民法院关于适用〈中华人民共和国刑事诉讼法〉的解释》	性格特点、家庭情况、社会交往、成长经历、犯罪原因、犯罪前后的表现、监护教育等。
2012. 10. 26	《预防未成年人犯罪法》	生理、心理特点、犯罪情况
2010. 8. 28	《关于进一步建立和完善办理未成年人刑事案件配套工作体系的若干意见》	性格特点、家庭情况、社会交往、成长经历、是否具备有效监护条件或者社会帮教措施，以及涉嫌犯罪前后表现等
2010. 7. 23	《关于进一步加强少年法庭工作的意见》	性格特点、家庭情况、社会交往、成长经历以及实施或被指控犯罪前后的表现等
2007. 1. 9	《人民检察院办理未成年人刑事案件的决定》	平时表现、家庭情况、犯罪原因、悔罪态度、成长经历、个性特点、社会活动等
2006. 1. 11	《最高人民法院关于审理未成年人刑事案件具体应用法律若干问题的解释》	实施犯罪行为的目的动机、犯罪时的年龄、是否初次犯罪、犯罪后的悔罪表现、个人成长经历和一贯表现等
2001. 4. 4	《最高人民法院关于审理未成年人刑事案件的若干规定》	性格特点、家庭情况、社会交往、成长经历以及实施被指指控的犯罪前后的表现
1995. 10. 23	《公安机关办理未成年人违法犯罪案件的规定》	生活、学习环境、成长经历、性格特点、心理状态及社会交往等

表3－1举出了我国刑事诉讼立法、司法解释以及相关规定中对社会调查报告内容限定的范围。可以看出，立法对社会调查报告的内容主要限定在导致被调查未成年人实施犯罪行为的主客观因素以及被调查未成年人人身危险性大小这两个方面。因此，对报告内容真实性的审查也应当集中在表格中所提到的几个方面。

首先，社会调查报告内容的真实性与否极大地影响了法官对该份调查报告的采信程度。而影响一份社会调查报告内容的真实性的主要因素是什么呢？笔者认为，我们主要可以从以下两个方面得出结论：一是社会调查报告的制作过程含有较强的主观因素，导致其内容具有片面性；二是社会调查报告的内容含有虚假成分。前者是由于调查人员在工作中加入了过多的主观意见，使报告中出现了大量的能够体现出个人情感和主观判断的语句；后者完全是由于调查人员在报告中掺杂了与事实不符或完全相反的内容，直接违背了证据的真实性原则。我们可以从一份具体的社会调查报告中进行进一步的理解〔1〕。该社会调查报告的调查主体为某地中级人民法院指定的一名书记员，该书记员在报告中对被调查的未成年人是这样进行描述的：

本人于××年××月与同事来到一个十分偏僻、贫穷而又荒无人烟的小山村，也就是本报告中所要调查的被告人××的居住地，同时也是本报告中所调查的未成年犯罪人出生、成长的地方。该未成年人仅有初中肄业的文化程度，目前在我省某地级市生活，已经独自生活了四五年，无固定单位和固定住所。调查中发现该未成年犯罪人有过多次盗窃的前科，曾经数次被行政拘留、劳动教养，也曾被判处管制、拘役和缓刑。经走访其所居住的社区居委会得知，该犯罪人一直以来都令居委会成员十分头疼，更是被社区居民视为一颗随时都可能爆炸的定时炸弹。本人与同事不辞辛苦，不顾旅途奔波，走访了该未成年犯罪人出生地所在的村民小组、该县所在的团委机关、司法局社区矫正科以及其曾经就读的中小学，细致询问了其父母、亲戚、与其关系密切的同学和朋友、其所在学校的老师和校工、街坊邻居，并制作出一份详尽、完整的社会调查报告。通过不断地走访询问、到相关单位收集资料、调查犯罪人的过往生活、持续发现问题，本人已经能够全面地了解该名犯罪嫌疑人的各项情况，该社会调查报告也具有相当的科学性，我的辛苦工作也得以圆满完成。

从该调查报告中不难看出，该报告属于较为典型的对所要求需要涉及的内容调查得较为片面的类型。我们在感动于该名调查人员尽心尽力完成工作任务的同时，也看到了其在调查时所暴露出的一些问题。首

〔1〕 该报告的具体内容详见王烨："未成年人社会调查制度研究"，吉林大学2015年硕士学位论文。

先，该报告所反映出的内容较为片面，仅仅体现出该名被调查的未成年人的生活环境、家庭背景、在社区中得到的评价等，对其人际交往情况、居住环境、与其交往的人员等问题都没有交代。更值得注意的是，报告中仅仅提到了该未成年人具有前科，但却没有对其被判处管制、拘役和缓刑期间的一贯表现进行调查，其犯罪动机和作案时的心理状态更是完全没作说明。另外，该报告存在一定的个人观念，报告的制作者对调查材料的理解体现出许多主观看法而非站在客观、中立的角度。这样的报告在作为证据使用时，裁判者的主观推测范围会随之加大，推测的范围越多，对报告内容真实性的影响就越大。

影响社会调查报告内容的另外一个因素是虚假信息的存在。应当通过采用证据相互印证的方法，或是在审判中要求调查人员出庭针对调查报告的内容接受询问的方式，对报告中弄虚作假、对真实情况进行夸大或隐瞒或伪造数据等影响其真实性的内容进行排除。

一份完整的社会调查报告不仅包括对事实的陈述部分，还包括相应的分析建议部分。报告中出现的类似于“笔者对该未成年犯罪人的分析认为”等相似语句的后面部分均属于制作者提出的建议和意见。这里的分析建议部分应当通过专业系统以及科学的分析后提出，且成立的前提应当以事实内容为依托，针对的是被调查人的再犯可能性、社会危害性[1]。由于该建议的性质属于社会调查人员的自主判断，具有较强的主观能动性，如果这种判断由于种种原因被不当使用，就会影响该报告的真实性和客观性。

总的来说，由于我国现阶段立法缺乏完善的约束社会调查报告的制度性规范，调查报告内容的真实性方面极易出现问题。特别是在一份证据是由非专家制作又没有公正的情况下，对方当事人和法官在质证和认证环节都很容易找到它在真实性方面的漏洞[2]。

2. 充分性。目前我们已经明确了重要的一点，那就是社会调查报告并不是能够证明案件事实的直接和最主要的证据，因此不能作为定案的主要或唯一依据。特别是在缺乏其他主要证据时，并不能凭借社会调查报告来决定被告人是否应当受到法律的惩罚。对于充分性而言，作为法官决定是否采信一项证据的另一个决定性因素，它更加强调的是一份

---

〔1〕 罗芳芳、常林：“未成年人社会调查报告的证据法分析”，载《法学杂志》2011年第5期。

〔2〕 梁坤：《社会科学证据研究》，群众出版社2014年版，第156页。

证据在获得证据能力后可以在多大程度上证明案件事实的问题。就社会调查报告来说，笔者认为，社会调查报告实施主体的不同导致了每一位调查人员都可能采用不同的调查方式，从而决定了这份工作并不存在既定的调查模式。再加上不同地区对社会调查报告的设计和制作过程的要求都不尽相同，那么，社会调查报告在具备了证据能力之后提交至法庭应用时并没有预定的证明力，也就是说，社会调查报告的充分性会随着任何一个环节的不同而发生改变。

对于社会调查报告充分性的影响因素，一般情况下可以从以下几方面进行考虑：

第一，社会调查报告的内容及社会调查员在报告中提出的建议理由是否充分全面。例如，现在有两份待审查的社会调查报告，其中一份对未成年犯罪人的家庭情况、性格特点、生活环境、日常一贯表现以及有无前科劣迹等情况作出了详尽地介绍，而另一份报告仅关注未成年人的生活起居，仅陈述了一般情况，并没有涉及关于未成年人特殊问题的内容，在分析未成年被告人犯罪的主客观原因时，也并没有抓住法庭所关注的重点问题。相比之下，第一份报告更加凸显了诉讼过程中控辩双方共同关注的问题，更何况在真实性相同的基础上，越是进行全面的调查，得出的结论就相对更具准确性，该证据存在的缺陷或漏洞就越少，对立方提出反对意见的可能性就越小，第一份报告比第二份报告更具有证明某项事实的充分性。另外需要注意的一点是，在报告中应当同时体现出有利于和不利于未成年人的信息。

第二，当社会调查报告中存在涉及教育学、心理学、精神病学、社会学等专门知识的内容时，应当保证依据上述知识所得出的结论的可靠性。报告建议部分所涉及的对未成年人犯罪成因以及人身危险性、社会危害性的分析是法官进行定罪量刑的重要法律依据，社会调查员在撰写本部分内容时应当保证其同样具有较高的可靠性。

第三，有些地区在进行社会调查时可能会借助问卷、访谈提问的手段，当问卷及访谈提问中的问题设计不当时，也可能削弱证据的充分性。例如，在加拿大联邦最高法院于 2006 年判决的 *Mattel Inc. v. 3894207 Canada Inc.* 一案中，原告提出了一份采用问卷方法制作而成的调查报告，但法庭并没有赋予此报告的证明力，原因是调查问卷的题目不具有中立性，并且明显地偏向于原告方的立场[1]。问卷中此类问题的设置非常有可能会受到对方的质疑，理由是该问题具有极大的诱导性和偏向性，极容易对调查者产生心理暗示。当法官在行使自由裁量权决定是否采信该证据时，很可能会根据审判经验认为该证据不具有充分性，作出不予采信的判断。

第四，社会调查员是否出庭作证也应当成为考虑社会调查报告充分性的一个因素。我国立法对此问题的答复持有十分明确的肯定态度[2]。要求社会调查员出庭作证的目的在于，通过法庭的询问环节，可以更清晰、直接地了解到社会调查员所运用的调查方法有哪些、其调查的依据是否科学、其进行调查的过程是否正当等问题。例如，江苏省就规定社会调查员应当全程参与庭审、确定处置结果和判后矫正帮教工作[3]。上海市长宁区法院在少年刑事审判庭内设有专门的社会调查员席位，并且被安排在被告人席与辩护人、法定代理人席之间，与证人席相对应[4]。

事实上，证据的充分性十分敏感，在任何一个环节上存在缺陷都有可能使证据的充分性受到影响，从而限制了法官的采信。由于充分性的影响因素较多，再加上某些关于充分性的影响因素过于细微，在审查判断时往往可以忽略，因此本书仅列举了对社会调查报告充分性影响程度较大的几个方面。

三、社会调查报告在刑事审判中的应用

(一) 社会调查报告在定罪阶段的应用

从当前来看，对于社会调查报告能否作为定罪证据这一问题，无论在理论界还是实务界都存在较大争议。社会调查报告能否适用于定罪阶段——换句话说，就是社会调查报告中所证明的事实是否与用于证明定

---

〔1〕 Supreme Court of Canada. [2006] 1 S. C. R 772, 268 D. L. R. (4TH) 424, 2006 SCC22. 转引自梁坤:《社会科学证据研究》，群众出版社 2014 年版，第 159 页。

〔2〕 2010 年 9 月 13 日最高人民法院、最高人民检察院、公安部、国家安全部、司法部联合签发《关于规范量刑程序若干问题的意见（试行）》第 11 条已经明确规定:“人民法院、人民检察院、侦查机关或者辩护人委托有关方面制作涉及未成年人的社会调查报告的，调查报告应当在法庭上宣读，并接受质证。

〔3〕 沈利、陈亚鸣:“刑事案件未成年被告人社会调查制度的法理考察与司法实践”，载《青少年犯罪问题》2008 年第 2 期。

〔4〕 王广聪:“少年刑事司法社会调查程序研究”，湘潭大学 2013 年博士学位论文。

罪的事实具有相关性，该问题正是本部分需要重点厘清的问题。

在分析社会调查报告适用于定罪阶段可能性之前，有必要事先明确刑事诉讼所采取的证明标准。在我国，刑事诉讼的证明标准是“案件事实清楚，证据确实、充分”。英国和美国在定罪时将“排除合理怀疑”作为证明标准。可见，无论是在我国还是其他国家，在刑事诉讼中，对案件事实的证明要求都相当之高。正是由于这种极高的证明标准，导致了社会调查报告这一体现被告人主观个性为何的证据在探寻事实真相方面极少得到应用。

就诉讼证据的相关性而言，通常来说，主要被用于定罪的证据通常都是由公诉方提出的具有控诉意味的证据。这些证据与被告人本身的素质无关，而是与案件所争议的焦点问题有关，并直接关系到法官如何对案件事实作出准确的认定，因此，控诉证据与刑事诉讼的证明标准具有直接联系。回过头来看社会调查报告，报告最终所要证明的是一个人的主观个性，这种个性主要通过未成年被告人的品德、习惯、日常表现等方面体现出来。未成年被告人具有什么样的主观个性与定罪事实并无直接联系，可以说，如果将报告用于定罪的话，其证明力较弱。因此，笔者认为，将社会调查报告作为未成年人刑事诉讼中的定罪证据似乎有些牵强，在本阶段还不宜适用。

（二）社会调查报告在量刑阶段的应用

在量刑阶段，首先进入裁判者关注范围内的主要问题是确认被告人应承担的刑事责任，并核实其犯罪的主观要件。与量刑相关的证据的证明对象为量刑事实，指的是控辩双方所提出的罪重、罪轻主张所依据的事实，并且这些事实必须能够反映出被告人的社会危险性以及犯罪行为的社会危害性。量刑事实不仅包括是否累犯、具有前科或一贯品性良好等罪前事实，也包括犯罪手段、犯罪对象等罪中事实，还包括是否存在自首、立功行为或逃跑、试图掩盖和毁灭证据行为等罪后事实[1]。这些与量刑相关的待证事实正好能够通过社会调查报告体现出来，且具有较高的证明力。

在办理未成年人刑事案件时，应当遵循儿童最大利益原则。1909年 Mack 法官在《少年法院》中指出：“为什么我们不能像对待疏于管教的孩子一样，像一位明智、仁慈的父亲对待自己的孩子一样，公正恰

〔1〕 李玉萍：“量刑事实证明初探”，载《证据科学》2009 年第 1 期。

当地处遇少年犯？不是仅仅讯问男孩或女孩是否犯有特定的罪行，而是查明他、她是谁，身体上、心理上与道德上的具体状况，如果得知他正走向犯罪的深渊，则管束他。难道改造不如惩罚么？难道这不是国家的职责么？误入歧途的孩子、屡教不改的孩子、触犯法律法规的孩子，应被置于政府的监管之下——不是作为其敌人，而是作为其最终的监护人。"[1] 第14届国际少年与家事法院法官协会大会也提出："对少年犯罪所做出的任何司法反应都应当与犯罪少年本身及其违法行为的情况相适应"。也就是说，对待涉罪未成年人不应当与成年人犯罪的做法一概而论，应当从未成年人的身心发展特点出发，最大限度地从各方面满足未成年人的利益与需求。针对这一问题，我国与未成年人相关的立法也相继作出规定，为社会调查报告在量刑程序中的适用找到了准许的落脚点和法律依据，[2] 量刑中对社会调查报告的举证也因此得到规范[3]。

毫无疑问，在量刑程序中，法官将焦点主要放在与未成年被告人的人身危险性及社会危害性相关的事实之上，社会调查可以为解决上述问题提供有价值的参考意见，一份具有较高说服力及可信度的社会调查报告也就成为法官量刑时参考的重要依据。随着量刑改革的不断深入，社会调查制度将会更加广泛地应用于未成年群体之中，特别是在法庭质证环节，也将赋予被告人及其律师对报告内容进行说明，并允许提出相应证据加以佐证的权利。可以说，在今后的量刑程序中，对社会调查报告的需求和依赖性将会体现得愈加明显。

---

〔1〕 Julian W. Mack, *the Juvenile Court*, 23 Harv. L. Rev. 104, 1909. 转引自王广聪："少年刑事司法社会调查程序研究"，湘潭大学2013年博士学位论文。

〔2〕 这些法律法规主要有：2010年最高人民法院颁布的《关于进一步加强少年法庭工作的意见》第13条规定："有条件的人民法院在审理未成年人刑事案件时，对有关组织或者个人调查形成的反映未成年人性格特点、家庭情况、社会交往、成长经历以及实施被指控犯罪前后的表现等情况的调查报告，应当进行庭审质证，认真听取控辩双方对调查报告的意见，量刑时予以综合考虑。"由中央综合治理委员会预防青少年违法犯罪工作领导小组、最高人民法院、最高人民检察院、公安部、司法局、共青团中央与2010年联合发布的《关于进一步建立和完善办理未成年人刑事案件配套工作体系的若干意见》第三部分第一项第4条规定："人民法院在办理未成年人刑事案件时，应当全面审查人民检察院移送的社会调查报告或无法进行社会调查的书面说明、办案期间表现等材料，并将社会调查报告作为教育和量刑的参考。"

〔3〕 例如最高人民法院、最高人民检察院、公安部、司法部于2010年发布的《关于规范量刑程序若干问题的意见（试行）》第11条规定："人民法院、人民检察院、侦查机关或者辩护人委托有关方面制作涉及未成年人的社会调查报告的，调查报告应当在法庭上宣读，并接受质证。"

第四章　未成年证人证言规则

第一节　未成年证人证言的心理学基础

一、未成年证人证言的一般特点

未成年证人证言，是未成年证人向司法机关将自己了解的与案件相关的真实情况所作出的陈述。

第一，未成年证人证言具有直接性特征。通常来说，证人所作出的陈述都是其亲身经历或者是亲眼所见、亲耳所闻的，再加上未成年人涉世不深，个性较为单纯，受到外界的影响较小，通常未成年人证言都能够直接还原部分事实。尤其是对于目击证人或是参与作案的涉罪未成年人来说，其证言更具有直接反映出案件发生的整个过程的特点。

第二，未成年证人证言的真实性较强。未成年人个性较为单纯，通常做事不带偏见，想法相对简单。从上述特征可以判断出，未成年人所提供的证言相对真实。即使对于年龄较小的儿童来说，其证言也并不存在“说谎”这一问题。因为心理学研究表明，虽然年龄在 2 ~ 8 岁之间的儿童还处于极易活在想象中的世界的时期，常常把想象世界误当成现实情节，区分二者的能力有待提高，但这与“说谎”是有区别的，随着经验的增加以及分析综合能力的提高，他们会逐渐把想象的东西与真实的东西区别开来。[1] 因此，不能凭借这一现象就认为未成年证人证言不具有真实性特征，只能说明该陈述的准确性不强。

第三，未成年证人证言具有准确性较低的特点[2]。其原因在于：未成年人尤其是儿童的智力发育尚未成熟，受教育程度相对较低，语言表达能力较差，对环境变化的心理承受能力较弱，当未成年人置身于庄

---

〔1〕 丁祖荫：《儿童心理学》，山东教育出版社 1984 年版，第 150 页。

〔2〕 刘广三等：《刑事诉讼言词证据：程序与规则》，中国人民公安大学出版社，第 48 ~ 49 页。

重的法庭内受到询问时，紧张的气氛可能会使其不能够准确地回忆案发经过，并且影响证人的表达。

二、未成年证人证言的心理学基础

（一）证人主动作证的心理动机

在刑事案件中，证人作为了解案件情况并可能目击到案件事实的特殊群体，可以被看作储存罪犯实施犯罪行为相关信息的载体，对法庭作出最终的裁决至关重要。通常看来，证人是否愿意实施主动作证的行为与其心理动机有着密切的联系。支配证人主动作证的心理动机主要有以下几个方面：①证人意识到作证是每个公民应尽的义务。有些责任感及法律意识较强的证人认为主动作证是公民应当履行的职责和义务，能够真正地将自己融入社会角色当中，为维护社会的公益和良好的生活秩序贡献自己的力量。②证人的正义感使然。一些积极作证的证人试图最大限度地还原其所了解到的事实，这是由于证人内心存在的正义感的驱使。通常这类证人十分配合司法人员的工作，提出的证言内容较为详细，并且通常不带有功利性目的。③满足个人私利。这类人群积极作证的前提是为了获取利益。对于一些疑难案件及大案要案，公安机关通常会为了获得更多有价值的线索而作出悬赏的决定，对能够提供有帮助性线索的人给予一定的报酬。在这种情况下，有些人会为了谋取个人私利而选择积极作证。④与案件当事人密切相关。证人主动作证的另外一个原因与案件当事人有关。一种情况是案件的当事人与证人为熟识的关系，证人基于友情而答应作证；另一种情况是，证人与当事人发生过纠纷或其他影响彼此友好关系的事情，证人出于报复的心理作出对当事人不利的证言。

（二）证人作证的心理障碍

证人拒绝作证的心理主要有：[1] ①怕受到报复。一个人的人身安全被视为生命中最为宝贵的东西。保护个人的人身不受到危险侵害，保障自己的财产不被掠夺，几乎是每个证人作证前都不得不考虑的问题。目前，我国有些刑事犯罪活动十分猖獗，不法分子对指正他们犯罪行为的证人进行疯狂的打击报复，严重地危害了证人的身心健康及财产安全。再加上我国立法对证人保护制度的规定较为模糊，没有作出明确的

---

〔1〕 奚居仁："证人不愿作证的心理分析"，载《河北公安警察职业学院学报》2005 年第 5 期。

惩罚措施，间接使得不法分子有机可乘。②事不关己高高挂起的心态。有些人目睹了犯罪行为的发生或对案件事实有着较为充分的了解，但由于犯罪行为并没有侵害到自己的利益，自己与案件中的当事人没有任何关联，往往抱有多一事不如少一事的心态。人性的冷漠、消极的情感及处理事情的方式让证人产生拒绝作证的想法。③与犯罪嫌疑人密切相关。有些证人与犯罪嫌疑人为熟识关系，为了保持与犯罪嫌疑人之间的友好关系、不想被人指责"忘恩负义""不讲义气"而选择拒绝作证。这种情形在未成年群体中较为常见。④贪图私利。有些犯罪嫌疑人为了逃避法律的制裁，以金钱、物质、名利等方式试图对可能作出不利于犯罪嫌疑人的证供的证人进行收买。证人接受这些好处以后作出拒绝作证的决定。

证人作伪证的心理主要体现在：①贪图私利。因接受对方的好处而答应作出与事实不一致的供述。②害怕与证人对立的一方对其进行打击报复。为了保护自己与家人的安全，不得不作出伪证。③个人情感因素。证人出于庇护或报复案件中的当事人的目的作出虚假证言。

第二节 未成年证人证言的质证

一直以来，未成年证人相关问题一直是学界关注的焦点。未成年证人证言是未成年证人向司法机关作出的与其案件相关的陈述，属于言词证据的主要类型。《刑事诉讼法》第59条规定："证人证言必须在法庭上经过公诉人、被害人和被告人、辩护人双方质证并且查实以后，才能作为定案的根据。"也就是说，法庭询问是对证人证言进行质证的基本方式，证人证言只有通过质证环节才能被法庭所采信。而这种对可信性提出质疑的方式既包括裁判者的主动审查，也包括可以允许对方当事人向陪审团提供与证人的可信性问题相关的证据。

一、未成年证人证言的质证方法

（一）未成年证人证言的质证过程

在探讨采取哪些方法对未成年证人可信性进行质证之前，有必要事先了解裁判者对证据可信性的认证过程。具体说来，在庭审中，裁判者主要采取下述方式对未成年证人所作陈述进行推论，用以确定其证言的可信性。例如，证人作证说："小明受伤了，正是被告打了他。"此时的裁判者有责任必须对这一事实进行推断，首先应当认定证人作出此陈述的意图是为了说明被告人袭击了小明，并且小明受到的伤害正是由被告人造成的。其次，还必须检验证人提供上述证言的前提为其确实具备足以作出准确陈述的观察、感知、记忆和表述能力。最后，裁判者还应当对证人内心是否诚实的相信并确认这一主张作出准确地判断。裁判者对证人证言可信性的认证过程可以通过图 4 - 1[1] 体现出来：

证据性事实（EF） →	推断性事实 1（IF1） →	推断性事实 2（IF2） →	推断性事实 3（IF3） →	推断性事实 4（IF4） →	推断性事实 5（IF5）
证人陈述说：小明受伤了，是被告打了他。	证人认为小明的伤确实是被告造成。	证人此刻诚实地相信：“被告打伤了小明。”	证人准确地感知了事件的发生。	证人准确记忆了该事件的发生。	被告确实打伤了小明。

图 4 - 1　未成年证人证言可信性的认证过程

在推论的过程中，当裁判者发现推论链条（见图 4 - 1）中的任一环节出现错误时，这份证据便不能证明“小明的受伤是被告造成的”这一命题。也就是说，该证据便不再与案件具有相关性。

事实上，对未成年证人证言的质疑就是对上图中所描述推论链条的部分或全部内容进行质疑的过程。从图 4 - 1 中不难发现，证人证言被质疑的部分主要隐藏于推断性事实当中，即证人对事件的发生进行了错误的感知、记忆或叙述，或是证人具有不诚实提供证言的主观故意。与此同时，证人提供意见的信息点越多，被质疑的陈述和目标就越多。假如在之前举出的“小明是否由被告打伤”这一案例中，若证人还附加对被告人先前行为的描述，例如：“证人看见被告人曾经与小明发生过争吵。”一方当事人可能针对证人的这一证言向法庭提出质疑，并作出进一步的举证以反驳证人的观点，故在质证时会提出“证人系未成年人，无法对双方是否真正发生争吵作出明确判断”的质疑，同时还会举出“被告人具有平日里喜欢大声与他人说话的特点，所以证人对被告的

〔1〕 该推论链条的架构出自于 Ronald J. Allen 教授总结出的对证言的推论过程。笔者在该架构下总结出裁判者对未成年证言的认证过程。详见 Ronald J. Allen & Richard B . Kuhns & Eleanor Swift, *Evidence*: *Text*, *cases and problems*, New York, Aspen Law and Business, 1997. p. 311 ~ 312.

行为作出了错误感知”来推翻证人的意见。此时，法庭将会根据情况考虑是否放弃证人的这部分意见。可见，在质证环节，证人的可信性已逐渐成为裁判者和双方当事人均关注的重要问题，并且在庭审中越来越将更多的注意力集中在该问题的确认和询问上。

（二）未成年证人证言的可信性

就证人本身而言，是否具备能够真实准确地作出陈述的证言能力是其获得作证资格的前提，并始终影响着该证言的力度。这种能力首先取决于证人能够诚实作证的可能性程度，还囊括了证人对其所目击事件的观察灵敏度与回忆并叙述该事件的客观属性等因素[1]。裁判者必须根据上述因素对其证言的可信性作出推论。上述观点可以总结为，证人证言是否具备可信性的决定性因素主要体现在以下两点：一是证人自身对其所经历事件的观察、感知、回忆及表达能力是否达到足以在法庭上作证的程度；二是证人本身是否具有如实作证的意愿。

英美法系国家认为，对证人的可信性进行判断通常意味着对证人证言的审查判断，这些判断既包括证人自身的作证条件，也包括证人证言的真实性。尤其是澳大利亚《1995 年证据法》专门对证人的可信性作出了明确的界定，认为证人的可信性不仅包括证人本身的诚实性，还包括基于证人能力或其他非诚实性因素而导致其证言的真实性发生错误的可能性[2]。大陆法系国家将证人的可信性分为证言的信用性事项以及证人的信用性事项。证人的信用性包括该证人主观存在的偏见、预断或与周围环境存在某些利害关系等事项，而证言的信用性主要包括证人的观察、记忆或者表达的正确性等事项[3]。

在未成年人领域内，由于其自身的生理和心理发育与成年人相比均未成熟，无论是未成年人本身的作证能力（包括智力、记忆、观察、回忆、表述等能力），还是其是否具备诚实性、偏见性等问题，其各方面能力相对来说均较弱于成年人。因此，在办理案件时，对其证言可信性的质疑一定更加普遍，这一点本身就是不容置疑的。因此，对未成年证

〔1〕［美］特伦斯·安德森、［美］戴维·舒姆、［英］威廉·特文宁：《证据分析（第二版）》，张保生等译，中国人民大学出版社，2012 年版，第 87 页。

〔2〕澳大利亚《1995 年证据法》规定：“证人的可信性是指证人证言任何一部分或全部的可信性，包括证人对其已经、正在或将要作证的事实或事项的观察或记忆能力。”

〔3〕以日本《刑事诉讼规则》为例，该规则第 199 条之 16 规定：“询问对争辩证人供述的证明力有必要的事项，应当针对证人的观察、记忆或者表达的正确性等有关证言信用性的事项，以及证人的利害关系、偏见、预断等有关证人信用性的事项进行。”

人的质证规则更加令人关注。

（三）对未成年证人证言质证的方法

由于未成年证人的可信性一直是质证这一环节的核心部分，对证人证言的评估方法同样是以影响证人证言可信性的两个因素为设立的前提。大陆法系国家的职权主义模式决定了其在庭审中对证人证言的审查方式主要依靠法官依职权来启动，并没有技术性规则的限制。拥有广泛权力的法官普遍从证言的信用性事项以及证人的信用性事项两个方面对证人的可信性进行审查，除了对证人是否存在偏见的主观故意、是否有预断的可能、是否与他人存在利害关系进行审查之外，还应当对证人自身的表述、观察、记忆等能力作出评估。在质证环节，法官通常向证人提出综合性问题，由证人根据其记忆的事项对该问题进行具有前后连续性的系统描述。与英美法系不同，大陆法系国家中证人的陈述相对来说范围较广，叙述形式较为自由，外界对其影响较小。对于未成年证人来说，大陆法系国家庭审中的证言导出方式更容易给未成年人带来轻松的陈述环境。但由于证人的回答相对来说受到的限制较少，因此，在证言的完整性上有所欠缺。

英美法系国家对证人可信性的判断途径，主要依赖在质证环节中对证人证言所包含的事实问题进行推论的方式。与大陆法系国家不同的是，在证言的导出方式上，英美法系国家普遍采取问答式的证言导出方法[1]，即控辩双方均可以通过主询问和反询问的方式向证人提问，并可以根据证人陈述的内容，通过交叉询问或提出相反证据等弹劾方式进行质证，进而得出对证人身份及其所陈述证言的真实性及准确性与否的结论。此时，证人应针对提出的问题进行集中式回答而非大段的叙述。

值得注意的是，对于未成年人（特别是儿童）证人而言，询问者应特别注意提出问题的方式，应禁止询问者提出带有混淆及暗示性质的误导性问题。由于与大陆法系国家叙述性证言导出模式相比，英美法系国家普遍采用的问答式证言导出模式虽具有更高的完整性，但基于法庭上控辩双方对诱导性询问策略的运用，所获证言的精确率较弱[2]，并

〔1〕 王进喜：《刑事证人证言论》，中国人民公安大学出版社2002年版，第161页。

〔2〕 1924年，在一个由合格律师参加的心理学演讲会上进行了一项关于证言记忆与导出方式的实验，结果表明：大陆法系国家叙述式的证言导出模式的完整率为23.2%，低于英美法系国家的问答式导出方式；而叙述式导出模式的精确率高达94.05%，这一比例高于问答式的导出方式。参见王进喜：《刑事证人证言论》，中国人民公安大学出版社2002年版，第162页。

且不利于准确判断证人的诚实性及未成年人的认知能力。因此，在问答式证言导出模式下，从未成年人身心发展的特殊性角度考虑，应当禁止询问者向未成年证人提出具有混淆及暗示等不利于查明案件事实的诱导性问题，询问者在提问时应尽可能表达清晰、直接易懂，能够使得未成年证人正确地理解问题并有能力作出回答。例如：

问：你知道什么是谎话吗？
答：……
问：你认为说谎的行为是正确的还是错误的？
答：……
问：小明刚刚打了小强，这是真的还是假的呢？
答：……
问：当时已经天黑，而你又是近视，你能看清打人的就是小明吗？
答：……

此时，未成年证人被要求只能针对询问者提出的相对集中的问题作出回答，不要扩大地叙述某件事情或某种情节，防止证人作出的陈述超出案件争议事实的范围。华尔兹教授认为，要求证人采取回答的方式获得证言的目的是：允许对方律师在预见到某问题会使陪审团听到不得采用的证据时及时提出反对，以免证人作出有危害性质的回答[1]。

另外，在以当事人主义为核心的英美法系国家，主要采取了弹劾的方式对证人的可信性提出质疑，并将弹劾又分为内源弹劾与外源弹劾两种形式。内源弹劾主要通过对证人进行交叉询问的方式推动程序的进行，该弹劾方式也是英美法系国家最为典型和必经的质证程序。外源弹劾则需要提出质疑的一方提供外部证据，如书证、其他证人证言等外在信息的支持。综合来看，英美法系国家用于弹劾证人可信性的方法可以分为以下五种：

1. 证明证人说谎的外源性弹劾——通过提出证明证人具有不诚实品性的证据，表明证人具有不诚实性品质的缺陷。

2. 证人对某一方存在偏见。

3. 证明证人的感知、记忆、表述等固有能力（证人具有某种先天

---

〔1〕［美］乔恩·R. 华尔兹：《刑事证据大全》，何家弘等译，中国人民公安大学出版社1993年版，第35页。

性缺陷）或案发时临时不具备某种能力（证明为近视，案发时没有戴眼镜）。

4. 证明证人作出与先前不一致的陈述，用于质疑其证言的准确性。

5. 证明证人说谎的内源性弹劾——通过其他途径（先前不良行为、刑事犯罪记录等）弹劾证人的可信性。[1]

实践中，对证人诚实性进行评估和判断的力度似乎要远远超过对证人感知、记忆和表达能力的审查程度。但是，对于感知、记忆和表述等固有能力与成年人相比必然较弱的未成年证人来说，对于上述的第三种弹劾方法当然地成为法庭在审查未成年证人可信性时必须首先考虑的因素。

二、未成年证人证言质证的论证模型

对证人证言的质证过程实际上是确认该证言是否具备可信性的过程。由于刑事案件需要达到“排除合理怀疑”的证明标准，因此，对证人证言可信性论证模型的构建也应当与该证明标准相适应。在对证人证言及可信性的论证理论中，学者沃尔顿、图尔敏等人为产生争议的案例所适用的法律推理的结构提出了全新的、系统的分析方法，其中包括针对证人证言质证提出的论证模型，将该模型应用在法定的诉讼程序之中，能够为此类论证提供行之有效的范式，最终达到公正审判的目的。

（一）沃尔顿论证模型

沃尔顿认为，对证人证言的论证是一类诉诸从未知到知道的论证类型，而这一观点同样在《亚历山大修辞学》一书中得到阐释。这类论证具有下列推论形式：

大前提：证据来源 a 处于知道特定领域 S 中事情的位置，而领域 S 中包含着命题 A。

小前提：a 断言 A 为真（假）。

结　论：A 为真（假）。[2]

---

〔1〕 Ronald J. Allen & Richard B . Kuhns & Eleanor Swift, *Evidence*: *Text*, *Cases and Problems*, New York, Aspen Law and Business, 1997. p. 389.

〔2〕［加］沃尔顿：《法律论证与证据》，梁庆寅等译，中国政法大学出版社 2010 年版，第 336～337 页。

根据上述模型，我们可以通过“未成年证人小红作出‘是被告人亲手打伤了小明’的陈述”这一事例来推论出对未成年证人证言的质证过程的框架。依照沃尔顿推论形式，可以推出：

大前提：未成年证人小红在案发时亲眼看见打伤了小明的人正是被告。

小前提：小红的陈述为真。

结　论：是被告人亲手打伤小明。

与此同时，对此观点持有异议另一方当事人可根据该主张，从不同的角度提出相应的反驳性问题：

问题一：证人W真的处在知道事件A是否为真（或假）的场景之中吗？

问题二：证人W的可信性？

问题三：证人A确实断言过事件A为真（或假）吗？[1]

就目击证人来说，第一个问题势必会成为查明案件事实过程中需要首先突破的问题。除了查明证人是否确实出现在案发的场景之中，还应当了解在当时的环境下证人是否能够清晰地辨认出被告人。例如：证人是否为近视，或者当时的天气、光线等外在因素是否影响到了证人在现场的辨认程度等因素。问题二所判断的重点在于证人是否具有诚实作证的意愿，包括证人在主观上是否存在偏见，其证言的真实性及可靠性等问题。问题三则是进一步断定证人所作陈述的内容，明确证人是否确实作出过该断言。

作为与诉讼一方立场相对立的另一方，通常会提出上文列举出的批判性问题来攻击证人证言的可信性，由于对方提出了新的主张来反驳本方的观点，此时的证明责任也将随之转移至对立方。于是出现了下列情况：

结　论：被告人打伤了小明。

---

〔1〕［加］沃尔顿：《法律论证与证据》，梁庆寅等译，中国政法大学出版社2010年版，第337页。

前　提：证人W说被告人打伤了小明。

新前提：证人W不可信。

新前提就是对方提出的反驳证人证言的新主张，目的在于通过削弱该证言的证明力或直接推翻该证言。事实上，对证人证言可信性的论证正是一种控辩双方不断推翻彼此观点的可错性论证。

（二）图尔敏论证模型

英国哲学家图尔敏提出的模型大致可以概括为：给定的证据材料（Data 或 Grounds），因为有保证（Warrant）及其支持（Backing）的支撑，于是，带模态量词（Modal Qualifiers）的主张（Claim）是成立的，除非可能存有特定的反驳（Rebuttals）使得该推理不成立[1]。如图4－2所示：

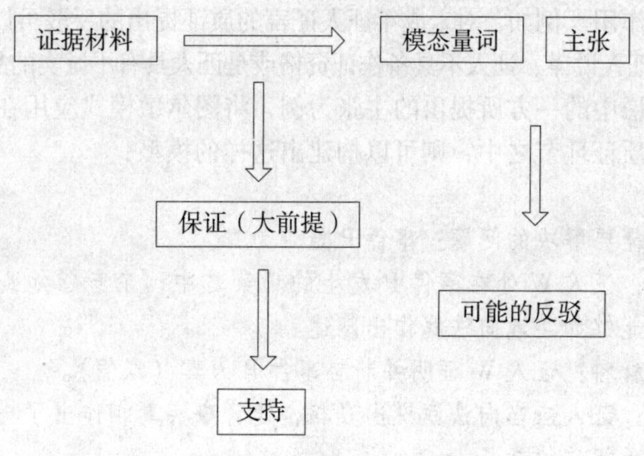

图4－2　图尔敏论证模型

该模式主要由下几点要素构成：①证据材料。在证人证言这样的证据形式中，证据材料指的是与证人在法庭上所作的有关案件事实的陈述相关的材料。该模型下的证据材料可以看做为沃尔顿论证模型中的大前提。②主张。即对所调查之事实持有的观点，也就是质证环节中需要进

〔1〕 Toulmin：*The Uses of Argument*（*Updated Edition*），Cambridge University Press，2003，pp. 93～94. 转引自黄金华："证人证言质证的论证模型研究——基于图尔敏模式的分析"，载《法政探索》2013年第11期。

一步得到论证的事实。一般来说，庭审中的控辩双方持有互为对立的观点，在裁判者的主导下，意见各异的双方需要提出证据来支持己方或反驳对方的主张。③保证。保证是裁判者在审判过程中得出某种主张所依据的原则。这里的保证与沃尔顿对证人证言可信性模型中的大前提所发挥的作用相一致，它可以是一个概括，也可以作为一个通则，进而演变成一个为大众普遍认知的法律原则。④支持。这里的支持被认为是对保证提供重要支撑作用的材料，用以进一步支撑己方观点并说服裁判者形成与其相一致的主张。可以说，支持在很大程度上对证人的可信性提出了考验。⑤模态量词。模态量词能够体现出某一事实或保证所具有的确定性。例如，一般性地、通常地、所有的、很可能等词就属于模态量词。⑥反驳。在质证环节，处于对抗地位的一方当事人一定会对对方当事人提出的主张持有异议，反驳就是对有异议的主张提出相反的论证或对某些观点提出质疑的过程。沃尔顿论证模型中的"新前提"也起到了同样的作用。例如，对未成年证人证言的质证提出的反驳可以是提出证据证明该证人说谎、证人不具备作证资格或是证人具有不诚实的品性等。

以诉讼中的一方所提出的主张为例，将图尔敏模式应用在未成年证人证言的质证环节之中，则可以构建出这样的模型：

法庭需要解决的问题：事件P是否为真。

保证：证人W处在事件P发生的场景之中，亲身感知到事件的发生，并且能够如实地向法庭作出陈述。

证据材料：证人W证明并断言事件P为真（或假）。

支持：证人应当向法庭说出真相，违背事实真相作出了虚假陈述的行为应当承担法律责任。

主张：通常来说，P为真（或假）。

反驳：证人W不可信。

结论：事件P为真（或假）。

需要注意的是，这里的"主张"并不等于"结论"，"主张"只是一方当事人提出的证明其立场的观点，并非法庭的最终"结论"（即上文所说的"结论"），此时的主张需要证据的支撑来证明其观点的可信性。

同样地，就"未成年证人小红作证是被告人打伤小明"这一事例来说，图尔敏模式下的整个推论过程如图4－3所示：

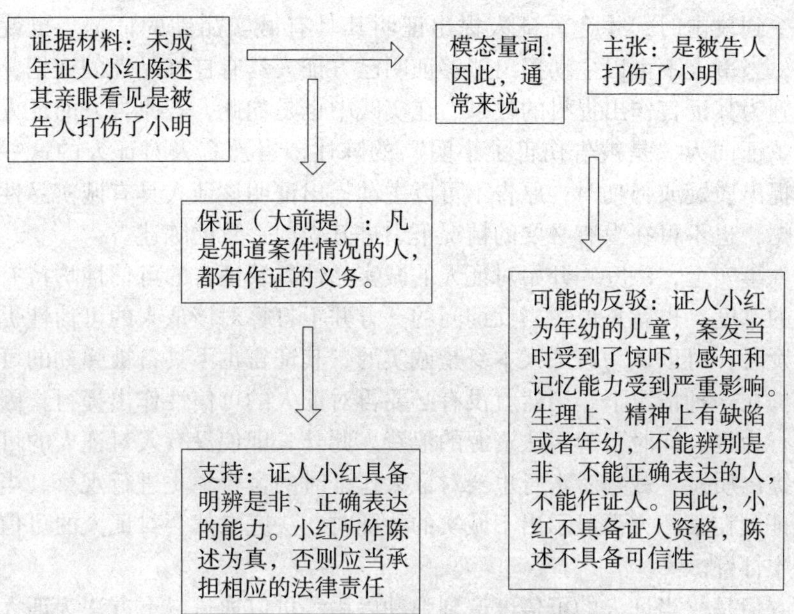

图4-3　图尔敏模式下的推论过程

事实上，由上述分析可以看出，图尔敏模式与沃尔顿提出的基于证人证言与可信性的推论模式体现出相同的精神内核。两种模型共同体现出证人在推论链条中的重要性。一旦证人所作出的陈述存在不真实的可能，或者通过误导等方式将法庭调查引导至错误的方向，这将极大地不利于对案件真实情况的挖掘。因此，证人应当在法庭允许的范围内如实地提供其处于某场景之内所亲身经历的信息。这对于整个案件的推进是极为重要的。

三、未成年证人证言质证的限制性程序

（一）对未成年证人可信性的提衬

一直以来，普通法[1]始终认为，除非在证人有关诚实品质的可信

[1]《美国联邦证据规则》第608条（a）规定："证人的可信性可以以意见或声望形式的证据予以攻击或支持，但受到以下限制：①该证据只能是关于诚实与否的品性的证据；并且②关于诚实品性的证据，只有在证人的诚实品性受到意见或声望证据或其他方式的攻击后才具有可采性。"澳大利亚《1995年证据法》第102条规定："仅仅与证人可信性有关的证据不具有可采性。"第103条第1款规定："在对证人的反询问中，如果提出的证据具有重大的证明价值，则可信性规则不适用于该证据。"

性受到攻击时，才允许证人提出证明其具有诚实品性的证据。也就是说，当事人不可以主动提出能够证明己方证人具有良好品性的证据，以达到为其证言作出提衬的效果。在实践中也是如此，若原告方的证人作出了证词为“是被告伤害了小明”的陈述，当没有人对证人的这一陈述提出质疑或弹劾时，原告不可以主动提出证明该证人具有诚实品性的证据，也不可在没有必要的情况下引进其先前一致的陈述。

事实上，法庭一开始对证人的诚实品性以及证言的可信性均持有肯定的态度。也就是说，当反询问的一方并不打算对该证人的可信性提出质疑时，可以认为该证人本身是诚实的，其证言也不具备被弹劾的可能性。在这种情况下，当然就没有必要再对证人的可信性作出提衬，因为该行为也会同时引起司法资源的浪费。此外，即使没有人对证人的可信性提出质疑，裁判者本身也会对证人作证时的言行举止进行观察，当发现证人在某一方面显示出不诚实的特征时，法庭自然会对证人的可信性产生怀疑。

但是，当证人的可信度遭到弹劾以后，可以通过以下方法为证人进行正誉：①通过证明证人具有诚实的良好品性的方式。②通过提供先前一致陈述的方式。此方式需要注意的是：首先，提出的先前陈述应当与证人的当庭证言相一致；其次，对方当事人已经通过弹劾程序示意该证人具有说谎或偏见的动机；最后，该先前陈述必须在指出证人具有说谎的动机之前便已经作出。

（二）对弹劾己方证人可信性的限制

限制弹劾己方证人的可信性，实际上就是不允许当事人对有利于自己一方的证人的可信性进行弹劾。制定该规则的原理十分显而易见：①当事人一定会选择与自己所持主张相一致的人作为己方证人，那么这就不存在因所持观点相矛盾而产生的弹劾问题；②当事人有责任向法庭提供真实的证据，若对己方证人进行弹劾，则变相违背了证据的真实性原则；③可信性是证人提供证言的前提条件，当事人应当事先对作出有利于自己一方证供的证人的可信性作出确认和保证。但是，上述观点也受到了不少的质疑，例如，有些证人存在被威胁而强迫作证的可能，当其得知可能同样遭受到伪证罪的指控时，其证言可能会受到己方当事人的弹劾。此外，对于很多刑事案件的被告人来说，他们本身能够主动寻找有利于己方的证人机会不多，有些证人即使被认为是己方证人，其作出的证言未必与被告所持观点相一致。

因此，我们认为，弹劾己方证人从一定程度上能够抑制由于证人的不一致陈述而为其带来的影响。这就为通常我们所说的不允许弹劾己方证人的一般情况带来了例外的情形，即在询问过程中，一方当事人可以对己方但又对其本身怀有敌意的证人进行弹劾。也就是说，当原本以己方证人身份作证的证人作出不利于自己的陈述，或表现出不愿意作出真实性陈述的情绪，抑或是对自己一方怀有恶意时，己方当事人有权向法庭提出弹劾该证人可信性的请求，法庭也应当允许该方当事人向证人进行询问。在现代审判中，许多国家都逐渐放宽了当事人对己方证人进行弹劾的限制〔1〕。以美国为例，《美国联邦证据规则》第 607 条规定："诉讼的任何一方，都可以弹劾证人的可信性，这其中也包括传唤证人的一方在内。"

（三）对旁证的使用限制

普通法系国家并未对旁证的使用制定出十分严格的限制规则，反而认为，若在询问中一味地禁止控辩双方运用旁证，而是仅仅依靠交叉询问的方式对证人的可信性进行弹劾，证人就可以在没有其他证据加以佐证的情况下，十分轻易地对弹劾事实作出否认，弹劾方也就因此丧失了反驳该证人证言的机会。所以，许多国家普遍认为，一味地禁止弹劾方通过提出旁证的方式来证明对证人的质疑或不一致陈述的做法显失公平。因此，应当适当地允许运用旁证来弹劾证人的做法。实际上，对未成年证人的弹劾更加不应当限制对旁证的使用。针对未成年人身心发育的特殊性，当弹劾方对"由于未成年证人的先天因素而导致其可能不具备作证能力"这一情况发生的可能性提出质疑时，就需要其他证人、专家鉴定意见等书证作为旁证对弹劾方的质疑加以证明和补充。但是，过度地依赖弹劾证据也是法庭所不允许的，这样很可能会导致故意拖延诉讼、浪费司法资源的情形发生。

在实践中，当不同类型的旁证分别用来证明不同的问题时，旁证的使用规则也不尽相同。第一个问题是，旁证是否可以被用来支持或攻击证人的诚实品性呢？答案是否定的，也就是说，在通常情况下，不可以

〔1〕 早在 1865 年，英国《刑事程序法》第 3 条就对该问题作出了规定："提出证人的一方不得以不良品性的一般证据弹劾其可信性，但如果法院认为证人提供了不利的证言，该方可以以其他证据予以驳斥；或者经法庭允许，可证明该证人在其他时间曾作出与其现在证言不一致的陈述……"此外，加拿大证据法也作出了与英国相类似的规定，并于加拿大《证据法》第 9 条第 1 款得以体现。澳大利亚《1995 年证据法》第 38 条也作出规定："在主询问中，经过法庭的允许后，对与其不利的己方证人可以就仅与该证人的可信性有关的事项进行询问。"

使用旁证来证明证人的具体行为方式，以便用来支持或弹劾证人的诚实品性。当然，这其中并不包含犯罪判决这项旁证。犯罪判决之所以可以作为弹劾证人的依据，原因在于对一项定罪作出的判决属于公共记录的范围，证人否认其先前存在定罪判决的可能性较低，再加上该证据并不属于难以收集的证据类型，因此，法庭不必担心这样的证据收集起来会带来拖延诉讼的风险。综上所述，在判断证人诚实品性方面，弹劾方受到了极大的限制，不可以将旁证用来作为否定证人的依据。

关于限制旁证使用的第二个问题是：证人的先前不一致陈述的旁证是否被法庭所限制使用呢？这一问题的普遍观点为，在通常情况下，证明证人先前不一致陈述的旁证是不被法庭所接受的。但此处同样存在一个例外的情形，即如果受到弹劾的证人可以得到对不一致的陈述作出解释或作出否定的机会，并且同意对方当事人可以立即对证人进行询问时，证人的先前不一致旁证有可能被允许使用。在实践中，甚至上诉法院也会出现这种禁止的做法，原因在于：法官认为，对于证人先前不一致陈述的最好的解决办法就是对证人进行交叉询问，提出弹劾的一方可以在交叉询问环节对矛盾的部分向证人对质。法官们有理由相信，这会是一个比提出旁证更为有效的弹劾方式，同时也推动了法官自由裁量权的行使。

最后一个问题是：对于当事人提出能够证明未成年证人具有感知、记忆或表达等缺陷的证据，法庭是否应当禁止该旁证的使用？其实本书之前已经大致地提到过该问题的处理方式。其之所以会单独作为独立的问题出现，是因为当未成年人以证人的身份作证时，该未成年人的作证能力往往会成为大部分当事人担心或质疑的主要方面，而准确地判断出未成年人是否已经具备胜任证人这一特殊群体的能力，也在一定程度上成为准确查明案件事实的前提条件。基于上述理由，在庭审中，当事人提出证明未成年证人具有感知、记忆或表达等缺陷的旁证已经得到法庭的允许。此外，还应当作出说明的是，可以提出此类证据的范围仅限于证明未成年证人的行为举止是否异于常人，证人的精神能力或与生俱来的听、说、读、写、视力等方面的问题，并不包括对品性证据的使用。

（四）对诱导性问题的限制

诱导性询问是询问人在交叉询问中经常运用的重要手段。在普通法上，诱导性询问规则所体现的思想表现为：主询问人一般不得提出诱导性问题，但并不禁止反询问人提出带有诱导性质的问题[1]。但是，上述规则制定的前提与范围是基于一般证人，对于身心发育均尚未成熟的未成年人来说，向未成年证人尤其是对儿童证人提出诱导性问题同样是被允许的吗？

我国台湾学者陈朴生将庭审中可能出现的诱导性问题分为虚伪诱导、错误诱导以及记忆诱导三种类型[2]。由于前两种诱导类型极有可能导致未成年人作出不真实的陈述，因此，在未成年证人的质证环节，前两种类型的诱导方式在询问过程中应当予以禁止，也就是说，法庭不允许主询问人与反询问人同时提出带有虚伪诱导与错误诱导性质的问题，因为上述问题很可能导致未成年证人产生错误的记忆与想法。

由于未成年证人在面对暗示与诱导时的表现比成年证人更加不稳定，再加上他们作出的陈述本身具有不确定性，而询问人诱导性问题的提出又为法律论证工作增加了难度。例如：

问：我们发现小明的脸上有血迹，所以一定是小明打了人，你一定是看见了对吧？

答：……

问：小明是个坏孩子，经常欺负别人，所以我需要你告诉我是他打了被告对吧？

答：……

上述类似的问题在质证环节应当予以禁止，无论是对主询问人还是对反询问人而言。因为这样的诱导性问题的暗示性很可能使未成年证人产生虚假或错误的记忆，可以说，如果没有上述带有暗示性含义的提问，未成年证人也不会事先意识到或早已得知其所作陈述的内容，该证

---

〔1〕《美国联邦证据规则》第611条（C）规定：“对证人进行主询问时不得使用诱导性提问，除非可能为展开证人证言所必需。在反询问中通常应允许进行诱导性提问。当一方当事人传唤了敌意证人、对方当事人，或者将自己视同为对方当事人的证人时，可以以诱导性问题进行询问。”

〔2〕陈朴生将诱导性问题归纳为三种类型：①虚伪诱导，系暗示证人使之故意为异其记忆之陈述；②错误诱导，因其暗示足使证人发生错觉，致为异其记忆之陈述，有就要证事实假定为已经证明之危险；③记忆诱导，因其暗示，而引起证人之记忆。参见陈朴生：《刑事诉讼法实务》，海天印刷厂有限公司1981年版，第226页。

人很可能作出与其所作陈述内容相反或部分内容有所差异的证词。

另外，庭审中反询问人向未成年证人提出诱导性问题也在无形之中加重了证人的心理负担[1]。通过使用附带疑问句的方式向未成年证人提出带有诱导性质的问题（例如“正是被告人打了小明，难道不是吗?”），即使该提出问题的方式并没有得到其他人的反对，类似上述存在诱导性色彩的问题仍然应当被予以禁止。这是由于未成年人（特别是年龄较小的儿童）理解能力的有限性，识别能力和记忆能力均相对较弱，在他们脑海中加工问题的时间更长，他们作为证人很可能因为诱导性因素的存在而作出错误的陈述。事实上，早在2010年的《法院与法庭的公正性》一书当中就已经提出了关于向未成年人使用附带疑问句进行提问的司法控制的建议：

> 通常来说，对于附带疑问句的加工至少要经过七个推理问题的手段，未成年人则更加需要时间和精力将问题进行加工。尤其对于年龄较小的儿童来说，可能至少需要加工两次甚至更多。因此，在讯问过程中，应当禁止对儿童提出带有诱导性质的问题，应当以直接的方式作出讯问。另外，与成年人相比，鉴于儿童的反应能力较弱，对先前提及的个体可能无法迅速地从记忆中提取出来，因此，比起使用“他”“她”等人称代词，直接说出行为人的名字是更好的方式[2]。

文中提及的“推理的七个手段”是司法大学根据美国律师协会指导原则而提出的，并认为“讯问时应当避免对儿童使用所有类型的附加疑问句”。这是因为，为了更好地、更加准确地回答附加疑问句，他们就不得不完成至少七项“不是一般复杂”的操作。这七项操作的主要内容包括：

——判断问题的部分陈述是对还是错。

——翻译从省略形式到完整形式中的附加句，并理解在附加句中的“它”所代替的初始问题。

---

〔1〕Stephen CECI & Maggie Bruck, *Jeopardy in the Courtroom: A Scientific Analysis of Children's Testimony*, 1995.

〔2〕Judicial College, *Fairness in Courts and Tribunals—Asummary of the Equal Treatment Bench Book*, 2010.

——追踪问题中的代词，以及附加句中所涉及的问题。

——认得一个积极的陈述伴随一个消极的附加句（例如：下雨了，难道不是吗?）或者相反形式（例如：并没有下雨，是吗?）。

——认得附加句中的消极陈述并不会影响主句。（例如：下雨了，难道不是吗？/是正在下雨吗？并不意味着没有下雨。）。

——理解附加句所表达的陈述者的观点，并且最终并不意味着该陈述为真实。

——明白如何面对一种观点。

2010年由美国上诉法院审理的*R v. W and M*一案体现出禁止提出诱导性问题的思想。法官认为，由于本案中的儿童证人受到了诱导性问题的影响，即使将该名儿童的陈述作为证据使用，其价值也是非常有限的，因为该证据的可信性也随之受到了影响[1]。因此，“简短的、不带附加疑问句”的提问才是获得证据的最佳方式。例如，可以通过以“是他打伤了小明吗？如何打伤的呢?”的提问方式来代替类似“并不是被告打伤的小明，是这样的对吗?”的诱导性问题。

但是，若出现第三种类型的诱导性问题，即在庭审中因证人未能回忆起某些事项而试图通过提出问题来刷新证人的记忆时，通常情况下允许询问者基于证人庭前陈述的内容来引导证人作出完整陈述。

第三节 未成年证人证言的采纳采信

一、未成年证人证言的采纳与采信条件

采纳与采信是证据法领域中占据重要地位的理论问题，同时也被认为是必须厘清的实务问题。司法实践中，司法人员对证据的审查认定需要经历两个环节，首先是审查证据是否具备进入诉讼“大门”的资格；随后再确认上述证据是否可以作为定案依据[2]。前者被称作证据的采纳，后者则称作证据的采信。采纳是采信的前提，但被采信的证据不一

〔1〕 *R v. W & M*［2010］EWCA 1926. 转引自王进喜、高欣：“未成年证人基本问题研究”，载《政法论丛》2016年第2期。

〔2〕 何家弘：“证据的采纳和采信——从两个‘证据规定’的语言问题说起”，载《法学研究》2011年第3期。

定都能够被采纳。

基于诉讼模式的不同，两大法系国家对未成年证人证言采信与采纳的方式存在一定的差别。具体而言，在陪审团制度起主导作用的英美法系国家，由于法官与陪审团各自承担不同的分工和责任，证据的采纳与采信环节责任主体随之有所不同。首先由法官决定哪些证据能够被法庭采纳，不被采纳的证据将在这一环节直接予以排除，剩下可以采纳的证据才可以为陪审团所接触，目的在于避免陪审团被不符合采纳条件的证据误导，从而产生不公正的情况。因此，法官有权在庭前准备程序中对证据的采纳进行听证，确保在这一环节将有问题的证据排除在法庭之外。[1] 当然，即使已经呈现在法庭上的证据，也要接受法官的审查，若法官认为某些证据仍存在问题，则有权告知陪审团不得将其作为认定事实的依据。采信阶段的主要任务是进一步审查证据是否能够成为定案的最终依据，而承担这一任务的主体由法官转移至陪审团。作为案件事实的认定者，陪审团有责任审查证据的证明效力，准确地作出是否采信某些证据的决定。

与英美法系国家有所不同，以职权主义为主要诉讼模式的大陆法系国家虽同样需要对证据进行审查及认定，但由于审判活动的推动主体为法官，因此，无论进行采纳还是采信，都由法官完成。虽然大陆法系国家需要法官依职权主动实施调取证据的行为[2]，但这并不意味着法官可以将采纳与采信混为一谈。法官在审查证据时，既应当强调在法庭正式审理之前对存在问题的证据先予排除，也要注意在法庭审理中对不能作为定案依据的证据加以排除。可以说，虽然这两项职责都由法官一并承担，但同样经历了采纳与采信的认定过程。

无论是英美法系国家的法官与陪审团共同参与，还是大陆法系国家由法官一并负责，在审查认定时判断证据是否应当排除的标准都有哪些呢？首先，就证据的采纳标准而言，相关性决定了一份证据是否能够首先进入法官的审查视野，可以说，相关性是证据被采纳的前提和必要条件。此外，不可靠的证据、可能会给诉讼一方造成不公正的损害的证据、违反程序正义（不合法）的证据以及可能造成司法资源浪费的证据，也一并作为法官是否采纳证据的标准。[3] 相比之下，证据的采信

---

〔1〕 陈瑞华:《刑事证据法学》，北京大学出版社2012年版，第75页。

〔2〕 陈卫东:《刑事诉讼法学研究》，中国人民大学出版社2008年版，第15页。

〔3〕 张保生:《证据法学》，中国政法大学出版社2009年版，第267~269页。

以法官及陪审团对证据的“信任”作为判断标准，对证据真实性的认定为采信时审查的主要因素。

未成年证人证言属于刑事证据的重要组成部分，对该证言采纳采信的审查认定应当考虑到未成年人身体及心理发育程度的特殊性，并将该特征作为可能影响采纳采信的重要因素。对于未成年证人来说，身份的适格性决定了其证言的可靠性，询问程序的合法性体现了程序的公正性。因此，我们可以从相关性、证人身份的适格性以及未成年证人证言的合法性三个方面对采纳标准作出判断。鉴于相关性在未成年人证据中并无区别于一般证据的特殊性，在此便不再赘述，在采纳这一部分将重点讨论未成年证人身份的适格性以及未成年证人证言的合法性两方面因素。而对未成年证人证言真实性的认定方法将于本节第三部分“未成年证人证言的采信”加以讨论。

二、未成年证人证言的采纳

无论是在以陪审团作为事实认定者的英美法系国家，还是在以职权主义为主的大陆法系国家，在采纳证据的阶段，法官在决定哪些未成年证人证言能够得以采纳时，普遍从未成年证人身份的适格性（作证资格）以及其证言的合法性这两个方面为主要的判断依据。下面将着重分析上述两个因素可能为法官在采纳阶段所带来的影响。

（一）未成年证人身份的适格性

1. 对未成年人作证资格的界定。早期的普通法对儿童作证资格进行了十分严格的规定甚至是限制。一些英美法系国家更曾规定：“举凡有色人种、当事人亲属、破产人、利害关系人、犯罪人、精神障碍人、儿童、无宗教信仰人，均排除其为证人。”[1] 随着社会的发展及法制的变革，年龄、种族、宗教信仰等偏见因素逐渐被淡化和排除，世界各国对儿童作证的态度也逐渐由禁止、限制转变为赋予其作为证人的资格。

现代立法对未成年人（特别是儿童）作证的适格性规则普遍集中于其是否具有辨别是非的能力，并且随着时间的推移，检验该能力的标准也相应发生了一系列变革。有学者将检验标准划分为三个发展阶段。第一个阶段可以概括为将验证该能力的标准与宣誓问题混为一谈的阶段。以1933年以前的英国为例，该阶段要求儿童作为证人的前提是其

---

〔1〕 刁荣华：《比较证据法各论》，台湾汉林出版社1984年版。转引自董檠：“被忽视的证言——浅析儿童的证人资格”，载《中国公证》2012年第9期。

必须能够理解宣誓的性质和义务。也就是说，只有当儿童具备与成年人相一致的理解能力时，才肯定其作为证人的资格，反之，则不承认其适格性，其证言也就不予采信。第二阶段依旧以英国为例，英国 1933 年《儿童和少年法》(Children and Young Persons Act 1993) 第 38 条规定："如果儿童能够理解'说实话'的义务，则允许其提供非宣誓证据。"本规定揭示了第二个发展阶段的特征，即儿童的作证资格从某种程度上来说不再完全受到宣誓能力的制约。可以说，这是儿童证人适格性进行改革的过渡阶段，因为本阶段降低了对儿童理解能力的要求，扩大了儿童可以获得作证资格证范围。第三个阶段是儿童的适格性与宣誓完全脱离的阶段。这一阶段的特征在英国《1999 年少年司法和刑事证据法》第 55 条[1]中得到充分的体现。[2] 本阶段极大地削弱了儿童作为证人的条件限制，可以说，基本上已经移除了为儿童作证设立的门槛。在这一阶段，宣誓已经不再成为其作证资格的检验标准，换句话说，法庭对儿童的作证资格持有默认的态度。

在现行立法当中，许多国家依然延续着第三阶段的发展特征。《美国联邦证据规则》第 601 条规定："每个人都有作证的能力。本证据规则另有规定的除外。"说明在美国，年龄并不是决定一个人有无证人资格的决定性因素。英国《1999 年少年司法与刑事证据法》第 53 条规定："所有的人，无论年龄如何，都具有作证能力。"根据第 3 款，如果在法院看来，某人不能做到以下两点，则该人不具有作证能力：(a) 能理解向作为证人的他提出的问题；并且 (b) 对这些问题能够作出可被理解的回答。[3] 澳大利亚《联邦证据法》第 13 条规定："除另有规定外，任何人都有作证之能力。就某事实有作证能力的人，如果并无能力理解在其作证时有作出真实证言之义务，则无能力就该事实作出宣誓证言。"

在我国，从古至今，各朝代、各时期的立法都没有忽视未成年人的

---

〔1〕 1999 年《少年司法和刑事证据法》第 55 条规定："证人在提供证据时可以不宣誓，除非他已经年满 14 岁，并且能够对宣誓场合的庄重性与讲实话的特定责任进行充分的理解。"

〔2〕 王进喜教授将检验儿童辨别是非能力的标准划分为三个主要发展阶段。详见王进喜：《刑事证人证言论》，中国人民公安大学出版社 2002 年版，第 16～17 页。

〔3〕 [英] 克里斯托弗·艾伦：《英国证据法实务指南》，王进喜译，中国法制出版社 2012 年版，第 84 页。

作证资格问题。以唐[1]宋[2]为起点，这两个朝代的立法普遍着重于强调未成年人的年龄，在没有考虑其他因素的情形下直接剥夺了 10 岁以下儿童的作证资格，也没有提及证人的可信性问题。直到清末年间，由于当时的大环境所致，我国的立法深受西方文化的广泛影响，清末《大清刑事民事诉讼法》草案[3]、《大清民事诉讼律草案》[4]以及北洋时期《刑事诉讼条例》[5]除了对作证年龄作出规定外，特别对未成年证人的可信性作出了说明。可见，未成年证人的可信性问题得到广泛关注并且被列为重要的考虑因素。中华人民共和国成立以后，1979 年《刑事诉讼法》作为一部现代法典，其第 37 条也对证人的作证资格作出规定，并于第 2 款明确了未成年证人的适格性[6]。1996 年修正的《刑事诉讼法》第 48 条、2012 年修正的《刑事诉讼法》第 60 条也反映了上述内容，要求证人应具有感知能力、辨别是非的能力和表达能力[7]。由此可见，未成年人作证的前提条件在于其是否能够提供明智的证言，同时要求法庭应当具备审查证人证言可信性的能力。综上所述，在判断未成年人作证资格这一问题时，我国立法经历了从单纯限制年龄到审查证人可信性的发展过程。也就是说，从纵向来看，我国现行立法已经实现了从证前审查证人可信性到证时审查证人可信性的转移；由横向可以得知，证人可信性的审查主体发生了变化，由被动地限制证人自身的可信性转移到法庭主动承担证人可信性的审查工作。[8]

从上述规定不难看出，在考察未成年证人的适格性时，已经完成了由限制其作证资格到默认其具有作证资格的转变。但是，其证言的可靠

〔1〕《唐律》规定："其于律得相容隐，其年八十以上、十岁以下及笃疾，皆不得令其为证。"参见《唐律疏义断狱老幼不拷讯》。

〔2〕宋代《宋刑统》规定："即年八十以上、十岁以下，及笃疾，皆不得令其为证。"参见《宋刑统》卷二十九，《断狱律·不合拷讯者取众证为定》。

〔3〕《大清刑事民事诉讼法》草案规定："不能辨别是非的未成年者不得列为证人。"在此基础上还制定了"矢誓"与"具结"规则，即"证人在作证之前，必须'矢誓'"。

〔4〕《大清民事诉讼律草案》规定了"证人在十五岁以下可以免于具结"的内容。

〔5〕北洋时期《刑事诉讼条例》也将"未满十五岁的证人"归为免于具结的证人。参见《刑事诉讼条例》第 112 条。

〔6〕我国 1979 年《刑事诉讼法》第 37 条规定："凡是知道案件情况的人，都有作证的义务。生理上、精神上有缺陷或者年幼，不能辨别是非、不能正确表达的人，不能作证人"。

〔7〕我国 1996 年《刑事诉讼法》第 48 条、2012 年《刑事诉讼法》第 60 条要求证人应具有感知能力、辨别是非的能力和表达能力："凡事知道案件情况的人，都有作证的义务。生理上、精神上有缺陷或者年幼，不能明辨是非、不能正确表达的人，不能作证人。"

〔8〕王进喜：《刑事证人证言论》，中国人民公安大学出版社 2002 年版，第 19 页。

性与否、最终是否能够被法庭采纳还需要裁判者进行进一步的判断。也就是说，这种判断已与儿童的作证能力无关，而是将检验的标准转移到了其证言的证明力上。即任何未成年人都能够被允许进入提供证据的大门，但其证言在这扇门内能否被吸收、多少证言被吸收，则需要由裁判者作出进一步的审查判断。换句话说，辨别是非能力的判断方式已经由对儿童自身的限制转变为对法庭的要求。

2. 对未成年人作证资格的判断。如前文所述，我国刑事诉讼法将“具有明辨是非、正确表达的能力”作为对包括未成年人在内的证人资格的审查依据。尽管 2012 年《最高人民法院关于适用〈中华人民共和国刑事诉讼法〉的解释》第 67 条第 1 款规定：“下列人员不得担任刑事诉讼活动的见证人：生理上、精神上有缺陷或者年幼，不具有相应辨别能力或者不能正确表达的人；……”但对于“年幼”以及“辨别能力”“正确表达”的界定还需要裁判者根据证人的实际情况作出进一步判断。

可以说，不同的法官在审理不同的案件时，对证人作证资格的审查方式都会有所不同。但是，通常来说，法庭直接向证人提出与其作证能力相关的问题或者在对证人能力进行听证时允许代理人提出类似的问题是最为直接的审查资格的一种方式。例如，在一项刑事案件中，公诉方和辩护方可以针对证人的资格向法庭提出问题，法庭将会向证人提出这些问题以便对其能力进行审查[1]。但这样做的前提条件是，必须考虑未成年人的年龄、语言及行为的限制。调查显示，如果这些问题是在一个适当的环境下的，那么，大部分 4 岁及以上的儿童的回答都显示出其具备成为证人的能力[2]。

那么，通常在审查未成年人的作证资格时，法官应当提出哪些问题呢？首先，对未成年人进行智力和记忆的审查是必要的。法官在审查过程中，可将未成年人分为年幼的儿童与年长的少年两部分群体。[3] 对于年幼的儿童，通常可以询问关于生长环境、校园环境以及简单的语文、算数知识等；对于年纪较大的未成年人，则可以提出相对复杂的问

---

〔1〕 18 U. S. C. § 3509. (c) (7).

〔2〕 KayBussey& Elizabeth J. Grimbeck, *Children's Conceptions of lying and Truth - Telling. Implications for Child Witnesses*, Legal & Criminological Psychol, 2000, 5, p. 187.

〔3〕 Sherrie Bourg Carter, *Children in the Courtroom*, National Institute for Trial Advocacy, 2th Edi., 2009, p. 5.

题，如数学知识、能够反映其阅读能力的问题、考查其是否具有解决问题的能力等。当然，未成年人的父母及其监护人也可以提供能够体现其智力和记忆信息来帮助法庭作出判断。学校对该未成年人的日常记录以及老师们对其作出的评价也具有非常高的参考价值，甚至认为比父母及监护人提供的信息更具有公正性和中立性。

未成年证人的观察、回忆、与他人交流的能力也是需要法庭进行审查的一个方面，这些能力同样可以通过不同的方式进行审查。首先，法庭可以采用分别问询的方式[1]，即在未成年人不在场的情况下向其父母或其他监护人提出相应的问题，之后在确保其父母及其他监护人不在场的情况下向未成年人询问同样的问题，并将他们的回答进行比对。但是，使用这一方法需要注意的是，回答问题的未成年人的父母或其他监护人的记忆必须是精准的。另外，通过询问与未成年人进行正式的谈话，并于其中了解到可获取相关信息的群体是检验其回忆与交流能力的另一种方式[2]，未成年人的老师便是很好的询问对象。在许多案件中，老师通常能够精准地提供未成年人所经历的事件，原因在于通常这些情形都能够体现在校园中甚至课堂之上。许多国家都要求证人需具备独立回忆或叙述某一事件的能力，并且随着年龄的增长，其描述细节的能力也应当随之增强。即使不考虑年龄，未成年证人也应当达到能够合理回答与事件相关的问题的程度。

对于未成年证人来说，还应当了解“实话”与“谎话”的概念。这个问题首先在1895年美国 *Wheeler v. United States*[3] 案中提出。在本案中，法庭认为，证人的适格性虽与其年龄无关，但应当具备区分真实与虚假言语的能力。因此，在检验未成年证人是否具备该能力时，法庭需要针对未成年人的理解能力有技巧地进行提问。值得注意的是，该能力的检验过程会面临一定的困难。一方面，出于对未成年人理解能力的考虑，法庭建议对未成年人的提问应尽量做到简单化和单一化，即提出单一性问题优于提出对比性问题。例如，提出“你明白讲真话的意思吗?”或“你知道什么是说谎话吗?”等类似的问题比“你明白讲真话

---

〔1〕 Sherrie Bourg Carter, *Children in the Courtroom*, National Institute for Trial Advocacy, 2th Edi., 2009, p. 6.

〔2〕 Sherrie Bourg Carter, *Children in the Courtroom*, National Institute for Trial Advocacy, 2th Edi., 2009, p. 6.

〔3〕 159 U. S. 523. 524 (1895).

与说谎话的区别吗?”这样的问题更容易让未成年人作出回答。但另一方面，经心理学家的调查研究显示，年龄在4岁左右的儿童并不能够真正理解讲真话与谎话的概念，但8岁及以上可以清楚地理解真话与假话的基本概念的儿童则达到了87.5%。[1] 虽然也有观点认为这并不意味着年纪较小的儿童就不具备明辨是非的观念，他们会以更加简单的方式表达什么是对与错。但笔者认为，从另一个角度来讲，这种简单的方式虽然可以帮助儿童进行理解，却也很可能让儿童不经过思索便猜出问题的答案，不得不说，这种方式从一定程度上增加了证人说谎话的风险。除此之外，通过结合情境的设问方式也可以用来审查未成年证人是否具备辨别真实与谎话的能力。例如，可以提出“假设小明对老师说小强打了他，但事实上小强并没有打小明，那么，此时小明说的是实话还是假话呢?”等类似的问题。还有一种检验未成年证人作证能力的方法是向其作出一系列包含真实与谎话的陈述。举例来说，可以提出“你的妈妈刚刚打了你，是真的还是假的?”“这位阿姨留着一头长发，是真的还是假的?”等问题。

最后还应当注意的是，不应将现实中的“真实”与未成年人（尤其是儿童）内心世界中的“真实”相混淆。年幼的未成年人可能会将自己内心所想象的东西误认为事实。例如，很多儿童内心认为圣诞老人是真实存在的人物，他们可能受到父母、童话书籍、电影或漫画中的影响，在其心中逐渐刻上了真实的烙印。法庭同样可以通过提出有助于区分事实与想象的问题进行判断。[2]

未成年人能否明确提供虚假信息的后果也是法庭应审查的一个方面。要求未成年人（特别是儿童）理解作伪证甚至是伪证罪的全部内容是不合理的，[3] 但是，要求提供证言的未成年人具备与其年龄相适应的、能够意识到做某件事情可能会产生什么后果的能力却是合理的。下列问题可以作为法庭进行询问的参考[4]：

---

[1] Michelle Aldridge & Joanne Wood, *Interviewing Children: A Guide for Child Care and Forensic Practitioners*, 1998, p. 59.

[2] Michelle Aldridge & Joanne Wood, *Interviewing Children: A Guide for Child Care and Forensic Practitioners*, 1998, p. 9.

[3] Michelle Aldridge & Joanne Wood, *Interviewing Children: A Guide for Child Care and Forensic Practitioners*, 1998, p. 11.

[4] Michelle Aldridge & Joanne Wood, *Interviewing Children: A Guide for Child Care and Forensic Practitioners*, 1998, p. 12.

·你认为说谎行为是正确的还是错误的?

·当一个人被发现说谎以后会发生什么事情?

·如果老师发现你的同学在学校里说谎，那么说谎的同学会发生什么事情?

·如果你说了谎，那么你的父母、老师会怎么做?

·如果你班上的一个男孩对老师说有人打他，但这其实并不是真的，而是他编造出来的，那么此时这个说谎的男孩会发生什么事情呢?

·如果你对你的妈妈说是姐姐弄坏了玩具并且妈妈相信了这个说法，但事实上姐姐并没有弄坏玩具，都是你编造出来的假话。此时，你的姐姐又将发生什么呢?

上述问题基本上能够检验出，在未成年人的意识范围内是否具有对说谎话就会受到惩罚的感知能力。

综合上述观点，可以将法庭对证人资格的审查内容归纳为以下几个方面:

·足够的智力与贮存信息的记忆。

·准确的观察事件的能力、准确的回忆与交流信息的能力（包括有变动的事件)。

·能够区分真话与谎言。

·能够理解并具备讲出真话的能力并明确说谎的潜在后果的能力。[1]

（二）未成年证人证言的合法性

判断证据是否能够成为定案依据的另一个前提是对证据合法性的审查，即明确证据是否具有可以被最终采纳的法律资格。对证据合法性进行审查最主要目的是保障当事人及证人的合法权益，确保诉讼程序的正当性。综合未成年群体的特殊性以及未成年人的基本特征，对未成年证人证言合法性的审查可以从以下两个方面入手：一是未成年证人证言的取证主体；二是未成年证人证言的取证手段。

---

〔1〕 John E. B. Myers, *Legal Issues in Children Abuse and Neglect*, Sage Publications, 1992, p52 ~ 53.

在一般刑事案件中，通常赋予有管辖权的侦查机关、检察机关、法院中具备询问资格的工作人员以及诉讼一方代理人调查取证的权利。未成年证人取证主体的选择相对更加细致。例如，在此基础上应当选出专门的、具有办理未成年人案件的相关经验、掌握相关知识的侦查人员、少年检察官、少年法官，并由他们作为收集证据的主体，排除不具备上述能力和具有偏见性的司法人员。

在取证手段上，对证据可采性的限制主要关注通过采用暴力、胁迫、刑讯逼供等非法手段获得的证据。一旦发现通过非正常程序获得的证据，将依法予以排除。根据我国《刑事诉讼法》第54条[1]的规定可以得知，对获取证言的程序正当性审查主要包括判断询问人员是否采用暗示等手段向未成年证人提出诱导性的问题；是否在询问过程中采取恐吓、威胁、欺骗等方式迫使证人作出符合询问人员想法的陈述；在询问过程中是否向未成年证人透露与案情相关的情况；制作的笔录是否符合法定程序；等等。如经审查后确实存在上述问题，法庭应当依法对上述证据进行排除或命令侦查人员对瑕疵证据进行补正。鉴于我国现行程序立法并没有对未成年人作证程序正当性的审查方式进行明确规定，因此，在解决这一问题时，只能参照办理成年人案件时的审查标准。

三、对未成年证人证言的采信

（一）未成年证人证言的可信性

作为诉讼意义上的证据，言词证据必须满足在诉讼中涉及的各项法律与政策[2]。证据的作用是证明案件事实，通过将证据本身承载的信息串联起来并相互印证，最终实现发现真实的目的。这与实体法中的发现事实真相、实现实体正义的目标是一致的。因此，大部分对于证据可采性的规则都是基于尽可能发挥证据所反映出的事实真相的理由。例如，对证人可信性的弹劾规则，就是从考察证据与事实之间存在实际联系的角度出发，防止证人不真实之证言影响对案件真实情况的判定。未成年证人证言可信性与否的检验标准主要依托以下两种决定因素：一种

---

〔1〕我国《刑事诉讼法》第54条规定："采用刑讯逼供等非法方法收集的犯罪嫌疑人、被告人供述和采用暴力、威胁等非法方法收集的证人证言、被害人陈述，应当予以排除。收集物证、书证不符合法定程序，可能严重影响司法公正的，应当予以补正或者作出合理解释；不能补正或者作出合理解释的，对该证据应当予以排除。"

〔2〕房保国：《言词证据研究》，知识产权出版社2012年版，第17～18页。

是由于内在生理及心理能力的欠缺，从而导致该证据真实性属于非提供证据主体的真实意志的偏差；另一种因素则是由于提供证据的主体有意地降低其提供内容的真实性，属于其意志控制范围之内的偏差。对于未成年人来说，其言词证据的可信性更容易受到多种因素的影响，综合起来，可以概括为内在因素和外在因素。

1. 内在因素。

（1）对事物的感知、理解能力的欠缺。感知是以感觉器官为载体，使客观事物在人脑中作出的反映。人类可以通过感觉描绘出事物的具体形状、大小、气味、颜色、重量等状态。人类的感知能力受到年龄的限制，随着年龄的增加，对事物认知的成熟度则越高。以距离、型号、速度等为例，通常来说，人类在8~10岁这段时间逐渐开始理解“量”的概念，如远近、大小、长短、快慢、长幼等；11~13岁时，开始逐渐理解“量”的比较变化，如比……远/近、大/小、长/短、快/慢、长/幼等；到了14岁，人类逐渐开始具备像成年人一样的理解能力。[1] 年龄较小的个体对事物的感知较为片面且模糊，很难把握其明显特征及本质，有时可能会无法形成正确的知觉。

另外，与成年人相比，未成年人的理解能力也相对较弱，尤其是对于儿童来说，他们尚不具备理解较为复杂的问题的能力。理解能力是随着年龄的增长而逐渐增强的，比如，对于同一时期的儿童来说，他们能够理解并精确地回答出“是什么”“在哪里”“都有谁”等问题，但却不具备回答“什么时候”“怎么样”“为什么”等较为复杂问题的能力。[2] 由于未成年人在其特定的年龄段并不能理解某些词语的含义。当询问者使用抽象或复杂的语言进行提问时，他们的回答并不一定是准确的。我们可以通过以下三段对儿童的询问内容来说明这一观点。

询问1：

询问者：你说过妈妈告诉你爸爸打你的原因是他想获得你的监护权。你知道“监护”是什么意思吗？

---

〔1〕 Laura Park, *Redefining the Legal Issues of Sexual Assault and Abuse*, 2002 SPSSI Convention, Toronto, ON, Canada, June 28 -30, 2002; JEAN PIAGET, *The Child's Conception of Movement and Speed*, 1970.

〔2〕 Michelleichelle & Aldridge & Joanne Wood, *Interviewing Children : A Guide for Child Care and Forensic Practitioners*, 1998, p. 119; Walker, supra note 5.

儿童：妈妈每时每刻都可以一直拥有我们，我想我们可以不必再见到爸爸了。

询问2：

询问者：你说到你的妈妈和爸爸想要离婚。那么，什么是“离婚”呢？

儿童：当你的爸爸不再爱你的妈妈的时候，爸爸又找到了一位新阿姨，还将所有的账单都留给了妈妈。

询问3：

询问者：你说你被妈妈责备过，那么，“责备”的意思是什么呢？

儿童：你挨了一顿揍，因为你是一个非常坏的孩子，并且从来没有做过正确的事。[1]

从上述事例可以看出，在接受询问时，由于环境的特殊性，未成年证人很可能在并没有理解问题真正含义的前提下便作出回答，这样就使其陈述的精确性及真实性受到影响。无论是提出复杂的问题，还是在询问时使用超过未成年人理解范围的语言，均会增加令办案人员得到一个并不精准的答案的风险。

（2）记忆和表达能力相对较弱。记忆将脑中信息进行加工的过程是复杂的，主要可分为三个阶段：编码（Encoding）、存储（Storing）和恢复（Retrieving）。[2] 无论这三个阶段中的哪一环节出现问题，都没有办法在人脑中形成完整的记忆。编码是将信息在记忆中进行登记的过程，但并不能登记一天当中经历的所有信息，只能选择记录大脑本身感兴趣的部分[3]。因此，在编码这一环节，未成年人往往会因为只留意事物的表面现象，而忽略了其本质特征，从而造成相关信息的流失。存储是将编码后的记忆转化成短时记忆的过程。同理，并不是所有的记忆都能够转化成短时记忆，许多因素都能够影响储存的精确程度。但是，

---

〔1〕 Sherrie Bourg Carter, *Children in the Courtroom*, National Institute for Trial Advocacy, 2th Edi., p. 104.

〔2〕 Sherrie Bourg Carter, *Children in the Courtroom*, National Institute for Trial Advocacy, 2th Edi., p. 106.

〔3〕 Stephen Ceci & Maggie Bruck, *Jeopardy in the Court: A Scientific Analysis of Children's Testimony*, 1995, p. 41.

当记忆经过加工被存储成为长时记忆后，这段记忆便进入了恢复阶段。[1] 在本阶段，识别是最简单的工作，其内容是识别某一对象是否为之前所恢复的记忆。识别工作是复杂和抽象的，未成年人对于某一对象或事件的识别能力明显要弱于成年人。虽然未成年人能够很清晰、快速地记住某一次经历，但由于人的年龄及大脑构造等因素，这些被短时间存储的记忆不能像成年人那样得到较为完整的恢复和整理。这是未成年人典型的记忆特征，也是因记忆问题而影响其陈述的真实性原因。

此外，表述也是影响未成年人言词证据真实性的一个因素。表述要求叙述者克服环境的暗示，将脑海中恢复的信息完整地表达出来。它与记忆一样，是一项与年纪相关的、相对复杂的技能，并且随着年纪的增长，一个人的表述能力会逐渐增强。未成年人不具备可以与成年人相媲美的表达能力，尽管他们（尤其是儿童）已经开始具备复述的能力，但远远达不到成年人的完整度及精确度高。因此，在向未成年人提出问题时，应当考虑到他们交流的限制性这一点。但这并不意味着未成年人的表述就是不精准的，更何况他们与外界交流的程度取决于个人能力。

（3）易与自身的想象世界相混淆。从某种程度上来看，未成年人（特别是学龄前儿童）在思考时容易将现实生活与想象世界相结合。比如说，他们时常在区分已经做过的事情和打算或希望去做的事情上存在困难。他们也可能会相信梦是可以实现的，并且认为有一些梦已经在生活中实现了。一些专家还发现，当学龄前儿童正处于恐慌和受到压力时，更容易在其脑海中增加易产生幻想的因素[2]。正如本书先前提到的那样，儿童尚未具备区分理想与现实的能力。由于其思维和意识的简单性，决定了儿童尚未完全脱离虚幻的想象世界之中的必然性。因此，不能否认，这样的特性容易使儿童的世界处于短暂的失真状态。

2. 外在因素。

（1）易受到来自外界的暗示性影响。易受暗示性是人类心理的一种特殊状态。未成年人作出供述或陈述时的易受暗示性指的是“在封闭的社会交互作用的情境下，人们开始接受正式审问中所交流的信息，并

---

〔1〕 Stephen Ceci & Maggie Bruck, *Jeopardy in the Court* : *A Scientific Analysis of Children's Testimony*, 1995, p. 42 ~43.

〔2〕 Adrienne Samuels & Marjorie Taylor, *Children's Ability to Distinguish Fantasy Events From Real Life Events*, 12 BRIT. J. DEVELOPMENTAL PSYCHOL, 1994, p. 417.

由此使他们随后的反应结果受到影响的程度”。[1] “封闭的社会情境”代表一种私密性，即在讯问/询问过程中，只允许审讯人员、未成年人及法律规定的相关人员在场，其他任何人不允许参与并进行干扰。严肃的环境在无形中增加了紧张的氛围，在这样的氛围里，未成年人很容易作出与询问或讯问者对内心预设相接近或一致的回答，言词证据的真实性得不到保证。

暗示过程是一个互动的过程，在这一过程中，一个或多个人促使其他个体或多人不进行批判地改变了自己的判断、观点、态度和行为方式”[2]。在审讯过程中，办案人员还会向未成年人做出暗示性的刺激，提出带有暗示性色彩的问题，并试图使未成年人接收这种刺激，从而作出认同于该刺激的陈述。个体做出的任何回答都是基于过去的经验，将与问题相关的信息进行回忆、重组和整理之后得出的结论。此时，审问者期望通过暗示的刺激，将回答问题的未成年人的记忆部分进行干扰与再加工，当他们对自己的加工能力不太确信时，就会转而通过寻求外界的支持系统来进行记忆加工。[3] 此时，未成年人的思维在暗示的影响下释放出错误信息，很可能作出与审问人员的内心预设相一致的回答。

另外，由于未成年人正处于心理脆弱的时期，心理、生理发育尚未成熟，加上对陌生环境、陌生人员的恐慌和不适应性，内心非常希望通过获得认同感、得到他人肯定的方式来弥补安全感的缺失，同时也极力避免与他人发生冲突，尤其是避免与权威人士发生冲突甚至在他人面前失去自尊。[4] 以询问时提出的是非题为例，未成年人（尤其是儿童）普遍更喜欢回答“是”多于“不是”，当然，这其中的答案并不是以题目内容为依据，而是在于未成年人更关心与他人的一致性而不是证言本身的精确性。

（2）询问环境的特殊性。一般来说，证人在接受来自法庭的询问

---

〔1〕 Gudjonsson, C. H & Clark, N. K., *Suggestibility in Police Interrogation: A social psychological model*. Social Behaviour, 1986.

〔2〕 Eysenck, H. J. , &Meili, R, *Encyclopedia of psychology*: Volume two L to Z. Bungay, Suffolk: Fontana, 1975, p. 1077. 转引自许永勤：《未成年人供述行为的心理学研究》，中国人民公安大学出版社 2011 年版，第 105 页。

〔3〕 Howard, R. C & Chaiwutikornwanich, “A. The Relationship of Interrogative Suggestibility to Memory and Attention: An Electrophysiological Study”, *Journal of Psychophysiology*, 2006, Vol. 20 (2), pp. 79 ~ 93.

〔4〕［英］古斯力·古德琼森：《审讯与供述——心理学手册》，乐国安等译，中国轻工业出版社 2008 年版，第 299 ~ 301 页。

时，由于其正处在严肃、陌生并伴随一定强制性的环境之中，主观上认为其自由受到一定的限制。加上整个询问过程并没有亲人与朋友的陪伴，进而加大了内心的恐惧感，很可能出现注意力不集中、精神涣散等问题，陈述的真实性和准确性必然受到影响。尤其是对于年龄较小的未成年证人来说，对案件的回忆与描述更加容易给他们的内心造成较大的心理波动，本身可能并不适合在严肃、密闭的空间中进行面对面的询问。而对于那些目睹了惨剧发生的儿童目击证人，若贸然对他们进行询问，不但会影响陈述质量，还会引起儿童情绪上的反弹，增加儿童对于表述的抗拒感，不仅无法收集到有价值的证据，还会使儿童受到二次伤害。

（二）对错误及虚假证言的排除

1. 排除虚假的证言。虚假的言词证据也称为“伪证”，反映了提供言词证据的主体的主观故意行为。证明证人的陈述是否为虚假证言，可以通过以下两个基本特征进行判断：一是陈述者意图掩盖事实真相，具有欺骗他人的动机；二是证人陈述的内容与其他证据的指向性不一致、没有办法吻合。因此，判断证人证言的真实性的方法之一是明确证人的说谎动机。在实践中，证人的说谎动机可以从调查证人的品性、背景、与当事人的关系、是否存在偏见等方面入手，证明证人是否具有欺骗性意图，进而判断证言的真实性。另外一种方法是根据证人在作证时的表现用来证明该证人所陈述的事实与客观事实是否不符。例如，证人作证时是否会产生含糊其辞、证言出现前后矛盾、与其他证据没有办法吻合等现象，而这些现象都是证人提供虚假证言可能性的体现。但对于未成年证人（尤其是年纪较小的儿童）来说，应当首先考虑到儿童证人对事物的感知、理解、记忆及表达能力等因素，其次，还应当将儿童的心理素质纳入判断其证言真实性的考量范围。

对证人是否作出虚假证言的判断可以采用下列方式进行：在审查证据的初期，应当在宏观上对所有证据进行统一的审查。当进入到判断证言内容的真伪环节，可以运用排除矛盾证据的方法进行筛选。具体方法是，将案件中能够证明同一待证事实的证据整理在一起，观察每份证据内容的指向性是否一致，彼此之间是否能够互相印证，是否存在相互矛盾的事实。[1] 通常情况下，如果相比较的证据能够相互印证，且得出

---

〔1〕刘丽霞、郭欣阳：“未成年人言词证据的审查判断”，载《青少年犯罪问题》2004年第5期。

的结论相符，那么该证据初步可以认定为真实可靠。反之，如果相比较的证据不能够相互印证，甚至得出的结论相互矛盾，就可以断定其中一定有存在问题的证据。

上文提到的矛盾证言，指的是某证人证言的结论与其他证据得出的结论存在不一致的情形。这里所指的其他证据并不仅仅限于其他证人的证言，也包括其他类型的言词证据以及物证、书证等其他种类的证据。由于真实反映案件情况的证据对同一事件的描述应当是一致的，那么，证言与其他证据存在矛盾是对其存在虚假陈述最为有利的说明。如果存在不同的证明结论，则说明其中中必定含有虚假的证据。

此外，事实认定者还可以通过证人作证时伴随的表情、神态、动作等情绪表现判断证人是否如实作证；还可以请具有专门知识的专家对证人作证时的表现进行分析，判断其是否存在说谎的可能性。但需要注意的是，前面列举的检验方法的实施主体只能是事实认定者，当事人及其他诉讼参与人无权对这一问题作出评价和判断。

2. 排除错误的证言。错误的证言是指由于观察不清、记忆模糊或表述不准确等原因造成的错误陈述，在英美法系又称为错证，不是故意作伪证〔1〕。错误证言在未成年证人作证的情形下较为常见。

由本章前部分的内容可知，未成年证人证言普遍具有逻辑性较弱、直接性较强、虽真实性相对较高但准确性较低的特点，且未成年人自身的理解、感知、记忆、表述等能力以及外界的环境压力影响并限制了未成年证人证言的真实性。这些都是导致未成年人提供错误言词证据的原因。若要使案件的审理脉络更加清晰，就一定要准确地识别并排除掉这些错误的证据。方法是将证据串联起来，利用综合验证的方式，检查能否形成完整的、相互照应的证据链条。通过分析各类证据之间、证据与案件事实之间的矛盾，进而判断出矛盾的主要原因，以此鉴定证据的真伪。〔2〕值得注意的是，对于年龄较小的儿童来说，可以通过符合儿童证人心智、采用言语之外的方式验证其证言的真假。例如，可以借助还原案发现场、画像、玩偶心理学方法进行验证，采用轻松缓和、儿童易于接受的方式贴近其内心想法，帮助儿童重新搜寻记忆线索，构建出全新的记忆目录。对玩偶取证的方法进行实验，结果显示，使用玩偶开放

---

〔1〕［英］古斯力·古德琼森：《审讯与供述——心理学手册》，乐国安等译，中国轻工业出版社2008年版，第299～301页。

〔2〕何家弘：《刑事审判认证指南》，法律出版社2002年版，第247页。

提问模式明显其高了幼儿证词的准确性，差异性极其显著。说明通过辅助取证能够有效帮助经历创伤体验的儿童详细描述行为的细节，有利于准确司法定性。[1]

第四节　未成年证人证言的补强

一、未成年证人证言补强规则的必要性

1. 立法对未成年证人证言补强的规定尚属空白。事实上，在我国的民事诉讼领域[2]以及行政诉讼领域内[3]均对未成年证人证言需要作出补强的条件作出了特别规定，但是，在刑事诉讼领域内对于未成年证人证言需要补强的要求尚处于空白的状态。由于刑事诉讼证据的证明标准高于民事诉讼证据与行政诉讼证据的证明标准，那么，刑事证据之间的印证程度应当更高，因此，对未成年证人证言的审查也就应当更加谨慎，应当明确对需要未成年证人证言进行补强的情形。

2. 未成年证人证言补强规则的确立有效地避免了误判、错判情形的发生。作为言词证据的一种表现形式，证人证言也同样具备着易变性特征。尤其是对于未成年人这一特殊群体而言，特殊的生长发育特征决定了他们自身的感知、记忆、理解、表达等能力没有办法达到成年证人的作证标准，年纪尚小的儿童更是如此。除了未成年证人本身的诚实性需要得到证实以外，他们的主观作证能力以及询问环境、办案人员的询问态度和方式等客观因素都有可能影响陈述的真实性，可信度也会随之降低。因此，在没有其他证据可以佐证的前提下，仅凭未成年证人证言来作为定案的最终依据缺乏一定的可靠性。因此，若仅存在未成年证人证言这一种证据，则不能作为定案依据；若未成年证人证言成为证明案件事实的主要证据时，应当有其他证据对该证言内容进行补充和加强，只有形成了相互印证的证据体系，才能够作为最终的定案依据。

3. 建立未成年证人证言补强规则是对未成年证人正当权利的保护。

---

〔1〕刘亚菁、耿文秀：“儿童目击证人取证过程的玩偶辅助研究”，载《心理科学》2007年第5期。

〔2〕《最高人民法院关于民事诉讼证据的若干规定》第69条规定：“未成年人所作的与其年龄和智力状况不相当的证言不得单独作为认定案件事实的依据。”

〔3〕《最高人民法院关于行政诉讼证据若干问题的规定》第71条规定：“未成年人所作的与其年龄和智力状况不相适应的证言不能单独作为定案依据。”

众所周知，口供是了解和查明案件事实的最直接证据，在适用证据时被认为具有较强的证明力，并且在确保口供真实性的前提下，足以将被告人的犯罪过程较为完整地体现出来。正如前文提到的那样，对于供述证据而言，我国立法已经在刑事诉讼领域内建立了针对犯罪嫌疑人、被告人供述的补强规则。基于口供证据在刑事诉讼中的重要性，为了避免办案人员为尽快结案而采取的过于依赖口供、只注重获取口供证据而忽视其他证据的情况，为了全面禁止办案人员为获取口供对犯罪嫌疑人进行刑讯逼供的行为，为了保护犯罪嫌疑人、被告人的人身安全及合法权益，我国立法提出了不能仅凭借口供证据就直接断案的要求，一方面有利于更好地查明案件事实，维护司法公正；另一方面也有效地保护了犯罪嫌疑人、被告人在诉讼中的合法权益。虽然我国并没有确立未成年人言词证据的补强规则，但是，涉罪未成年人的供述可以依据一般案件中供述的补强规则得到补强和印证。

从证据种类划分的角度来看，证人证言与供述证据同为言词证据的表现形式，只是作出陈述或供述的主体不同。若从保护提出证据的主体的角度出发，认为保护犯罪嫌疑人、被告人在诉讼中的权益是必要的，那么同理可知，对未成年证人的权利保护同样也必不可少。未成年证人与未成年犯罪嫌疑人、被告人的身份相同，均属于处于生长发育期的未成年人，当他们进入到诉讼程序当中时，无论其处于何种身份，都应当对他们的身心加以保护。尤其是对亲身经历了案件过程的当事人或目睹案发经过的证人来说，由于他们掌握到了案件事实的第一手资料，那么，作为案件的直接体验者或经历者，他们提供的陈述将对案情的进展起到十分强大的促进作用，这就更加说明了证人证言的重要性。正是由于上述特性，办案人员很可能为了达到尽快获取证言的目的而对未成年证人采取诱导性提问等手段，在大大降低证言的自愿性和可信性的同时，也给未成年证人的身心健康带来极大的伤害。此时，通过其他证据的补强，就能够及时发现证言当中存在的问题，

4. 未成年证人证言补强规则的确立有利于实现司法公正。虽然我们不能断定缺少其他证据佐证的未成年证人证言就不具备真实性与可信性，但是，由于刑事诉讼与其他诉讼类型不同，刑事诉讼决定了犯罪嫌疑人、被告人的自由甚至生命是否存在被剥夺的可能性，出于对个人今后的生活与生命负责的态度，刑事证据应当被赋予最高的证明标准，即只有当收集到的证据达到确实、充分的标准时才能将其作为定案的依据。若只存在未成年证人证言，特别是年纪尚小的儿童证言这一种证

据，由于缺乏其他证据佐证，这种情况下便不能形成完整的、相互印证的证据链条，那么该证据就不能作为定案依据。在证据不足的情况下，直到有新的证据能够作证之前，法律便不能追究犯罪嫌疑人、被告人的刑事责任。

从长远来看，这种保护犯罪嫌疑人、被告人的做法所获得的社会价值要远远大于以惩罚犯罪为首要目的所取得的社会价值。也就是说，在刑事诉讼中确立未成年证人证言补强规则更能保证程序正义的实施，更有利于实现司法公正。

二、我国未成年证人证言补强规则的完善

1. 对适用补强规则的具体情形的确认。由于我国并没有将未成年证人证言补强规则纳入刑事立法当中，因此，在确立刑事诉讼未成年证人的补强规则时，可以适当地借鉴关于犯罪嫌疑人、被告人的口供补强规则，以及民事诉讼与行政诉讼中关于未成年证人证言的规定。因此，应当首先明确的是，在何种条件下应当对未成年证人证言适用补强规则。笔者认为，基于刑事诉讼法中的“对一切案件的判处都应当重证据，重调查研究，不应当轻易相信口供”的原则，应当规定：如果在一个刑事案件中，除了未成年证人证言之外，没有其他与案件具有相关性的证据，且该证据的证明力较弱，并不能确定该证人本身的诚实性以及证言的真实性。当出现上述情形时，该未成年证人证言不得单独作为案件的定案依据。只有发现新的证据能够与该证据相互印证时，才能够同补强证据一起作为定案的依据。

2. 对补强证据性质的要求。当我们在探讨如何制定补强证据规则时，除了对被补强的证据提出要求以外，还应当关注用来作为补强证据使用的证据本身所应具备的特性。因此，对未成年证人证言补强规则制定的过程中，不仅要在总体上制定出补强规则的指导意见，还应当对具有补强作用的证据特性一并作出限制和说明。

首先，任何证据之所以能够成为证据的首要条件就是，证据应当与待证的案件事实之间具有相关性。就补强规则而言，我们可以将未成年证人证言所体现出的内容作为待证事实，这样一来，用来补强的证据就应当与证人证言之间具有相关性。其次，补强证据必须为我国《刑事诉讼法》所列出的证据种类中的一种或几种，既可以为书证物证，也可以为言词证据、视听资料等。除此之外，合法性也是补强证据本身应当具备的性质。也就是说，该证据必须通过正当程序、正当手段获得，若违

反了上述规定，则应当依照具体情况予以排除或及时得到补正。再次，既然被称为“补强证据”，就意味着该证据含有对主证据观点作出补充的内容，使主证据体现的内容更能够获得裁判者的信任。这就决定了补充性与确认性是补强证据的另外一种特性。最后，补强证据应当具有独立的性质，该证据的得出不应当受到证人证言的影响。也就是说，补强证据与未成年证人证言应当分别属于两种独立的证据，不应当作为彼此的衍生证据而存在，否则将大大影响证据的真实性与可信性。

3. 对补强证据证明力的分析。司法实践中对补强证据证明力的判断呈现出较为混乱的状态，不同的法官对补强证据的证明力要求也各不相同。有的法官认为补强证据应当同主证据一样，需要具有较高的证明力；有的法官却降低了对待补强证据证明力的要求，认为补强证据只要在与主证据相结合以后，能够产生可以证明被告人罪与非罪的事实即可，无需对补强证据的证明力作出极高的要求[1]。对于该问题，笔者同意第二种说法，认为对补强证据的证明力作出过高要求的做法未免过于苛刻。理由是：补强证据在诉讼中起到的作用就是增强主证据的证明力，或是为有瑕疵的主要证据提供补充与修正。虽然不可否认的是，补强证据有时也可作为独立的、足以证明案件事实的主要证据，但其最终的职责是作为辅助证据去增强另外一份主证据的真实性与可信性。也就是说，在具体案件中，补强证据并没有完全发挥其作为主证据的作用。因此，不需要提出过高的证明力要求，此时只需要明确该证据的真实性即可。

4. 允许多份证据的共同补强。在实践中可能会出现这样的问题：当一份补强证据并不能完全达到辅助证明主证据的要求时，也就是说，当该证据不具备补强证据的全部要素时，是否允许多个证据共同作为补强证据呢？答案当然是肯定的，因为早在英国的 *Baskerville* 案中就已经允许并执行了这样的做法[2]。事实上，法庭自然欢迎那些起到辅助、加深作用的补强证据本身具有能够证明案件的主要争议事实的信息，但这样的证据毕竟不容易发现，并且补强证据本身只需要满足其内容与主证据相关就可以了。因此，为了加深间接证据的证明力，在实践中，只要证明某项待证事实的证据具有较高的证明价值，即使该证据是由多个间接证据组成的证据链条共同反映出来的，都应当视为具有证明价值的补强证据。

---

〔1〕 徐燕平：《刑事证据运用》，中国检察出版社 2008 年版，第 75 页。

〔2〕 具体内容参见齐树洁：《英国证据法》，厦门大学出版社 2002 年版，第 368 页。

第五章　未成年证人作证特免权问题

第一节　未成年证人作证特免权

一、父母—子女作证特免权概述

父母—子女关系特权为亲属关系特权的组成部分，是以血缘关系为纽带而建立起来的家庭关系。本节关注的问题是，当具备证人资格的未成年人与案件中的被告人存在法定的亲属关系时，是否同样出于维护社会关系和谐的目的，应当受到特权的保护，从而享有拒绝作证的权利。

英美法系国家对父母—子女作证特免权的规定集中在两个方面：一是对于父母与子女之间进行秘密交流的内容，除非作为证人的一方明确表示愿意放弃特免权而主动披露，否则，父母或子女不得被强迫披露其交流的内容；二是父母或子女不得作出不利于其亲属的证言，除非证人自愿放弃该权利并知悉作证的后果。以澳大利亚为例，该国《1995年证据法》第18条第2款中对父母—子女作证特权表达出认可的思想。[1] 但值得注意的是，在美国，绝大部分州都没有明确承认父母—子女的交流特免权，并对父母或子女进行秘密交流的特权均持有禁止态度。到目前为止，仅有爱达荷州、明尼苏达州及马萨诸塞州这三个州的立法通过了父母—子女秘密的交流权。[2] 除了上述三个州之外，通常在议会没有采取行动的情况下，其他州的区巡回法院以及联邦法院均拒绝接受父母—子女特免权的存在。

相较于英美法系国家，大陆法系国家和地区对于父母—子女作证特免权的规定明显比较宽泛，并相对扩大适用范围。例如，日本立法允许

---

〔1〕 澳大利亚《1995年证据法》第18条第2款规定："如果某人在被要求作证的时候是被告的配偶、事实配偶、父母或者子女，可以反对被要求作为检控方的证人从事下列活动：(a) 作证；或者 (b) 就该某人与被告之间的交流作证。"

〔2〕 张保生主编：《证据法学》，中国政法大学出版社2009年版，第262页。

被告人之三代以内血亲或二代以内的姻亲拒绝提供不利于该被告人的证言。被告人的监护人、监督人或曾经与其建立过上述关系的人也在该特权的保护范围之内。[1] 我国台湾地区更是将亲属特免权的范围扩大至除家长之外的五代以内血亲或三代以内姻亲。[2] 我国2012年《刑事诉讼法》中新增了对父母—子女作证特免权的相关规定，允许被告人的子女拒绝出庭作证。[3]

二、父母—未成年子女作证特免权

虽然美国对父母—子女作证特免权作出了禁止性规定，但事实上，在明确表示反对该特免权的四个州及少数联邦法院中，认为当子女为未成年人时，他们仍然允许未成年子女享有与父母进行秘密交流的权利，并认可未成年子女与父母的特免权。[4] 另外，自1998年起，美国国会已开始提出通过父—子女特免权的建议。

有一个值得思考的问题是，在未成年人领域，采取拒绝使用特权的方式是否会给未成年人（尤其是尚处于发育阶段的儿童）带来不良的影响？若法庭对父母—未成年子女特免权表示明确拒绝，强迫其出庭作证，是否会令未成年人陷入极大的痛苦之中？事实上，未成年人以证人身份对其父母作为被告人的案件作出陈述，对于正处于特殊年龄段的未成年人来说，这本身就是一件难以承受的事情。此时，未成年人获得的社会经验较少，受教育经历也较为简单，很可能为了包庇自己的父母而作出不真实的陈述。这不仅没有给查明案情带来帮助，反而使得未成年人在法庭上作出了伪证。一旦未成年子女如实地作出不利于父母的陈述，随之而来的是内心永远无法抹去的对亲人的内疚感，以及对亲属关系形成裂痕的自责感，内心也会伴随悲剧的发生而受到痛苦的折磨。很

---

〔1〕 日本《刑事诉讼法》第147条规定："任何人都可以拒绝提供有可能使下列的人受到刑事追诉或者有罪判决的证言：①自己的三代以内血亲或二代以内的姻亲，或者曾与自己有此等亲属关系的人；②自己的监护人、监督人或保佐人。"

〔2〕 我国台湾地区"刑事诉讼法"第180条规定："对于被告人或自诉人五亲等内之血亲、三亲等内之姻亲或家长、家属，……证人得拒绝证言。"第181条规定："证人恐因陈述致使与其有五亲等内之血亲、三亲等内之姻亲或家长、家属关系之人受到刑事追诉或处罚者，得拒绝证言。"

〔3〕 我国"刑事诉讼法"第188条规定："经人民法院通知，证人没有正当理由不出庭作证的，人民法院可以强制其到庭，但是被告人的配偶、父母、子女除外。"

〔4〕 上述法院对该权利的主张可以参见"有关于尚未独立的未成年子女"[In Re *Unemancipated Minor Child*, 949 F. Supp. 1487 (E. D. Wash. 1996)] 一案。

显然，这对于未成年人来说是一段十分残忍的经历。出于对上述因素的考虑，对父母—子女特免权（尤其是未成年子女作证特免权）表示支持的呼声越来越高，特别是很多法官对该情况下的证人证言的真实性表示担忧，因为对于家庭成员的忠诚不仅仅为人之常情，更是绝大多数家庭都在极力去维护的事情。

三、我国父母—未成年子女作证特免权的建构

自古以来，我国立法就一直提倡“亲不为证”之理念。早在周朝时期就已经开始推行亲亲之义，后逐渐被儒家学说所吸收，形成“亲亲相隐”的思想〔1〕。此后，随着立法制度的不断完善，对亲属间相隐的范围逐步扩大，再加上特定背景下西方法治理念的灌输，到了清末时期，亲属间拒绝作证的行为开始由义务逐步演变为一项拒绝作证的权利。

由前文论述可知，亲属关系不仅是对社会伦理道德的维护，也是建立和巩固良好社会公共秩序的前提。可见，在我国建立包括父母—子女关系特权在内的亲属关系特权是十分必要的。另外，避免亲属之间在严肃的法庭环境下相互攻击和对峙，也是对和睦家庭关系进行维护的一种方式。学界和理论界的多数代表对我国建立父母—子女关系特免权持赞同的观点。据调查权威显示，我国目前已有59.7%的法官明确表示应当赋予某些特定证人作证的特免权，其中支持特定亲属作证特免权的支持率甚至高达82.79%。〔2〕事实上，在2012年以前，亲属关系特权并没有明确的在立法层面得以明确体现。直到2012年《刑事诉讼法》的实施，我国立法正式确立了近亲属之间出庭作证的豁免权规则。〔3〕但针对这一规则，学界存在两种不同的声音：一种声音认为，本条规则实际上赋予了被告人的近亲属在法庭审理时享有免证的特权。〔4〕另一种声音认为，该规定并未免除被告人近亲属的作证义务。〔5〕笔者同意第

---

〔1〕孔子曰：“父为子隐，子为父隐，直在其中矣。”参见《论语·子路》。

〔2〕张中：“关于《人民法院同意证据规定》调研报告”，载王进喜、常林主编：《证据理论与科学——首届国际研讨会论文集》，中国政法大学出版社2009年版，第114页。转引自王进喜主编：《刑事证据法的新发展》，法律出版社2013年版，第36页。

〔3〕详见我国《刑事诉讼法》第188条第1款：“经人民法院通知，证人没有正当理由不出庭作证的，人民法院可以强制其到庭，但被告人的配偶、父母、子女除外。”

〔4〕参见“澄清未刑讯逼供，警察要出庭作证”，载《法制晚报》2011年8月24日。

〔5〕王进喜主编：《刑事证据法的新发展》，法律出版社2013年版，第37页。

二种观点，理由是该规则延伸的范围仅限于保证被告人的近亲属不被强制出庭作证，并非直接免除了在所有情况下的作证义务。就未成年证人与其父母等亲属之间的特免权问题来说，笔者认为，立法还应当作出以下规定：应当允许未成年人在一般情况下不能成为指控其父母或三代以内血亲犯下某种罪行的证人。但是，如果未成年人为本案中的受害人时，该规定不得成为禁止其作证的依据。赋予未成年人作证的特免权，一方面能够避免未成年人受到不必要的伤害，一方面有效减少了证人作出虚假证言的可能性。

第二节　关于未成年证人的特别保护

一、我国未成年证人保护制度现状

我国立法对刑事案件中一般证人的作证情况作出了相应的规定。首先，将证人作证的内容及条件规定为："必须保证一切与案件有关或者了解案情的公民，有客观地充分地提供证据的条件。"[1] 另外，在证人保护方面同样持有肯定的态度，明确了对打击报复、威胁、殴打或侮辱证人及其近亲属行为的惩罚措施[2]，坚决禁止并打击他人强迫、引诱证人作证的行为[3]。针对妨害作证这一问题，立法特别对被取保候审以及监视居住的犯罪嫌疑人、被告人提出了明确的禁止性要求及相关惩罚措施。[4] 同样地，我们在实体法中也同样感受到了立法对证人保护问题的重视。我国《刑法》第306条规定："在刑事诉讼中，辩护人、诉讼代理人毁灭、伪造证据，帮助当事人毁灭证据、伪造证据，威胁、

---

〔1〕 详见我国《刑事诉讼法》第50条。

〔2〕 我国《刑事诉讼法》第61条规定："人民法院、人民检察院和公安机关应当保障证人及其近亲属的安全。对证人及其近亲属进行威胁、侮辱、殴打或者打击报复，构成犯罪的，依法追究刑事责任；尚不够刑事处罚的，依法给予治安管理处罚。"

〔3〕 我国《刑事诉讼法》第42条规定："辩护人或者其他任何人，不得帮助犯罪嫌疑人、被告人隐匿、毁灭、伪造证据或者串供，不得威胁、引诱证人作伪证以及进行其他干扰司法机关诉讼活动的行为。违反前款规定的，应当依法追究法律责任，辩护人涉嫌犯罪的，应当由办理辩护人所承办案件的侦查机关以外的侦查机关办理。"

〔4〕 将我国《刑事诉讼法》第69条与第75条的内容综合起来，可以概括为：被取保候审及监视居住的犯罪嫌疑人、被告人不得以任何形式干扰证人作证。若违反上述规定，已缴纳保证金的，没收部分或者全部保证金，并且区别情形，责令犯罪嫌疑人具结悔过，重新缴纳保证金、提出保证人，或者监视居住、予以逮捕。

引诱证人违背事实改变证言或者作伪证的，处3年以下有期徒刑或者拘役；情节严重的，处3年以上7年以下有期徒刑。”第307条规定：“以暴力、威胁、贿买等方法阻止证人作证或者指使他人作伪证的，处3年以下有期徒刑或者拘役；情节严重的，处3年以上7年以下有期徒刑。”第308条规定：“对证人进行打击报复的，处3年以下有期徒刑或者拘役；情节严重的，处3年以上7年以下有期徒刑。”

在我国，无论是实体法还是程序法，均在不同程度上对证人保护相关问题作出了规定。我们可以从中发现需要保护的对象，对证人进行保护的范围，实施保护行为的主体以及打击报复证人的后果与处罚。但较为遗憾的是，我国立法并没有针对未成年证人制定专门的保护规则。因此，在面对未成年证人保护中的问题时，只能依据现行立法中对一般证人的规定进行处理。

二、我国未成年证人保护制度的不足

1. 在我国，对未成年证人的保护尚处于空白状态，并没有建立完善的未成年人保护制度，立法的缺失导致权力主体在开展证人保护工作时受到一定的影响和阻力，也在一定程度上削弱了证人出庭作证的积极性。尤其是对于未成年人来说，身心发育尚未成熟，社会经验不足，决定了他们遇事较为慌张的性格特征。只有让证人处在一个有着完善保障制度的诉讼环境中，才能产生足够的安全感和自信心。因此，立法的缺失成为未成年证人保护制度中最主要的缺陷之一。

2. 我国现行程序法对证人保护的规定过于笼统，仅在宏观层面上制定了证人保护规则，缺乏具体的操作细节。立法只规定了保护证人的原则，却没有提及应当采取哪些具体的措施；立法只规定了人民法院、人民检察院、公安机关有责任保护证人及其家属的安全，但并没有进一步说明各自的职责及分工。

3. 当前我国证人保护制度更多地侧重于事后惩戒性保护，事前的预防功能似乎并未得到广泛的重视。具体来说，对证人的保护应该包括两方面：一为事前预防性保护；二为事后惩戒性保护。[1] 前者重在预防，后者重在惩戒；前者立足于对需要受到国家保护的相关群体提供排除对其安全产生不利影响的可能性措施；后者的主要任务在于对那些为

---

〔1〕 付建恩：“证人保护制度亟待从四方面完善”，载《检察日报》2015年10月21日，详见 http://newspaper.jcrb.com/html/2015-10/21/content_197988.html.

了扰乱司法的正常审理秩序而蓄意向受保护群体施加伤害的人进行处罚。[1] 而事实上，对事前的预防保护应当更加重视，不仅可以在萌芽阶段消除对证人产生不利影响的可能性，还可以有效地制止事后打击报复行为的发生，防止证人保护链的缺失。目前，我国立法虽规定了事后救济，但事前预防性保护措施并不到位。

4. 笔者认为，保护未成年证人的心理健康也是学界应当极为关注的一个问题，但这一问题在我国立法中并没有得以体现。由于我国立法并没有对未成年证人的保护问题作出专门规定，因此，在实践操作中，只能依照我国现行立法对普通证人保护的规定来执行。但是，这些规定仅从保护成年证人的角度出发，局限于保护证人及其家属的人身安全，忽略了未成年人因参与诉讼法活动而导致身心受到伤害的可能性。立法应当充分体现出对未成年人身心健康的关怀，这种关怀不仅体现在人身安全的保护，更应当对他们的心理健康体现出充分的重视。由于未成年人年纪尚小、涉世不深，在相对严肃的环境下接受来自陌生人的询问对他们来说其实是非常有压力的。成年人尚且紧张，年幼的儿童更是如此。审前便开始蔓延的紧张气氛，加上庭审时询问者（尤其是对立方律师）强烈的态度和强硬的语气，在无形之中增加了证人的恐惧感。在这样的情况下，如果不对类似具体问题（如提问的方式、提问的措辞等）加以规定和限制，很可能会给未成年人的心灵蒙上挥之不去的阴影，甚至可能会影响一生。

三、完善我国未成年证人保护制度

总体来说，我国对证人保护制度的关注和重视的程度越来越高，但关于证人保护的立法尚有不完善之处。在此之前，已有学者呼吁应逐步完善证人保护制度，并认为，假如最高人民法院、最高人民检察院通过司法解释将证人保护制度加以细化，使其具有可操作性，那么，证人因为作证所产生的顾虑、恐惧、担忧将会得到显著的减少，证人接受法院通知出庭作证的积极性也将会得到提高。[2] 迄今为止，国内外已有不少学者对完善证人保护制度提出了十分合理的建议。笔者将这些十分宝贵的建议综合起来，并将未成年人群体作为证人时体现出的特殊性融于

〔1〕 本段论述为笔者总结出的观点，在撰写本书前已收录在其他文章之中并发表。详见王进喜、高欣："未成年证人基本问题研究"，载《政法论丛》2016 年第 2 期。

〔2〕 陈瑞华："论证人证言规则"，载《苏州大学学报》2012 年第 2 期。

其中，总结出用来服务于保护未成年证人的相关制度。

1. 首先应当明确的是保护未成年证人的对象和范围。有学者认为，证人保护的主要对象是普通证人和被害人。[1] 也有学者认为，证人的保护对象，不仅应当包括证人，而且应当包括被害人、证人和被害人的近亲属以及其他需要类似保护的有关人员。[2] 还有学者认为，尽管在理论上，所有证人均应受到保护，但考虑到保护机构的人力限制和财政约束，将受保护的证人限于出庭证人可以有效地贯彻庭审的对抗制。当证人保护制度发展较为成熟时，可将受保护的证人扩展至为出庭作证的证人不失为稳妥之举。[3] 仍有学者认为，证人保护的对象应当是证人及其近亲属。[4] 笔者认为，未成年人身为特殊群体，应当受到更多的关怀与保护，因此，在借鉴了学者们观点的基础上，可以将未成年证人保护的对象认定为证人、被害人、证人和被害人的近亲属以及因诉讼而陷入与证人同等程度危险的、需要国家施以保护之手的相关人员。从世界各国对证人保护的立法现状上也不难看出，较为宽泛地设定证人保护的对象已然成为许多国家的立法趋势。在美国，如果证人本身并未成年，那么其主要家庭成员也被纳入"证人"的范围。我国台湾地区"刑事诉讼法"也有类似的证人亲属保护规定："不得对被害人、证人、鉴定人、办理本案侦查、审判之公务员或其配偶、直系血亲、三亲等内之旁系血亲、二亲等内之姻亲、家长、家属之身体或财产实施危害或恐吓之行为。"在确定未成年证人保护的范围时，首先应当明确，对于未成年人来说，国家不仅仅需要保护他们的人身安全问题，还应当延伸至保护证人的财产、自由和名誉等几个方面。除此之外，对未成年证人心理健康的保护更应当引起极大的重视。笔者认为，证人保护的具体范围可以借鉴我国台湾地区"证人保护法"第 4 条中规定的"生命、身体、自由和财产"，并在此基础上增加对未成年证人心理健康进行保护的规定。也就是说，应当将保护未成年证人的范围界定为"生命、身体、自由、财产和心理健康"。保护未成年人心理健康的具体操作方式将在下文进行详细的论述。

---

〔1〕 熊秋红："刑事证人作证制度之反思——以对职权为中心的分析"，载《中国政法大学学报》2009 年第 5 期。

〔2〕 王进喜：《刑事证人证言论》，中国人民公安大学出版社 2002 年版，第 145 页。

〔3〕 孙南申、彭岳："证人保护制度构建之法律思考"，载《复旦学报（社会科学版）》2008 年第 1 期。

〔4〕 吴丹红："证人保护制度探析"，载《华东政法学院学报》2003 年第 3 期。

2. 由于证人保护制度内部程序较为繁琐，建立专门的证人保护机构是有必要的。以香港为例，香港特别行政区警务处专门成立了证人保护小组，该小组隶属于香港警务处刑事及保安处保安部，能为证人提供广泛的保护措施，以切合证人的需要，同时防范任何形式的威胁。另外，美国也建立了专门的证人保护机构，并配有专业的证人安全巡查员。我国可同样建立保护证人机构，保护因作证而受到威胁的证人。此外，证人保护机构还应当负有制定与证人保护事项相关的政策的职责。同时建议单独设立未成年证人保护部门，派出具有丰富的保护证人经验，并且熟知未成年人心理特征的专业人员从事此项工作。

3. 制定证人保护的预防措施，并将预防和保护的具体方法分别进行细化。加强证人保护的预防性工作，从很大程度上弥补了从采取强制措施之时到审判进行以前的这段保护制度的空白。我国立法目前只规定了事后的救济程序，对事前的预防保护并没有作出明确地规定。事实上，这样的规定是存在疏漏的，理由是：对立方为了避免证人作出不利于他们的陈述，很可能于审判前便开始着手对证人进行打击报复，而恰好在这段区间的规定处于空白状态，这就于无形之中增加了证人的安全隐患。可以说，扩大证人保护的区间极大地限制并在很大程度上杜绝了有加害意图的人员实施打击报复证人的行为，这样做也扩大了证人保护的时间和打击对象。事前做好证人保护的预防工作，保证证人不受到伤害的同时也间接地减少了事后保护的工作量。也就是说，证人的事前预防工作不仅能够更加及时、全面地打击实施恐吓行为的主体，还能够降低事后保护工作的负担，确实地做到“防患于未然”。另外，基于案件的特殊性及严重程度，对证人保护可以采取的其他措施还有：在庭审前期，对证人及其家属的身份保密，及时将有关信息告知给证人，同时避免证人受到不当干扰；在审理过程中对证人及其家属人身和财产安全的保护；证人作证后，如确实存在危险的可能性，则可以借鉴美国证人保护的紧急迁居、长期迁居、改变身份、相貌等保护方式。此外，根据案件及证人的特殊性，随时变动作证期间的保护等级，有必要的可以增加至24小时特别保护。

对于未成年人这样的一个特殊群体来说，当他们以证人身份参与刑事诉讼活动时，不仅要避免因作证而受到的恐吓及打击报复的可能性的发生，还应当充分考虑到如何避免其身心受到不必要的伤害和影响。也就是说，对未成年证人的保护除了关注其自身的安全问题，更应侧重于对其合法权益、身心健康及内心情绪的维护。前文已经提到，对未成年证人保护程序的启动时间应当设定于审前环节，并同样以保护未成年人的身心健康为主要落脚点，建立未成年证人审前服务制度便成为该理念转化为实践的第一道保护墙。首先，笔者建议在建立证人保护机构的基础上同时设立一个专门服务于未成年人的部门，审前服务应当成为该部门所承担的任务之一。事实上，英格兰及威尔士地区的诸多法院已经率先提供这项服务。证人审前服务的目的是通过受过良好培训的志愿者所提供的免费、保密的服务，缓解犯罪行为的见证人、受害人及其亲朋好友在审前可能感到的焦虑、紧张、困惑、沮丧以及伤心、愤恨，给他们以心理上、情感上的支持。这样的服务对于身体心灵都较为脆弱的未成年人来说，不失为一种促进他们勇于表达、抒发情感，保护其心灵不受到伤害的有效的方式。在审前，证人可以通过与工作人员谈心的方式纾解紧张情绪，并允许在工作人员的带领下事先熟悉法庭环境。

在庭审阶段，对未成年证人的保护主要体现在通过采取适当放宽相关限制的方式，以减少庭审为其带来的压力。很多年幼的证人将法庭内的环境描述为“不开心、闷热、拥挤、噪音”等，将法庭理解为“一扇锁着门的封闭房间”。还有一部分未成年证人指出，在法庭上他们能够看见被告方就在自己周围[1]。为了缓解其紧张、焦虑的心情，从照顾未成年人情绪、保护他们在庭审中免于受到惊吓的角度出发，可以建议将未成年人作证的地点设定为并不限制于法庭之中的其他合适的场所。英国《1999 年少年司法与刑事诉讼法》第 24 部分[2]规定：允许具备资格的未成年证人在法庭之外通过远程连接的方式向法庭提供证据。这就意味着未成年证人可以在法庭所在建筑物内的其他非正式场所接受询问，还标志着未成年证人同样被允许从并不限于法庭所在的建筑中通过连接的方式作出陈述，也就是说，未成年人在其他已得到允许的建筑中提供证据也可以被法庭所接受。一项 2007 年的调查显示，该举动得到了 69% 的巡回法官、85% 的治安法官和地方法官、56% 的律师的赞同，并提出了将与证人进行远程连接的地点设在证人保障机构似乎

---

〔1〕 John R Spencer, Michael E Lamb, *Children and Cross - examination—Time to Change the Rules*, Hart Pubishing, 2012, p. 25.

〔2〕 详见：Youth Justice and Criminal Evidence 1999, Section 24. http://www.legislation.gov.uk/ukpga/1999/23/section/24.

更加可行的建议[1]。上述做法的根本目的是淡化未成年证人所感受到的法庭的正式性，以缓解作证所带来的紧张情绪及心理压力。

其次，在最易受到攻击的交叉询问环节，询问者提出问题时的语调与方法也是影响未成年证人情绪的重要因素之一。过于生硬、严肃、具有威胁性的言语和提问方式在无形之中给未成年人带来惧怕的情绪和心理负担。调查显示，在交叉询问环节，将被告方律师描述为“有礼貌”的公诉方证人的百分比仅为28%，有一半的未成年这个人认为他们的行为是“粗鲁的”“具有侵略性的”“具讽刺意味的”，同时认为律师的用词具有“恐吓”“纠缠不清”“威胁”“丢脸”“不尊重”“固执己见”“冷酷无情”“声音大”“唐突”“自大”等特点。一位15岁的未成年证人说：“当我在被询问的时候，我的脸色变得苍白并感到喉咙干涩。被告方律师试图抓住我陈述中的差错，他会故意将问题变得复杂，并试图进行威胁——通过他讲话的语调和身体语言表现出来——他的询问十分具有侵略性。”[2] 上述调查不难看出，交叉询问环节中的询问者（尤其是对方律师）普遍给未成年证人留下了冷酷、严肃、令人害怕的印象。这样的态度在无形之中增加了未成年人回答问题时的心理负担。调查还显示，有一半的未成年证人都认为与其观点对立一方的律师一直在试图让他们说出其本身不能理解的话语。其中一位12岁的证人的感受是：“对方律师总是试图叫我讲出错误的话语，这让我觉得十分心烦意乱并非常焦虑。”因此，对方律师采用不正当的提问技巧是导致未成年人心理负担加重的另一个重要因素，出于保护未成年证人身心健康的原因，应当禁止律师向未成年证人以附加疑问句和诱导的方式提问。比如说，对方律师在询问未成年证人时，有时会习惯于利用附带疑问句的提问方式进行诱导性提问（例如：他打了你，难道不是吗?）。笔者认为，应当禁止向未成年证人提出类似上述具有诱导性色彩的问题，即使该问题并没有得到其他人的反对，因为这不仅导致证言的真实性得不到保证，审判的公正性受到质疑，同时，对于易受攻击的证人来说也是不公正的。

---

〔1〕 J. Plotnikoff & R. Woolfson, *Evaluation of Young Witness Support: Examining the Impact on Witnesses and the Criminal Justice System*, London, Ministry of Justice. www. lexiconlimited. co. uk/PDF% 20files/Young_ Witness_ Study_ Report. pdf.

〔2〕 John R. Spencer & Michael E. Lamb, *Children and Cross - examination—Time to Change the Rules*, Hart Publishing, 2012. p. 25.

最后，为了帮助未成年证人减少因庭审所带来的压力、保护他们免于受到对立方带来的伤害，法庭应当允许证人不出庭作证或采用秘密作证的方式提供证言。《最高人民法院关于执行〈中华人民共和国刑事诉讼法〉若干问题的解释》[1]《最高人民法院关于审理儿童刑事案件的若干规定》[2] 均作出了允许未成年人不出庭作证的规定。在庭审中，未成年证人与被告人相见或意识到被告人就在周围，均能够让未成年人的情绪受到影响，加重未成年证人出庭的心理障碍。出于对保护证人安全以及保证证据质量的双重考虑，建议法庭可以选择让未成年证人秘密作证的方式来解决上述问题。秘密作证就是允许未成年人在一个相对保密的环境中作出陈述，而之所以被称为"秘密"的前提在于，必须保证有可能给未成年证人带来伤害的人不在该环境之中。秘密作证的实施手段有很多种，例如，可以在证人与被告人之间设立一个阻止彼此见面的屏障。以英国为例，在庭审时可以采取利用屏风或类似物遮挡证人不与被告人见面的举证方式，《1999 年少年审判和刑事证据法》还在此基础上对可以回避的主体作出了细化："证人宣誓或作证时，可以采用屏风或类似物遮挡其不与被告见面，但屏风或类似物不能阻挡下列人员与证人见面：①法官或陪团；②参加诉讼的法定代理人；③被指定（按指示或其他）帮助证人的翻译人员及其他协助人员。"[3] 英国还同样允许利用高科技设备来避免证人与被告人的直接交锋，并获得了《1996 年刑事侦查与诉讼法》[4] 以及《1999 年少年审判和刑事证据法》[5] 等相关法律的支撑。德国《证人保护法》在肯定这一询问方式的同时，进一步明确儿童可以使用录像询问的方法，免除他们亲自出庭作证的必要性。[6] 例如，儿童可以离开法庭，进入专门的作证室内接受询问，再利用闭路电视等高科技手段将证言传送到法庭当中。除了上述方式之

---

〔1〕《关于执行〈中华人民共和国刑事诉讼法〉若干问题的解释》第 142 条规定："经人民法院准许，未成年证人可以不出庭作证。"

〔2〕《最高人民法院关于审理儿童刑事案件的若干规定》第 12 条规定："儿童刑事案件的证人是儿童的，除法律规定外，经人民法院准许，可以不出庭。"

〔3〕详见《1999 年少年审判和刑事诉讼证据法》第 23 条。

〔4〕英国《1996 年刑事侦查与诉讼法》第 62 条规定："儿童证人可以通过电视网络或录像提供证据。"

〔5〕《1999 年青少年审判和刑事证据法》第 30 条规定："在证人给出证据时（不管以法庭证言还是其他方式），法庭可以本着使问题和回答适于为证人所知或所表达的原则，为证人提供适当的设备。"

〔6〕刘立宪、谢鹏程：《海外司法改革的走向》，中国方正出版社 1999 年版，第 88 页。

外，录像交叉询问是一种具有创新性的特殊询问措施，其具体实施过程为：将未成年证人的陈述于庭审前以录像的形式保存。在庭审时，证人不参与陈述环节，改为在法庭上播放事先准备好的录像。证人只需在交叉询问环节中出现并接受正常的问询。在交叉询问时，除法官可以在场之外，允许被告人及其律师在场并熟知问询的整体情况，同时赋予被告人与其律师进行交流的权利。[1]

〔1〕 吴丹红："儿童作证问题之研讨"，载《政法论丛》2003 年第 2 期。

结　论

当今社会人们的生活及工作方式发生了很大变化。工作机遇的增多以及生活理念的转变为人们带来了更加自由、更加多样的选择，但同时也导致了人口流动性增大、社会监管难度增加等问题。未成年人是社会的特殊群体，这一群体无论在生理还是心理上均未发育成熟，涉世未深且自控能力较弱，容易在愈加自由的社会环境下迷失自我。随着近年来未成年群体刑事犯罪率的逐年升高，未成年人犯罪已成为我国十分严重的社会现象之一，并逐步得到学界的重视。未成年人是国家的未来与希望，肩负着推进发展的重要使命，因此，本书试图通过对未成年人刑事证据相关问题的梳理，为未成年人刑事案件审理提供一些具有可操作性的建议。

2012 年《刑事诉讼法》以专章的形式增设了未成年人刑事案件诉讼程序，尽管并未过多涉及证据规则，但仍能从中发现立法对个别新型证据使用所持的肯定态度，例如，社会调查报告、犯罪记录等能够反映出未成年人品性的证据。我们还可以发现，立法特别针对未成年人设立了特殊的证据规则，例如，在收集证据时要求必须有合适成年人在场，否则取得的证据将会因不具有可采性而被排除。本书将未成年人以参与人的身份进入到诉讼程序时可能会扮演的角色为依据，分别对以上角色可能出现的证据问题进行论述，得出了如下结论。

第一，以宏观视角审视我国未成年人刑事证据规则，可发现，未成年人刑事证据规则允许适当扩大证据的种类、适用范围及审查内容。为了使涉罪未成年人能够更好地回归社会，我国立法放宽了未成年人案件中证据的种类和适用范围。例如，在证据的种类上，允许并建议在未成年人刑事案件中使用证明涉罪未成年人品性的证据。但其中也暴露出一些问题，例如，立法与实践中始终缺乏统一的证据适用标准，而适用标准的失衡又直接影响了刑事案件证据缺乏统一的采信标准，导致不同地区、不同层级的司法部门间作出的裁决也不尽相同。

第二，当未成年人以被告人身份置身于诉讼程序时，办案人员有义务对未成年犯罪嫌疑人的年龄进行准确审查。年龄确认是决定是否开启未成年人刑事诉讼程序大门的前提。在审理案件时，不仅要了解犯罪嫌疑人、被告人的年龄，还应当明确被害人是否也系未成年人，案件中是否有未成年证人等情形。未成年人刑事诉讼的原则、相关程序与证据规则与一般刑事诉讼有所不同。以被告人来说，由于我国对未成年人犯罪持有“教大于刑”的原则，即对涉罪未成年人一直秉持着“教育优先，惩罚为辅”的原则，无论是定罪还是量刑均轻于一般刑事案件的惩罚力度，这就不免会出现冒充未成年人的情形。因此，办案人员应当对年龄问题进行严格的审查。另外，对于犯罪嫌疑人、被告人来说，对供述证据的审查变得极为重要，这就需要裁判者及事实认定者对供述证据可靠性与可采性作出判断，对以威胁、强迫等可能影响程序公正的方式取得的供述以及为了掩盖犯罪事实而作出的缺乏真实性的供述应当予以排除。为了准确地认定案件事实，明确供述证据的可靠性及可采性标准已是刻不容缓。

第三，有别于一般的刑事诉讼，立法允许将反映涉罪未成年人品性的证据作为对其定罪量刑的参考依据，最具代表性的证据便是社会调查报告的制作与适用。但立法对社会调查报告在诉讼阶段具体的适用规则规定得较为模糊，同时其是否具有证据属性也是学界一直以来不断争论的问题。本书认为，社会调查报告不仅属于书证，还可以被划入品性证据的范围，因此，可以将社会调查报告适用于定罪及量刑阶段，并作为其中的一项参考依据。与此相类似的还有犯罪记录的适用规则，其中包括专门为未成年人所制作的附条件不起诉决定书以及先前犯罪记录这两种材料。这两种材料同属犯罪记录，可以被认为是品性证据的一种，可以作为证据使用。

第四，未成年人可作为诉讼参与人的另一个身份为证人身份。在讨论证人作证问题时，首先考虑到的是身心发展从天然上势必弱于成年人的未成年人是否具备作证的能力问题，因为证人作证的适格性直接关系到事实认定者对案件真实情况的判断，审查未成年人的作证资格是十分必要的。其次，并非所有发育未成熟的未成年人都不具备作证资格，只要该未成年人具有准确的明辨是非的能力就可以承担作证的义务。在证人这一部分还需要明确的问题是如何对未成年证人证言作出采纳与采信，其标准有何特殊规定。最后，在采纳环节，除了应重点审查未成年证人的作证资格之外，还应对其证言的相关性及合法性进行判断，在采信阶段将注意力放在证言的真实性方面。

第五，应做好对未成年证人的保护工作，一方面赋予未成年人以子女身份作证时的特免权，不仅能减轻未成年子女因对亲人的内疚感而受到的心灵创伤，更是对社会伦理道德的维护，是建立和巩固良好社会公共秩序、维持家庭和睦的前提。另一方面，对于即将作证的未成年人可将保护的范围从法庭之上延伸至庭外；从保护证人本身增加至对证人及其近亲属均施以保护措施；从人身保护扩大至心理层面的抚慰。从保护未成年人身心健康的角度出发，保障未成年人的合法权益不因作证而受到侵害。

参考文献

一、中文专著

1. 陈瑞华:《比较刑事诉讼法》，中国人民大学出版社 2009 年版。
2. 陈瑞华:《刑事证据法学》，北京大学出版社 2014 年版。
3. 陈一云主编:《证据学》，中国人民大学出版社 1991 年版。
4. 刁荣华主编:《比较刑事证据法各论》，汉林出版社 1984 年版。
5. 樊崇义:《刑事诉讼法学》，中国政法大学出版社 1996 年版。
6. 房保国主编:《言词证据研究》，知识产权出版社 2012 年版。
7. 方富熹、方格:《儿童发展心理学》，人民教育出版社 2004 年版。
8. 王利民等编:《外国证据法选译》，人民法院出版社 2000 年版。
9. 何家弘主编:《新编证据法学》，法律出版社 2000 年版。
10. 靳学仁:《刑讯逼供研究》，中国检察出版社 2007 年版。
11. 李学灯:《证据法比较研究》，五南图书出版公司 1992 年版。
12. 栗峥:《司法证明的逻辑》，中国人民公安大学出版社 2012 年版。
13. 梁坤:《社会科学证据研究》，群众出版社 2014 年版。
14. 刘丽霞、陆海霞、尹璐:《品格证据在刑事案件中的运用》，中国检察出版社 2008 年版。
15. 裴苍龄:《证据法学新论》，法律出版社 1989 年版。
16. 宋英辉、甄贞主编:《未成年人犯罪诉讼程序研究》，北京师范大学出版社 2011 年版。
17. 王进喜:《美国〈联邦证据规则〉（2011 年重塑版）条解》，中国法制出版社 2012 年版。
18. 王进喜主编:《刑事证据法的新发展》，法律出版社 2013 年版。
19. 王进喜:《刑事证人证言论》，中国人民公安大学出版社 2002 年版。
20. 许永勤:《未成年人供述行为的心理学研究》，中国人民公安大学出版社 2011 年版。
21. 谢安平、郭华主编:《未成年人刑事诉讼程序探究》，中国政法大学出版社 2015 年版。
22. 易延友:《证据法的体系与精神——以英美法为特别参照》，北京大学出版社 2010 年版。
23. 杨飞雪主编:《未成年人司法制度探索研究》,法律出版社 2014 年版。
24. 姚建龙:《权利的细微关怀——“合适成年人”参与未成年人刑事诉讼制度的移植与本土化》,北京大学出版社 2010 年版。
25. 张保生主编:《证据法学》,中国政法大学出版社 2009 年版。
26. 张建伟:《证据法要义》,北京大学出版社 2009 年版。
27. 张建伟:《刑事诉讼法通义》,清华大学出版社 2007 年版。
28. 赵国玲主编:《未成年人司法制度改革研究》,北京大学出版社 2011 年版。
29. 郑旭:《非法证据排除规则》,中国法制出版社 2009 年版。

二、中文期刊

1. 陈瑞华:“案卷笔录中心主义——对中国刑事审判方式的重新考察”,载《法学研究》2006 年第 4 期。
2. 陈瑞华:“论证人证言规则”,载《苏州大学学报》2012 年第 2 期。
3. 陈建明:“未成年被告人暂缓判决的实践与思考”,载《青少年犯罪问题》2002 年第 2 期。
4. 蔡巍:“美国联邦品格证据规则及其诉讼理念”,载《法学杂志》2003 年第 4 期。
5. 董开星:“非法证据排除与讯问策略——以刑事诉讼法第 50 条中“欺骗”的理解为例”,载《中国刑事法杂志》2012 年第 10 期。
6. 樊崇义、杜邈:“专家解读新刑诉法:定罪证据与量刑证据要区分”,载《检察日报》2012 年 6 月 4 日,第 3 版。
7. 何家弘:“刑事诉讼中举证责任分配之我见”,载《政治与法律》2002 年第 3 期。
8. 何挺:“证人宣誓:历史沿革和功能考察——兼论构建我国的证人宣誓制度”,载《安徽大学法学评论》2007 年第 1 期。
9. 李训虎:“美国证据法中的证明力规则”,载《比较法研究》2010 年第 4 期。
10. 李玉萍:“量刑事实证明初论”,载《证据科学》2009 年第 1 期。
11. 罗芳芳、常林:“《未成年人社会调查报告》的证据法分析”,载《法学杂志》2011 年第 5 期。
12. 宋洨沙:“英美法系与大陆法系品格证据之比较研究”,载《政治与法律》2012 年第 5 期。

13. 沈利、陈亚鸣:“刑事案件未成年被告人社会调查制度的法理考察与司法实践”，载《青少年犯罪问题》2008 年第 2 期。
14. 汪建成、孙远:“关于‘零口供’规则的思考”，载《人民检察》2001 年第 5 期。
15. 吴丹红:“证人保护制度探析”，载《华东政法学院学报》2003 年第 3 期。
16. 吴丹红:“儿童作证问题之研讨”，载《政法论丛》2003 年第 1 期。
17. 熊秋红:“刑事证人作证制度之反思——以对质权为中心的分析”，载《中国政法大学学报》2009 年第 5 期。
18. 徐美君:“口供补强法则的基础与构成”，载《中国法学》2003 年第 6 期。
19. 于志刚:“关于构建中国犯罪记录查询制度的思考”，载《中国司法》2008 年第 10 期。
20. 于志刚:“‘犯罪记录’和‘前科’混淆性认识的批判性思考”，载《法学研究》2010 年第 3 期。
21. 张建伟:“自白任意性规则的法律价值”，载《法学研究》2012 年第 6 期。
22. 赵永红:“人身危险性概念新论”，载《法律科学（西北政法学院学报)》2000 年第 4 期。

三、译著

1. [加] 道格拉斯 · 沃尔顿:《品性证据——一种设证法理论》，张中译，中国人民大学出版社 2012 年版。
2. [美] 道格拉斯 · 沃尔顿:《法律论证与证据》，梁庆寅、熊明辉等译，中国政法大学出版社 2010 年版。
3. [美] 埃德蒙 · M. 摩根:《证据法之基本问题》，李学灯译，世界书局 1970 年版。
4. [美] 弗雷德 · 英博:《审讯与供述》，何家弘等译，群众出版社 1992 年版。
5. [美] 弗洛伊德 · 菲尼、[德] 约阿希姆 · 赫尔曼、岳礼玲:《一个案例 两种制度——美德刑事司法比较》，郭志媛译，中国法制出版社 2006 年版。
6. [美] 米尔建 · R. 达马斯卡:《比较法视野中的证据制度》，吴宏耀、魏晓娜译，中国人民公安大学出版社 2006 年版。
7. [美] 米尔建·R. 达马斯卡:《漂移的证据法》，李学军等译，中国政法大学出版社 2003 年版。
8. [美] 尼古拉·雷舍尔:《推定和临时性认知实践》，王进喜译，中国法制出版社 2013 年版。
9. [美] 乔恩·R. 华尔兹:《刑事证据法大全（第二版）》，何家弘等译，中国人民公安大学出版社 2004 年版。
10. [日] 高目光太郎:《证言的心理学：相信记忆、怀疑记忆》，片成男译，中国政法大学出版社 2013 年版。
11. [日] 田口守一:《刑事诉讼的目的》，张凌、于秀峰译，中国政法大学出版社 2010 年版。
12. [日] 松尾浩也:《日本刑事诉讼法》，丁相顺、张凌译，中国人民大学出版社 2005 年版。
13. [英] 克里斯托弗·艾伦:《英国证据法实务指南（第四版）》，王进喜译，中国法制出版社 2012 年版。
14. [英] 吉斯力·H. 古德琼森:《审讯和供述心理学手册》，乐国安、李安等译，中国轻工业出版社 2008 年版。
15. 王进喜译:《澳大利亚联邦证据法：中英对照》，中国法制出版社 2013 年版。
16. 李昌珂译:《德国刑事诉讼法典》，中国政法大学出版社 1995 年版。
17. 宋英辉译:《日本刑事诉讼法》，中国政法大学出版社 2000 年版。

四、学位论文

1. 李明:“证据证明力研究”，中国政法大学 2011 年博士学位论文。
2. 王广聪:“少年刑事司法社会调查程序研究”，湘潭大学 2013 年博士学位论文。
3. 马健:“附条件不起诉制度研究”，吉林大学 2013 年博士学位论文。

五、英文文献

1. Allen C. J. W. , *A Practical Guide to Evidence*, London and New York: Routledge – Cavendish, 2008, 4th ed.
2. Arthur Best, *Evidence: examples & explanations*, Aspen Publishers, 2009, 7th ed.
3. *California Evidence Code*, West Group Press, 2005.

4. David M. Paciocco and Lee Stuesser, *The Law of Evidence*, Irwin Law Inc, 1996.
5. John Henry Wigmore, *Evidence in Trials at Common Law*, Little, Brown, 1976, rev. ed.
6. John W. Strong, *McCormick on Evidence*, West Group, 1999, 5th ed.
7. John E. B. Myers, *Ethical and Legal Issues*, *Interviewing Children Reported as Abused or Neglected*, Sage Publications, 1992.
8. John R Spencer & Michael E Lamb, *Children and Cross - Examination—Time to Change the Rules?* Hart Publishing, 2012.
9. KayBussey & Elizabeth J. Grimbeck, "Children's Conceptions of lying and Truth - Telling. Implications for Child Witnesses", in *Legal and Criminological Psychology*, 2000.
10. Michelle Aldridge & Joanne Wood, *Interviewing Children: A Guide for Child Care and Forensic Practitioners*, Wiley Press, 1998.
11. J Plotnikoff& R Woolfson, Evaluation of Young Witness Support: Examining the Impact on Witnesses and the Criminal Justice System, https://www.researchgate.net/publication/242729183_Evaluation_of_Young_Witness_Support_Examining_the_Impact_on_Witnesses_and_the_Criminal_Justice_System.
12. Richard May, *Criminal Evidence*, London: Sweet & Maxwell, 1986.
13. Ronald J. Allen, Richard B. Kuhns & Eleanor Swift, *Evidence: Text, Cases, and Problems*, Aspen Law & Business, 2002, 3rd ed.
14. Sherrie Bourg Carter, Children in the Courtroom: Challenges for Lawyers, National Institute for Trial Advocacy, 2005.
15. The Code of Hammurabi, Translated by Leonard W. King, 2004.

后 记

当我第一次接触到与“未成年人”刑事领域相关的资料和案件时，便被“未成年人刑事证据问题研究”这一选题深深吸引，于是花费了将近一年的时间进行资料收集与书稿撰写工作。在笔者赴美国加州大学戴维斯分校进行为期一年的学习过程中，有幸同那里的教授和同窗近距离地进行学术交流，分享彼此的学习心得，潜移默化之中吸收到来自不同国家学者的宝贵经验，分析问题的视角得到了扩展和更新。访学期间，我不仅收集了许多与本选题相关的宝贵资料，还汲取到其他国家对于本选题中相关问题的前沿观点。

本书能够得以顺利完成，要感谢很多人。首先要感谢辛勤培养我的导师刘良教授。刘老师不仅在学习和生活上给我提供了很大帮助，在写作过程中，也对我的文章提出了很多十分中肯的建议，其严谨的治学态度和高尚的人格魅力为我树立了榜样。感谢王进喜老师孜孜不倦的教诲，帮助我厘清了解决问题的思路，对我的文章倾注了大量的心血和汗水，从专业的角度提出了相当宝贵的建议。还要感谢张保生老师对我这篇文章的悉心指导，并指明了本书的写作方向，使我获益良多。可以说，书稿之所以能够顺利完成，离不开三位老师的悉心教导和帮助。

本书的完成还要感谢北京市通州区人民检察院未成年人检察处的大力支持。2015 年 10 月，我有幸获得了去该处实习的宝贵机会，在实习期间，幸蒙金倩、杨处长、张副处长以及其他同事们的关心和照顾，我不仅收获到许多在课堂上不曾涉猎的知识，为本书的写作增色不少，还体会到了如家人般的温暖。

随着研究的不断深入，我不仅深刻地体会到我国未成年人刑事证据制度存在的不足，更是欣喜地感受到立法对刑事诉讼中的未成年人的关怀与不断完善未成年人刑事证据制度的意识与决心。这让我在振奋不已的同时，也更加坚定了完成本书的决心。期待本书的出版，能向读者分享我的观点与主张。

高 欣

2018 年 3 月于北京